Rubriken

Reise-Service

TIPPS UND ADRESSEN AUF **34** SEITEN

Titelbild: Brooklyn Bridge mit Blick auf Lower Manhattan
Foto: Johannes Kroemer/Visum

Extras zum Herausnehmen:

• Stadtführer
Empfehlungen und Karten für zehn Stadtviertel, dazu die erotischsten Plätze der Metropole und 25 angesagte Clubs und Bars

• Restaurantführer
Die 80 besten Restaurants New Yorks in allen Vierteln und Preisklassen

VORHANG AUF

Hollywood-Stars, schrille Puppen und Kamera-Aktivisten machen am Broadway ganz schön Theater

Theater-Mutant: Kinostar Hugh Jackman (»X-Men«) spielt in »The Boy from Oz« einen Musical-Komponisten

An- und ausziehend: Nicole Kidman bei der Premiere von »The Blue Room«

BÜHNE FREI FÜR HOLLYWOOD

Für die einen ist es der Ritterschlag zum wahren Schauspieler, andere kehren hier zu ihren Wurzeln zurück: Broadway-Auftritte stehen bei Hollywood-Stars seit jeher hoch im Kurs. Nicole Kidman zum Beispiel ließ sich in „The Blue Room" gleich in fünf – stets leicht bekleideten – Rollen bewundern, und wenn Theaterveteran Al Pacino auftritt, wie im Frühjahr 2003 in Oscar Wildes „Salome", sind die Vorstellungen restlos ausverkauft.

Doch nicht immer erfüllt sich die Hoffnung der Filmstars auf Theaterruhm: Das auf Fellinis Film „Achteinhalb" beruhende Stück „Nine" mit Antonio Banderas in der Hauptrolle fiel bei der Kritik im April 2003 kläglich durch. Melanie Griffith, die Ehefrau von Banderas, ergatterte zeitgleich die Hauptrolle im Musical „Chicago" – und erhielt eher zweifelhafte Komplimente: Für eine Gesangsdilettantin sei sie, urteilte die „New York Times", erstaunlich charismatisch und mitreißend.

Der Herbst 2003 bringt neue Highlights: „X-Men"-Star Hugh Jackman schlüpft ab Oktober im australischen Erfolgs-Musical „The Boy from Oz" in die Hauptrolle des Musical-Komponisten Peter Allen. Kevin Kline und Ethan Hawke geben ab November in Shakespeares „Henry IV." den Falstaff und den Hotspur.

MIT SICHERHEIT EIN SHOWEFFEKT

Ihre Bühne: Straßen und Plätze, die von Überwachungskameras beobachtet werden. Ihr Publikum: Passanten – und Sicherheitskräfte vor deren Monitoren. Die „Surveillance Camera Players" spielen „Warten auf Godot" auf dem U-Bahnhof oder eine Kurzversion von Orwells „1984" auf dem Times Square – und wollen so auf die allgegenwärtige Überwachung des öffentlichen Raums aufmerksam machen.

Schließlich gibt es allein in Manhattan über 2500 Kameras, oft gut getarnt, 360 Grad schwenkbar und ausgestattet mit starken Zoomobjektiven. Nur Ton dürfen die Kameras nicht aufzeichnen, weshalb die Theatertruppe alle Dialoge auf große Papp-Plakate schreibt. Direkter Kontakt zum Sicherheitspersonal bleibt zwar die Ausnahme – doch ab und an gelingt es den Aktionskünstlern, die Videoaufzeichnungen ihrer Performances zu ergattern. Umso besser ist der Draht zum Straßenpublikum, für das auch Rundgänge durch besonders intensiv überwachte Stadtzonen angeboten werden (Infos unter www.notbored.org).

Übrigens: Wer selbst einmal durch eine Kamera auf den Times Square blicken möchte, kann dies im Internet tun unter www.earthcam.com/usa/newyorktimessquare.

Foto-Studenten des ICP (oben) und ihre Vorschläge für den GEO-Special-Titel

Editorial

Vor Ort: Charly Kurz sowie Anuschka Tomat und Nadja Masri vom NYer GEO-Büro

Liebe Leserin, lieber Leser,

Michael Mejias ist 37 Jahre alt, alleinstehend und gehört in New York, der Stadt der Stämme, nach eigenem Bekunden zum „Stamm der sich abstrampelnden Künstler". Für GEO hat Michael Mejias, wie fünf andere New Yorker Familien und Singles, einen Monat lang Buch geführt über sämtliche Ausgaben. Ihre Bilanzen offenbaren, welche Mühe es kostet, sich New York leisten zu können – und ihre Erzählungen, weshalb sie es trotzdem tun. Ob hier geboren oder aus Bolivien, Italien oder Deutschland eingewandert, sie alle wollen in keiner anderen Stadt leben.

Wenn es so etwas gibt wie die DNS von New York, dann ist sie in diesen sechs, ansonsten höchst unterschiedlichen Schicksalen erkennbar: die Magie einer Metropole, in der inzwischen 250 Sprachen gesprochen werden und die doch auf verblüffende Weise zusammenhält, wenn es darauf ankommt; in den Tagen nach dem 11. September 2001 ebenso wie beim großen Stromausfall am 14. August 2003. Die Stadt ist wieder einmal dem Bankrott nahe, und ein Großteil der Bewohner kann sich nur mit zwei Jobs über Wasser halten. Doch wenn Michael Mejias aus dem U-Bahn-Schacht steigt und unvermittelt ein Gebäude wie das Chrysler Building vor sich aufragen sieht, dann, so sagt er, habe er immer das Gefühl: „Alles ist möglich."

Kürzer, so glaube ich, lässt sich die anhaltende Anziehungskraft New Yorks nicht zusammenfassen.

Heftredakteur Florian Hanig war mit 18 Jahren zum ersten Mal in NY, für diese Ausgabe zum 13. Mal

Herzlich Ihr

(Andreas Wolfers)

INHALT

Central Park
KUNSTWERK NATUR
Reiche Mäzene haben dem Park zu neuer Blüte verholfen – und nach 22 Jahren einem eigensinnigen Projekt zugestimmt: Im Februar 2005 wird Christo die Gehwege mit 7532 Stoffbahnen verhüllen

New York for free
GESCHENKT!
Viele der schönsten Erlebnisse in New York kann man nicht kaufen: Sie sind umsonst! Wie Tango- und Mamboklassen bei Nacht am Pier 25, mit dem Hudson im Rücken und der Skyline im Blick

Brooklyn
AN DER TRENDFRONT
Wieso ist das nicht früher entdeckt worden? Junge Paare, Künstler und Unternehmer veredeln das Hafenareal Red Hook mit seinen alten Speichern zu New Yorks neuem In-Viertel

Themen

Ähnlichkeit mit Figuren der Sesamstraße »rein zufällig«: Puppen aus »Avenue Q«

SESAMSTRASSE – NICHT JUGENDFREI

Auf bis zu 20 Millionen Dollar sind die Kosten für ein Musical am Broadway in den letzten Jahren gestiegen – ein riskantes Geschäft für die Produzenten, die daher Experimente scheuen. Dennoch triumphieren immer wieder auch kleine Off-Broadway-Produktionen an der bedeutendsten Theatermeile der Welt. Bekanntestes Beispiel ist „Rent", das 1996 Premiere feierte und sich mit seiner Geschichte von Aids und Obdachlosigkeit in der Lower East Side bis heute gegen Mainstream-Konkurrenz wie das „Phantom der Oper" behauptet. 2001 gelang der Großstadt-Farce „Urinetown" die Ochsentour vom alternativen „Fringe"-Theaterfestival über Off-Broadway-Bühnen bis ins renommierte „Henry Miller's Theatre".
Den neuesten Coup landete eine Handvoll gefeuerter Angestellter der „Sesamstraße" mit „Avenue Q". Sie kreierten ihre eigene Puppen-Show – für Erwachsene. In bester „Sesamstraßen"-Manier schmettern die Plüsch-Figuren lehrreiche Songs – über Themen wie Rassismus im Alltag, Pornografie im Internet oder das Coming Out von Schwulen. Kostproben sind im Internet zu bekommen unter www.avenueq.com.

Viele Bilder für einen Treffer

Das Schuljahr war fast vorbei, als Studenten am International Center of Photography (ICP) ein weiteres *assignment* bekamen. Die Absolventen aus aller Welt sollten ein Titelbild für das GEO Special „New York" fotografieren. Zehn Studenten stellten sich der Aufgabe. Vom New Yorker GEO-Büro mit Filmen versorgt, schwärmten sie aus, um Sehenswürdigkeiten und Skyline der Stadt neu zu entdecken. Kein leichtes Unterfangen in den diesigen Sommertagen. Der deutsche Student Christoph Bangert brachte es auf den Punkt, weshalb gute Titel so schwierig sind: „Ein schönes Bild soll es sein, klassisch, scharf, nicht zu wild, aber auch nicht langweilig, anders und jung, aber nicht verkopft, dazu positiv und dynamisch, wobei es auch Leute wie meine Eltern ansprechen sollte; und schließlich muss jeder in zweieinhalb Sekunden erkennen, was das Bild zeigt: New York!"
Frühes Aufstehen und geschwollene Füße am Abend haben sich für Bangert gelohnt. Eines seiner Bilder schaffte es auf den Titel des beiliegenden Stadtführers. Auf dieser Seite eine Auswahl sechs weiterer Motive.

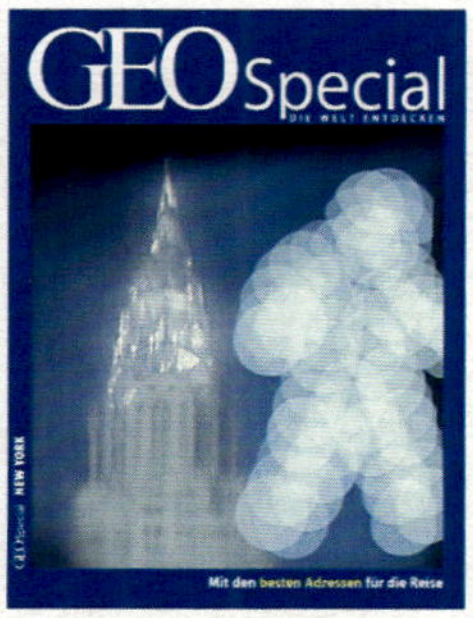

Hübsche Frauen, miese Kritiken: Antonio Banderas in »Nine«

Musicals

The Boy from Oz **Imperial Theatre, 249 West/ 45th Street; Tickets unter 212-239-6200**
Previews: 16.9.-15.10.; Premiere: 16. Oktober
Die Geschichte des Musical-Komponisten Peter Allen, der von Judy Garland entdeckt wurde

Chicago **Ambassador Theatre, 219 West/49th Street, Tickets unter 212-239-6200**
Im Kino Oscar-gekrönt, am Broadway seit der Premiere 1996 ein Renner

Hairspray **Neil Simon Theatre, 250 West/52nd Street, Tickets unter 212-307-4100**
Ein junges, pausbäckiges Mädchen aus Baltimore wird 1962 Star einer lokalen TV-Sendung – gegen alle Widerstände. Die Erfolgspremiere der Saison 2002/03

Nine **Eugene O'Neill Theatre, 230 West/49th Street, Tickets unter 212-239-6200;** nur noch bis 4. Januar 2004
Antonio Banderas in der Hauptrolle der Bühnenadaption von Fellinis „Achteinhalb"

The Producers **St. James Theatre, 246 West/44th Street, Tickets unter 212-239-6200**
Bühnenversion von Mel Brooks' schräger Filmkomödie Zwei erfolglose Produzenten planen mutwillig einen Theater-Flop, um mit dem Geld durchzubrennen. Doch das geschmacklose Stück wird ein Hit – ganz wie das Musical

Rent **Nederlander Theatre, 208 West/41st Street, Tickets unter 212-307-4100**
Lower East Side, Ende der 1980er Jahre: Acht junge Menschen finden trotz Aids und Obdachlosigkeit zueinander

Urinetown **Henry Miller's Theatre, 124 West/43rd Street, Tickets unter 212-239-6200**
Eine namenlose Großstadt in den USA: Seit 20 Jahren herrscht Dürre, private Toiletten sind verboten, und die Wasser-Mafia macht ein Vermögen mit Pinkel-Gebühren. Satirisches Musical mit zahlreichen Anspielungen, von der „West Side Story" bis zur „Dreigroschenoper"

Avenue Q **John Golden Theatre, 252 West/45th Street, Tickets unter 212-239-6200**
Ex-Kollegen von Jim Henson lassen die Puppen tanzen: Sesamstraße für Erwachsene

Großes Theater

Henry IV **Vivian Beaumont Theatre, 150 West/65th Street, Tickets unter 212-239-6200 Previews: 28.10. 2003 – 19.11.2003; Premiere: 20. November 2003**
Der Shakespeare-Klassiker in großartiger Besetzung – u. a. Kevin Kline, Ethan Hawke und Billy Crudup

TIERISCH GUT

New York, der Asphalt-Dschungel, ist Heimat für die exotischsten Tiere – und ihre eigenartigen Besitzer

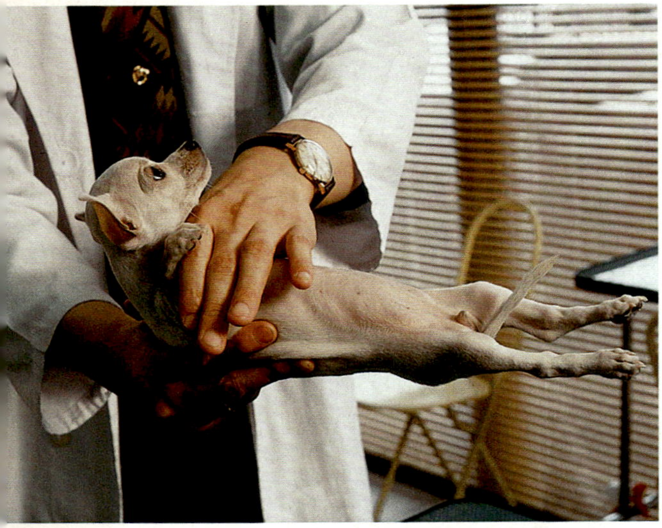

»Doga« entspannt gestresste Großstadt-Hunde, behaupten die »Meister«

UND JETZT BELLEN WIR ALLE »OMMM«

Auch Hunde sind nur Menschen: Nach dieser Devise lassen New Yorker ihren vierbeinigen Lebensgefährten seit jeher besonders fürsorgliche Behandlung angedeihen. Klimatisierte Hundetagesstätten mit eigenem Wellness-Bereich, komfortable Hunde-Taxis bis hin zur Stretch-Limousine oder Sitzungen beim Hunde-Psychiater gehören längst zu den Offerten des florierenden Hunde-Betreuungs-Gewerbes.
Nun wird das Angebot in spirituelle Sphären ausgedehnt: Seit Sommer 2003 bietet die Yoga-Lehrerin Suzi Teitelman im Madison Square Park sogenannte „Doga"-Kurse an. Einmal pro Woche erscheinen vornehmlich Besitzerinnen von kleineren Exemplaren zur Übung klassischer Positionen wie *adhomukha svanasana* („sich streckender Hund") und hoffen auf entspannte Hundegemüter sowie eine allgemeine Verbesserung der Hund-Mensch-Beziehung.
Ein Trend, der sich alsbald auch außerhalb New Yorks fortsetzen könnte: Im September 2003 ist das Buch „Doga:Yoga for Dogs" der Autorin Jennifer Brilliant erschienen.

NOMADEN DER LÜFTE

New York war schon immer die Hauptstadt der Immigranten – nicht nur für Menschen. Zehntausend ankommende Tiere finden jährlich im „Vet Port" am John F. Kennedy-Flughafen Unterschlupf. Das landesweit größte Tierhotel beherbergt vom Wellensittich bis zum Elefanten zahlreiche Spezies auf der Durch- oder Einreise in die USA; auch ein Seelöwe und ein Hai waren schon zu Gast.
Eine Herausforderung – doch noch größere Probleme bereiten am Flughafen die illegalen Einwanderer, vor allem die ganz kleinen. Die Behörden beschäftigen eigens zwei Insektenkundler, die mit der Identifizierung verdächtiger Kerbtiere beauftragt sind. In 2361 Fällen mussten sie 2002 eingreifen und Käfer, Fliegen oder Spinnen abfangen. Dabei entdeckten sie auch fünf der Wissenschaft bis dahin unbekannte Milbenarten. Dass die potenziellen Schädlinge nach ihrer Identifizierung umgehend vernichtet werden müssen, schmerzt die beiden Insektenliebhaber indes beträchtlich.
Einziger Trost: Die schönsten Exemplare werden konserviert und schmücken dann ihr Büro.

Der John F. Kennedy-Flughafen betreibt das größte Tierhotel Amerikas

TURTLE ISLAND– IN EINEM LOFT

Es begann mit einer Schildkröte, die Richard Ogust vor zehn Jahren in Chinatown rettete – vor dem Kochtopf. Mittlerweile beherbergt der Schriftsteller in seinem 325 Quadratmeter großen Loft-Apartment in TriBeCa rund 1000 gepanzerte Reptilien, darunter auch vom Aussterben bedrohte Arten. Aus dem spontanen Mitleidsakt ist eine Vollzeit-Unternehmung geworden: Drei Angestellte helfen Ogust bei der Betreuung seiner Schützlinge, er selbst ist inzwischen zugelassener „New York State Wildlife Rehabilitator".

Richard Ogust hält rund 1000 Schildkröten in einem Loft in TriBeCa

Noch immer erwirbt der Tierfreund einen Teil seiner Schützlinge in Chinatown, doch längst ist sein Asyl auch Anlaufstelle für Zollbeamte mit beschlagnahmter Schmuggelware und sogar für den Zoo in der Bronx, der für seine eigenen Schildkröten zu wenig Platz hat. Was Ogust besonders stolz macht: Es gibt Arten, die weltweit nur an einem einzigen Ort leben – und in seinem Loft in New York City.

Nicht kleinzukriegen

Ans Fenster treten und die funkelnde Galaxie betrachten – in der Tiefe. Das ist die Magie von Manhattan, die Poesie von Millionen Tonnen Stahl, Beton und Glas. Die Geburtsstadt der Wolkenkratzer wird weiterhin in die Höhe wachsen, auch nach dem 11.9.

Ikonen der Moderne

Das Chrysler Building (links) und das Empire State sind die schönsten und nun wieder höchsten Gebäude der Stadt

Wald aus Wolkenkratzern

5395 Hochhäuser drängen sich in New York, die meisten von ihnen in Manhattan. Allein in den 19 Gebäuden des Rockefeller Centers (links, Haupthaus angestrahlt) arbeiten 65 000 Menschen

Urbane Harmonie

Eine Geigerin übt im Socony-Mobil Building, das 1956 im International Style errichtet wurde. Block für Block mischen sich die Baustile – und fügen sich doch zu einem Ganzen

ONE WAY

Pompöse Schluchten

Das Helmsley Building von 1928, ein Juwel des Beaux-Arts, thront über der Park Avenue, dahinter erhebt sich seit 1963 das 60 Stockwerke hohe MetLife Building, von Walter Gropius entworfen

Blaue Stunde in Gotham

In den 1920er und 1930er Jahren entstand New Yorks berühmte Skyline mit Hotels wie dem »Waldorf-Astoria« (vorn) und Art-déco-Bürogebäuden wie dem ehemaligen General Electric (Mitte): romantische Heimat der Superhelden aus den Marvel-Comics

Vertikale Welt

Entlang der Sixth Avenue reihen sich die Bürogebäude von Banken, Kanzleien und Verlagen. Viele Hochhäuser aus den 1960er Jahren, wie 1285 Sixth Avenue (Mitte), tragen Glasfassaden – für den freien Blick hinab

FIRE LANE
BUS

Brückenschläge

Gigantische Brücken wie die 2089 Meter lange und 102 Meter hohe Manhattan Bridge sind die Lebensadern Manhattans, über sie gelangt ein Großteil der Menschen und Materialien auf die Insel

Lieber höher!

Kühne Wolkenkratzer an Ground Zero sollen die Wunde in der Skyline und im Bewusstsein der Bewohner heilen. Die New Yorker haben den visionären Entwurf von Daniel Libeskind durchgesetzt – und so erstmals die Stadtplanung den Investoren und Beamten entrissen

TEXT: FLORIAN HANIG

Abends erstrahlt Lower Manhattan im Licht von Ground Zero. Halogenlampen tauchen die Kolonnen von Lastwagen, die Beton herbeischaffen, und die umliegenden Hochhäuser in ein blassblaues Licht; Funken von Schweißbrennern rieseln wie Lametta die Stahlwände hinab. So viele Scheinwerfer verwandeln die Nacht in der Grube zum Tag, dass es von umliegenden Dächern so aussieht, als legten die Arbeiter dort in der Tiefe ein funkelndes, diamantenes Kraftfeld frei. Es ist ein grandioser Anblick, trotz des Films der einstürzenden Türme, der sich im Hinterkopf noch einmal abspielt; ein erhebendes Bild, denn es zeugt von der Kraft dieser Stadt, die immer dann über sich hinauswächst, wenn sie am schwersten getroffen ist.

Nach dem Schwarzen Dienstag an der New Yorker Börse 1929 stiegen die drei gewaltigsten und schönsten Wolkenkratzer Manhattans in den Himmel: das Chrysler Building, 1930 fertig gestellt, das Empire State Building, 1931 eingeweiht, und schließlich das Rockefeller Center, angesichts des „Great Crash" entworfen und 1933 eröffnet. Das World Trade Center wurde 1966 in Angriff genommen, zu einer Zeit, als die Stadt in den Bankrott schlitterte und von Drogen und Kriminalität zerfressen wurde. Während der Bauarbeiten veröffentlichte „Der Spiegel" die Titelgeschichte „Tod einer Weltstadt?" – ein Requiem auf das Kalkutta am Hudson, in dem der Müll auf den Straßen liegen bleibe und ein „Bürgerkrieg" stattfände, jeder gegen jeden.

Im Sommer 2004 nun, knapp drei Jahre nach dem Einsturz des World Trade Centers, soll der Grundstein gelegt sein für den Freedom Tower. Er wird 541 Meter hochragen, 1776 Fuß im amerikanischen Maß, entsprechend dem Jahr der US-Unabhängigkeitserklärung. Der Turm ist der Höhepunkt eines Ensembles mit weiteren Hochhäusern, Bahnhof, Museum und Gedenkstätte. Geschätzte Kosten: weit über zehn Milliarden Dollar. Es ist das teuerste Bauvorhaben der Neuzeit.

Einen halben Meter hoch steht der Turm als Modell im Büro von Daniel Libeskind in der Rector Street, nicht weit von Ground Zero entfernt: ein schlanker, rhombenförmiger Pfeil aus Glas und Stahl, der sich an ein massives, 70-stöckiges Bürogebäude lehnt. In der oberen Hälfte schimmern hängende Gärten durch das Glas, Aussichtsplattformen, Restaurants. Zum Freedom Tower hin führen in einem Halbkreis vier weitere Wolkenkratzer, die progressiv größer werden: ein gigantischer Bogen aus Glas.

Himmelwärts ist das Credo New Yorks. In jeder Krise ist die Stadt mit neuen Hochhäusern über sich hinausgewachsen

Es ist ein genialer Entwurf, denn er versöhnt die widerstrebenden Interessen an Ground Zero. In seinem *site plan* lässt Libeskind die „Fußabdrücke" der gestürzten Twin Towers unbebaut, wie es die Angehörigen der Gestorbenen fordern. Durch ein Museum werden Besucher in die Grube geleitet, vor die freigelegte Seitenmauer der Betonwanne, in der das World Trade Center einst stand. Das begrünte Becken, etwa neun Meter unter Straßenniveau, bleibt in dem Entwurf *sacred space*, ein Friedhof für die Opfer.

Die umstehenden Hochhäuser werden die rund eine Million Quadratmeter Bürofläche wieder bereitstellen, die allein mit dem World Trade Center verloren gingen; allerdings verteilt auf fünf Gebäude, die dem Bedarf nach gebaut werden können. Zurzeit stehen nämlich noch viele Büros in Lower Manhattan leer. Das kommt dem Bauherrn Larry Silverstein entgegen, der die Zwillingstürme nur sechs Wochen vor dem Anschlag von der Port Authority of New York and New Jersey gepachtet hatte. Durch die Ausschüttungen der Versicherungen ist er heute als Einziger dazu in der Lage, den Wiederaufbau zu finanzieren – allerdings nicht auf einmal.

Die Aufteilung in fünf Bürotürme erlaubt es zudem, die Greenwich Street und Fulton Street wieder zu öffnen, die durch das World Trade Center blockiert worden waren. Der Mammutbau hatte sich nie in seine Nachbarschaft integriert. Wie ein Bollwerk saß er mit seinem erhöhten Sockel zwischen Wall Street und TriBeCa. Das neue Ensemble, so die Stadtplaner, wird diesen Fehler beheben.

Und schließlich: die Skyline. Selbst New Yorkern, die jeden Morgen über die Brooklyn Bridge in den Financial District fahren, geht es immer noch wie Besuchern, die auf der Staten Island Ferry Richtung Battery Park schippern: Sie betrachten das Betongebirge vor sich – und etwas fehlt. Das Bild der Zwillingstürme hat sich durch unzählige Magazinseiten, Spielfilme, Fotobände so in unser Unterbewusstsein gebrannt, dass die Skyline zwei Jahre nach dem 11. September noch immer unwirklich wirkt, surreal – sogar auf denjenigen, der noch nie zuvor in New York war.

Schon wenige Tage nach dem Anschlag erklärte der Pächter Larry Silverstein, dass die Stadt vor den Terroristen nicht klein beigeben werde, und dass an Ground Zero wieder gebaut werde. „Remember, Rebuild, Renew" – so formuliert es die Lower Manhattan Development Corporation (LMDC), die gegründet worden ist, um den Aufbau rasch voranzutreiben: der Opfer gedenken, das Areal wieder bebauen, das Vertrauen erneuern.

Die ersten sechs Entwürfe, welche die LMDC im Juli 2002 auf einer Pressekonferenz vorstellte, wurden dem Anspruch nach einem neuen Wahrzeichen allerdings nicht annähernd gerecht. 5000 Bürger versammelten sich an einem drückend heißen Tag im Javits Center, um den Stadtplanern zu erklären, dass sie nicht etwa, wie bei solchen Anhörungen üblich, gegen das Mega-Projekt seien. Im Gegenteil: Die Vorschläge gingen ihnen nicht weit genug. Die Wunde in der Skyline der Stadt und im Selbstvertrauen ihrer Bewohner sollten Wolkenkratzer heilen, die noch grandioser, noch kühner waren als die Twin Towers.

Infolge der harschen Kritik schrieb die LMDC eine „Designstudie" aus, an der viele der weltbesten Architekten teilnahmen und in der Daniel Libeskind das Rennen machte. Sein stärkster Konkurrent war das THINK-Team um den gebürtigen Uruguayer Rafael Viñoly, das Eiffelturm-artige Stahlgitter über die Hohlräume stülpen wollte, welche die Twin Towers hinterlassen hatten. In die filigrane Struktur sollten Aussichtsplattformen eingehängt werden – in über 400 Meter Höhe!

Alle ausgearbeiteten Entwürfe der Designstudie waren Bekenntnisse zu Verdichtung und Höhe – trotz der Schrecken des 11. September. Denn Höhe, so schreibt Adam Gopnik, Autor des Magazins „The New Yorker", ist in Manhattan nicht ein Umstand, mit dem sich die Bewohner arrangiert haben, sondern eine romantische Verlockung – wie Wasser in Venedig. Apartments in den obersten Stockwerken sind oftmals doppelt so teuer wie solche in den unteren Etagen. In den Firmen mögen sich alle mit Vornamen anreden, die Hierarchie zeigt sich in der Architektur: Die Chefs sitzen oben.

Vor einer Glaswand zu stehen, mit den Millionen Lichtern der Stadt unter sich – das ist der Traum derjenigen, die nach New York ziehen, um hier groß rauszukommen. Die ungemeine Verdichtung des Lebens erst macht New York zur „City that never sleeps".

Als der Fotograf Alfred Stieglitz 1903 das Flatiron Building ablichtet, ein Jahr nach dessen Fertigstellung, fragt ihn sein Vater, weshalb er Filme für solch ein grässliches Gebäude verschwende. „Papa", antwortet Stieglitz, „es ist nicht hässlich, es ist Amerika. Das Flatiron steht für die USA, so wie der Parthenon für Griechenland stand." Der Vater ist entsetzt, der Sohn fasziniert von dem 21 Stockwerke hohen Keil, der sich wie ein Ozeandampfer die Fifth Avenue hinaufschiebt – ein Symbol der erwachten Supermacht. ›

Einer Tonfolge gleich steigen die Bürotürme um Ground Zero in die Luft, bis zum Crescendo: dem 541 Meter hohen Freedom Tower

Tag und Nacht gehen die Bauarbeiten an Ground Zero voran. Bereits im September 2006 soll der Freedom Tower die Skyline dominieren

Stieglitz, der Dichter mit der Kamera, gehört zur Avantgarde. Die Mehrheit der New Yorker bevorzugt zur Jahrhundertwende noch eine horizontale Monumentalität, wie sie mit der Public Library (1911) am Bryant Park und dem Grand Central Terminal (1913) ihren grandiosen Abschluss findet.

1906 erscheinen Anzeigen in den New Yorker Zeitungen, die für den Globe Tower werben, einen gigantischen Globus, der auf Sockeln ruhen soll wie der Eiffelturm, 213 Meter hoch. 50000 Menschen, so die Planer, werden darin Platz haben, tropische Gärten sich in der Kuppel ausbreiten. Den Investoren wird 100 Prozent Dividende jährlich versprochen, aber nur zwei Grundpfeiler werden betoniert; das Projekt ist ein groß angelegter Betrug.

Aber die Vision überlebt. Jedes Grundstück, so erkennen die *developer* von Manhattan, lässt sich dank Stahlskelett und Aufzug fast beliebig oft nach oben vervielfältigen, jedes Stockwerk als eigene Welt ausgestalten. Ein und dasselbe Gebäude kann ein Hotel, Apartments, Büros und einen Sportclub beherbergen. Dachgärten sind der Triumph von Architekten, die zum Schöpfer einer unnatürlichen Natur werden. Als das Equitable Building 1915 eingeweiht wird, kommt es den Bauherren „wie ein neuer Kontinent vor, so weit und leer stehen die vielen Flure". Sie vermarkten die 40 Stockwerke als „Stadt in der Stadt", die 16000 Menschen aufnehmen kann.

Dank seiner Wolkenkratzer wird New York zur ersten Metropole der Moderne und zur »City that never sleeps«

Manhattan wird durch seine Wolkenkratzer zur ersten Metropole der Moderne. Die Insel, schreibt Rem Koolhaas in seinem Standard-Werk „Delirious New York", entwickelt sich zu einem kollektiven Experiment, zu einer Enklave, in der die ganze Umwelt völlig von Menschenhand geformt ist, in der es keine Natürlichkeit oder Wirklichkeit mehr gibt. Einen Zustand, den Koolhaas „Manhattanismus" getauft hat.

Verstärkt wird dieser Eindruck der Künstlichkeit durch das Straßenraster von 1811, *the grid*, das Manhattan mithilfe von 12 Avenuen und 155 Straßen in 2028 Blocks gliedert. Bis auf einige topographische Zugeständnisse sind diese Parzellen gleich groß – werden aber ganz unterschiedlich ausgefüllt. Anfang des 20. Jahrhunderts bedienen sich die New Yorker freizügig in der Grabbel-Kiste europäischer Kultur. Der Campanile auf dem Markusplatz in Venedig wird gern und oft kopiert, so beim Metropolitan Life Building, einem zehnstöckigen Bürogebäude, das 1909 einen 213 Meter hohen Turm verpasst bekommt.

Noch kongenialer als die Renaissance erweist sich die Gotik mit ihren spitzen Bögen und schlanken Pfeilern. Das Woolworth Building von 1913 mit seinen 60 Stockwerken ist in den Augen der Zeitgenossen die erste „Kathedrale des Kommerz". In den 1920er Jahren arbeiten die meisten Architekten in der Tradition von Beaux-Arts und Art déco; wer etwas in dem Metier auf sich hält, studiert in Paris. Spä-

Premiere: Dies ist der voraussichtliche Blick von der Spitze des Freedom Tower – erstmals von einem GEO-Fotografen im Hubschrauber aufgenommen, in 540 Meter Höhe über Ground Zero

ter fegt der Early Modern Style die Schnörkel und Verzierungen weg.

Viele der Wolkenkratzer werden allerdings nicht von Architekten entworfen, sondern von Ingenieuren und Handwerkern. „Es gibt kein Manifest, keine architektonische Debatte, keine Doktrin, keine Planung", schreibt Koolhaas, „es gibt nur: Wolkenkratzer." Für alles andere ist keine Zeit. Es wird wie am Fließband gebaut. 1929 demolieren die Besitzer das gerade 36 Jahre alte Hotel „Waldorf-Astoria", kurz darauf wächst das Empire State Building an dessen Stelle in die Luft. Mit unglaublicher Geschwindigkeit: Einmal werden in nur zehn Tagen 14 Stockwerke hoch getrieben. Lastwagen bringen die Materialien genau dann, wenn sie benötigt werden, auf jeder Etage fahren kleine Eisenbahnen, die Zement und Ziegel zu den Außenwänden karren. Liftschächte und Eingangshalle füllen das ganze Erdgeschoss; eigentlich ist der höchste Wolkenkratzer der Stadt nichts anderes als ein Aufzugsturm mit einer Hülle drumherum.

Laut der „Zoning Resolution" von 1916 mussten die Fassaden der Wolkenkratzer ab einer bestimmten Höhe zurückweichen, damit noch Tageslicht die Straße erreicht. Auf einem Viertel der Blockfläche darf allerdings so hoch gebaut werden wie möglich. Das Empire State nutzt diese Vorgabe bis zum Maximum aus.

Das ist das Wunder von Manhattan. In ein striktes Raster gezwängt, nur den Regeln von höchstmöglichem Profit und Schnelligkeit gehorchend, entsteht: urbane Poesie. Beton, Stahl und Glas in gigantischem Ausmaß vermengen sich zu: Romantik.

Zum Visionär dieser neuen urbanen Ästhetik wird ein Bauzeichner. Hugh Ferriss illustriert für Auftraggeber, wie Häuser aussehen müssen, damit sie der Zoning Resolution entsprechen. Aber der ausgebildete Architekt ist die aufgesetzten Stilelemente leid; er entzieht sich dem Detail, indem er mit Kohle malt, expressiv, mit harten Schlagschatten. Seine Zeichnungen begründen das romantische Gotham-Bild, das in den 1940er Jahren mit den Superhelden-Comics seine massenhafte Verbreitung findet: eine vertikale Welt, in der die Men- ›

Die Zukunft von Ground Zero: Bach!

Daniel Libeskind, 57, war für seine Architektur-Essays und dekonstruktivistischen Entwürfe bekannt, bevor er sein erstes Gebäude überhaupt baute: das Jüdische Museum in Berlin. Der in Polen geborene New Yorker setzte sich in der Designstudie für die Neubebauung von Ground Zero gegen viele der weltbesten Architekten durch. Mit seinem *site plan* gibt er die Gestaltung des Ensembles vor. Die einzelnen Gebäude werden allerdings federführend auch von anderen Architekten realisiert. Florian Hanig sprach mit Libeskind in dessen provisorischem Büro in der Rector Street.

Ihre fünf Lieblingsgebäude in New York?

Das Chrysler Building, das Guggenheim von Frank Lloyd Wright, Grand Central Terminal – was soll ich sagen: Es gibt viele großartige Gebäude in der Stadt, Ikonen der Architektur.

Nichts Aktuelles auf der Liste?

Ich möchte mal sagen: Kein Gebäude aus den letzten 20 Jahren.

Sie vergleichen Architektur oft mit Musik. Wie würden Sie einem blinden Musiker Ihren Plan für Ground Zero erklären?

Nicht einfach. Also: Er klingt wie Bach, mit einem Unterton der Improvisation, wie in der Barockmusik damals auch üblich. Und der Entwurf ist zugleich sehr amerikanisch im Sinn von Jazz: Viele verschiedene Themen kommen zusammen in einer Harmonie.

Bis Oktober 2003 soll der *site plan* für Ground Zero vorliegen. Welche Veränderungen wird es zu Ihren ersten Entwürfen geben?

Wir haben die ersten Pläne in nur acht Wochen gezeichnet, was unglaublich wenig Zeit war, denn die Infrastruktur-Probleme sind enorm. Natürlich hat sich das Projekt in der Zwischenzeit weiterentwickelt...

Gouverneur Pataki möchte, dass der Freedom Tower im September 2006 als Rohbau steht. Ist das realistisch?

Absolut.

Sie haben den Ruf, ein Perfektionist zu sein. Ist Architektur nicht ein schwieriges Feld für solch einen Anspruch?

In der Architektur geht es um Präzision – wie in der Musik. Man kann kein ungefähres Konzert spielen.

Wenn Sie Ihre Projekte in Berlin und New York vergleichen – was sind die Gemeinsamkeiten, was die Unterschiede?

Beide Male geht es darum, die Zukunft einer Stadt im Licht ihrer Vergangenheit zu behaupten. Aber das Jüdische Museum in Berlin hat nie diese Vitalität, diese Dringlichkeit und Debatte hervorgerufen wie die Neubebauung an Ground Zero.

Was ja zu erwarten war.

Nein, für New York war das ein absolutes Novum! Als die Entwürfe der ersten Runde gezeigt wurden, hatte niemand damit gerechnet, dass die Einwohner sich dagegen erheben würden. Das ist das erste Mal, dass die New Yorker darauf bestehen, ihre Stadt selbst zu gestalten. Das war ja kein Anschlag auf zwei Gebäude, sondern ein Anschlag auf die Werte, für die New York steht. Und diese Werte teilen wir alle hier – nicht nur die Port Authority und der Pächter.

Ihre Vorträge und Essays in Berlin waren für Architekturlaien oft schwer zu verstehen, in New York sprachen Sie vom „Heldenpark", von den „heldenhaften Grundfesten", den „Heldenpfaden" auf Ground Zero. War das Verkaufe?

Libeskind (re.), Hanig und große Pläne

Wir sind hier nicht in Berlin, sondern in New York. Man kann nicht vom Elfenbeinturm aus dozieren, man muss mit den Leuten reden, sie da abholen, wo sie stehen. Die Sprache ändert sich, aber nicht die Integrität. Ich war wahrscheinlich der einzige Architekt bei der Präsentation der Entwürfe, der in der ersten Person sprach. Ich sprach über meine Erfahrung als New Yorker – und über meine Gefühle.

Werden sich die New Yorker auch in Zukunft mehr für die Architektur in ihrer Stadt engagieren?

Ich glaube, ja. Die Leute konsumieren nicht mehr das Opium der *developer*. Ground Zero hat ein völlig neues Bewusstsein für Architektur hervorgebracht. Und für Stadtplanung. Das war schon im alten Athen so: Demokratie sorgt für gute Städte.

Visionäre in den 1920ern: Der Architekt Hugh Ferriss illustriert den Traum von Gotham. Die Architekten des Rockefeller Center planen – mit Klötzchen

schen kleine Punkte tief unten in den Straßencanyons sind, während gotische Fabelwesen – und Batman – auf den Simsen der Wolkenkratzer über ihnen wachen.

In vielen Punkten knüpft nun die Neubebauung von Ground Zero an das goldene Zeitalter der Wolkenkratzer an. Auch Daniel Libeskind lässt Gärten jenseits des 70. Stockwerks blühen, und sein schlanker Freedom Tower lehnt sich an einen Büroblock wie einst die Campanile-Türme zu Beginn des 20. Jahrhunderts. „Gardens in the sky" hieß sein erster Entwurf, und Libeskind zeichnete ihn mit Tusche und weichem Bleistift, in einer Explosion von schwarzen Strichen.

Das Wunder von Manhattan: Nur den Gesetzen von Profit und Schnelligkeit gehorchend, entsteht urbane Poesie

Die Geschwindigkeit des Projekts kann sich mit der am Empire State Building messen: Am zerstörten Regionalbahnhof, der PATH-Station, legten die Arbeiter neue Gleise, noch bevor ein Architekt berufen war. Am 11. September 2006, das hat Gouverneur Pataki angeordnet, soll der Stahlrahmen des Freedom Tower stehen. Und wie die Megaprojekte der 1920er und 1930er Jahre ist das Projekt zu groß für einen Architekten: David Childs, ein Hochhaus-Routinier, wird den Freedom Tower federführend realisieren (Silverstein hatte Libeskind nur als Co-Architekt akzeptiert, da dieser keine Erfahrung im Hochhausbau hat), für den Bahnhof hat die Port Authority Santiago Calatrava beauftragt, einen spanischen Avantgardisten, von der „New York Times" als „der Welt größter Poet von Verkehrsarchitektur" gepriesen.

In einem Punkt allerdings bricht die Neugestaltung von Lower Manhattan mit der Vergangenheit. Die bekanntesten Architekten ihrer Zeit arbeiteten beim Rockefeller Center zusammen, doch das Ensemble trägt keine Handschrift – außer der von John D. Rockefeller. Investoren, schreibt der Historiker Thomas Bender in „The Unfinished City", trieben das moderne New York voran. Geld formte die Stadt und ihre Architektur – gleichsam wie eine Naturgewalt. Die Bürger bestaunten die neuen Rekorde, blieben aber ansonsten bei den Entscheidungen außen vor – und stumm. Auch als die Kraft der Moderne verebbt war und die Hausarchitekten der Immobilien-Konglomerate in den 1980er und 1990er Jahren immer banalere Einheitsklötze in die Stadtlandschaft stellten.

Die Anhörung an jenem Julitag 2002 im Javits Center, erklärte der Vizebürgermeister Daniel Doctoroff danach, war ein Wendepunkt in der Geschichte der Stadt. Die New Yorker rissen die Pläne der Port Authority von den Wänden und bemächtigten sich der Architektur. Über sechs Millionen Menschen klickten die Website an, auf der die Entwürfe der zweiten Runde vorgestellt wurden. Die architektonische Debatte über Ground Zero wird seither auf der Meinungsseite der „New York Times" geführt. Und als Bauherr Larry Silverstein den Freedom Tower an einer anderen Stelle platzieren wollte als im Libeskind-Plan vorgesehen, wies ihn der Gouverneur zurecht.

Es sei der Traum eines jeden Architekten, in New York einen Wolkenkratzer zu bauen, erklärte der französische Stararchitekt Jean Nouvel in einem Interview. Zurzeit stehen die Chancen gut: Wenn dieser Traum aufregend ist, berührend, voller Kraft – dann werden die New Yorker ihn mitträumen. Der Himmel über Manhattan steht nach dem 11. September weit offen für Luftschlösser. ■

GEO-Redakteur **Florian Hanig**, 35, liebt Hochhäuser, seit er in Hongkong ein Jahr in einem 28. Stockwerk gewohnt hat. In GEO 10/2002 hat er den Drang in die Höhe der asiatischen Turbostädte beschrieben.

Architektur fürs neue Millennium

New York Times Tower, Times Square Renzo Piano hat für die Redaktion einen transparenten 52-stöckigen Turm aus Stahl, Glas und Porzellan entworfen. Baubeginn: 2003/2004

Hearst Building, 959 Eighth Avenue Auf das niedrige Art-déco-Verlagsgebäude von 1928 setzt Norman Foster einen 36-stöckigen kristallförmigen Turm auf. Baubeginn: Mai 2002

Westin Hotel, Times Square Kitsch oder lateinamerikanische Lebensfreude? Das Westin, von dem Büro Arquitectonica kunterbunt gestaltet, provoziert heftige Reaktionen (Bild siehe S. 135). 2002 fertig gestellt

Eyebeam Das Architektenpaar Diller + Scofidio hat einen radikalen Neubau für das Kulturzentrum geplant (siehe S. 153), die Avantgardisten werden auch das Lincoln Center neu gestalten

AOL Time Warner Center Am Columbus Circle ragen zwei riesige Büro- und Hoteltürme in die Luft. Architekt ist David Childs, der auch den Freedom Tower realisieren soll

Im Museum für moderne Kunst kann man über guten und schlechten Geschmack streiten. Bei unserem 5-Gänge-Menü nicht. Delta BusinessElite®.
Orte, an denen es um Geschmack geht, gibt es viele.
Aber nur wenige in 11 000 m Höhe. Und genau dort servieren wir Ihnen unser 5-Gänge-Menü. Vier verschiedene Hauptgänge stehen dabei zur Wahl. Passend dazu unser preisgekröntes Vinum™-Programm. Speisen à la BusinessElite.
Delta
delta.com
Member of SKYTEAM
© 2003, Delta Air Lines, Inc.

Können sich Luftsprünge leisten: die Lamberths in ihrer Eigentumswohnung in Brooklyn

Six in the city

INTERVIEWS: SILVIA FEIST
FOTOS: KATHARINA BOSSE

Wie teuer ist New York wirklich? Sechs Familien und Singles haben für GEO ihr Portemonnaie geöffnet. Sie führten einen Monat lang Buch – und erzählen, weshalb sie trotz der hohen Ausgaben nirgendwo sonst leben wollen.

Mirian Lamberth, 33, Vize-Designchefin einer Modefirma, mit Ehemann Jason, 36, Tochter Mia, 6, und Baby im Bauch

»Unser größtes Glück ist die günstige Tagesmutter für Mia«

Als ich mit 17 Jahren zum ersten Mal nach New York kam, wäre ich am liebsten sofort geblieben. Aber dann schloss ich doch noch in Berlin meine Kürschnerlehre ab, zog mit 19 hierher und studierte am Fashion Institute of Technology. Die Frage, ob ich mir die Stadt leisten könne, habe ich mir nie gestellt. Das Beste war das Gefühl: Niemand kennt mich hier, ich kann mich von heute auf morgen neu erfinden. ›

Einnahmen:
gemeinsames Jahreseinkommen: über $ 250 000 plus Krankenversicherung durch Arbeitgeber
Besitz:
160-Quadratmeter-Wohnung in Brooklyn; VW Jetta
Ausgaben pro Monat:
- Hypothek: $ 3000
- Kirche und andere Spenden: $ 1000
- College Fund: $ 725
- Lebensmittel: $ 500
- Tagesmutter von 15 bis 18 Uhr: $ 360
- Restaurants: $ 350
- Ratenzahlung Auto: $ 350
- Versicherung: $ 300
- Garage: $ 300
- Telefone und Internet: $ 250
- Golf-Training für Jason: $ 240
- Lieferservice: $ 150
- Nebenkosten Wohnung: $ 125
- Strafzettel: $ 100 (absetzbar über Jasons Firma)
- Karate-Training für Mia: $ 100
- Subway: $ 60 (Minimum)

Gesamtausgaben: $ 7910
Spartricks:
- Familienurlaub kombiniert mit Mirians Geschäftsreisen – erspart Hotelkosten

Ein Jahr später habe ich Jason kennen gelernt. 1992 heirateten wir. Er hat Schauspiel studiert, aber sein Herz hing nicht wirklich daran. Gemeinsam eröffneten wir ein Kleidergeschäft in SoHo. In jener Zeit haben wir oft aus dem Penny-Glas gelebt, in dem wir unser Kleingeld sammelten. Damals sind wir zu jeder Galerie-Eröffnung gegangen – wegen des Büfetts. Und meine Mutter hat uns Pakete aus Deutschland geschickt.

Wir verkauften in Amerika, in Berlin, Tokyo und Paris Sachen aus unserer Kollektion und ließen meine Entwürfe in Indonesien produzieren. Dort hat sich Jason in Möbel und Hölzer verliebt, und er begann, zu importieren und selbst zu entwerfen. Mir bereitete das Label schlaflose Nächte. Die Kosten für die Produktion, die Reisen, die Miete für den Laden – wir waren schließlich hoch verschuldet. Als dann auch noch Mia kam, habe ich mir eine feste Anstellung gesucht. Ich bin sehr schnell aufgestiegen.

Jason stieg bei einer großen Möbelfirma ein und machte sich dann selbstständig. Wir haben anfangs zu dritt in einer 58 Quadratmeter großen Ein-Zimmer-Wohnung gelebt und dafür 2000 Dollar bezahlt. Jetzt haben wir eine 160-Quadratmeter-Wohnung gekauft. In Brooklyn. Früher musste es unbedingt Manhattan sein, aber mit einer Familie ändern sich die Bedürfnisse.

Kürzlich haben wir lange hin und her überlegt: private oder staatliche Schule für Mia? Die Privatschule kostet allein fürs erste Jahr 21 000 Dollar, garantiert aber sozusagen, dass Mia später an einer guten weiterführenden Schule angenommen wird. Trotzdem haben wir uns für die staatliche Schule entschieden; sie liegt nur fünf Minuten von hier entfernt, ist sehr multikulturell und gilt als eine der besten in New York. ❙

Emily Moore, 31, PR-Direktorin

»Taxis sind die Extravaganz, die ich mir leiste«

Jedes Jahr im Dezember haben meine Mutter und ich uns eine Reise von Boston nach New York geschenkt. Schon mit sechs Jahren war mir klar, dass ich dort leben wollte. Damals hatte ich bereits alle „Eloise"-Bücher verschlungen, über ein Mädchen, das im Plaza Hotel lauter Abenteuer erlebt, und meine Bibel war die „Vogue".

Weil ich ein Stipendium in Los Angeles bekam, studierte ich dort Kommunikationswissenschaften. Aber sofort nach meinem Bachelor-Abschluss habe ich ein Ticket nach New York gekauft. Die Schwester einer Freundin vermittelte mir ein Vorstellungsgespräch – bei „Vogue". Ich wohnte erst einmal im Hotel 17. Billig, schäbig und voll mit Leuten, die ihr Leben in dieser Stadt anfingen. Kaum angekommen, wurde mir das Gepäck geklaut. Also habe ich fürs Vorstellungsgespräch einen Anzug gekauft von Michael Kors, reduziert, aber immer noch für 375 Dollar. Den konnte ich mir nicht leisten, aber ich konnte mir noch weniger leisten, dort in den Sachen aufzutauchen, die ich anhatte. Im Gespräch hieß es plötzlich: „Ich würde Sie gern Anna vorstellen." Und schon stand ich im Büro von Anna Wintour, der Chefredakteurin von „Vogue" und vielleicht einflussreichsten Frau der Modewelt. Das ist etwas, was ich an New York liebe: Du weißt nie, wer oder was dir begegnet. Sie hat gesagt: „Aber Sie haben ja gar keine New-York-Erfahrung." Und ich habe geantwortet: „Aber es ist mein Traum, hier zu arbeiten – und ich kann hart arbeiten." Als ich aus dem Zimmer kam, war ich Redaktionsassistentin. Für 21 000 Dollar brutto im Jahr.

Ich habe mir ein winziges Apartment mit einem Mädchen geteilt, das beim „Esquire" arbeitete. Wir hatten zwar kein Geld, aber durch unsere Jobs Zugang zu vielen Partys. Nach zwei Jahren, vielen Überstunden und mit einem Rolodex voller Visitenkarten ging es weiter. New York ist die Stadt der Netzwerke. Solche Verbindungen sind heute Teil meines Jobs. Als PR-Direktorin für einige der angesagtesten Restaurants in New York wie „BondST" und „APT" arbeite ich oft abends. Wenn ich dann aufbreche und der Türsteher nach einem Taxi pfeift, klingt das für mich nach Zuhause. ❙

Einnahmen:
Jahreseinkommen: über $ 55 000 plus Krankenversicherung durch den Arbeitgeber
Ausgaben pro Monat:
- Miete: $ 1050 (2-Zimmer-Wohnung, 50 Quadratmeter, inklusive Strom und Gas)
- Handy: $ 250
- Taxis: $ 230 (Minimum)
- 2 Reitstunden außerhalb der Stadt: $ 200
- Nachtleben: $ 200
- Kleidung: $ 130
- Subway-Monatskarte: $ 70
- Frühstück auf dem Weg ins Büro: $ 60
- Festnetzanschluss: $ 50
- Kabelfernsehen: $ 50
- **Gesamtausgaben: $ 2290**

Spartricks:
- Kaffee nur vom Straßenstand
- den Kleiderschrank der Mutter plündern
- vom Erfolg der Freunde leben, zum Beispiel wenn sie ein Wochenendhaus in den Hamptons haben oder einen Frisörsalon
- Freitags abends ins Metropolitan Museum – freier Eintritt

Versteht sich auf ein gutes Image: Die PR-Direktorin Emily Moore träumte schon als Sechsjährige von New York

Einnahmen:
gemeinsames Jahreseinkommen: $ 90 700 plus Krankenversicherung durch den Arbeitgeber
Besitz:
Haus in Queens; Honda Civic, geschenkt
Ausgaben pro Monat:
- Schulgeld: $ 3750
- Hypothek: $ 1800
- Lebensmittel: $ 650
- Nebenkosten Haus: $ 291
- Subway: $ 180
- Schulessen für Kinder: $ 140
- Kleidung für die Familie, inkl. Schuluniformen: $ 130
- Autoversicherung: $ 117
- Telefon und Internet: $ 75
- Handy: $ 49
- Kino für die Kinder, unregelmäßig: $ 30
- Kirche: $ 10 bis 12
- Gartenblumen: $ 8
- Familien-Mitgliedschaft bei der Wildlife Society: $ 5

Gesamtausgaben: $ 7237
Spartricks:
- selber Haare schneiden
- nur zu besonderen Anlässen essen gehen, z. B. zum Muttertag
- Leseausweise der Stadtbücherei

Fred Loayza, 49, Kreditberater, mit seiner Frau Wilma, 47, und den Kindern Nicolle, 18, Melissa, 17, Freddy, 15

»Wir zahlen die Hälfte unseres Einkommens für die Schule der Kinder«

Ich lebe jetzt seit 31 Jahren in New York. Ich habe hier studiert und meine Frau kennen gelernt, wir haben hier unsere drei Kinder bekommen, haben ein Haus und Arbeit – trotzdem begreife ich erst so langsam, dass New York meine Heimat geworden ist.

Ich träumte immer davon, ordentlich Geld zu sparen und mich dann zu Hause in Bolivien selbstständig zu machen. Mein Vater hatte ein Transportunternehmen in La Paz. Als er starb, musste jemand die Familie versorgen. Meine Schwester Lina, die älteste von uns fünf Geschwistern, lebte schon in New York, und ich kam mit einem Studentenvisum her. Egal, wie teuer das Leben hier war, wir konnten mehr Geld verdienen als in Bolivien.

Lina und ich haben erst in Queens in einem Zimmer gelebt und uns Küche und Bad mit anderen geteilt. Ich bekam ein Stipendium für ein Studium am Spanisch-Amerikanischen Institut.

Einen Tag nach meiner Ankunft begann ich, in einer Autowaschanlage zu arbeiten. Ich habe das Englisch der Schwarzen dort nicht verstanden und das Spanisch der Kubaner auch nicht; aber dass sie mich bei den Trinkgeldern über den Tisch zogen, habe ich begriffen. Eine Woche später fing ich in einem Deli in Manhattan an, der Griechen gehörte, die kein Englisch sprachen. Dort

Hart erkämpfte neue Heimat: Fred und Wilma Loayza setzen alle Hoffnung auf ihre drei Kinder

Bauunternehmer, Musiker, Landwirt, Philosoph – und allein: John Houshmand in seinem Loft in TriBeCa

blieb ich sechs Jahre. Als ich dann mein Studium beendet hatte, fing ich bei einer Fluggesellschaft an. Inzwischen arbeite ich bei einer Bank.

Wilma und ich haben dieses Haus in Queens gekauft, nachdem unsere zweite Tochter zur Welt gekommen war. Das Haus ist unsere große Investition, es ist unser Leben. New York mit Familie ist teuer. Wir haben uns entschieden, unsere drei Kinder auf private Schulen zu schicken. Wir wollten das Beste für sie. Allerdings ist unser spanischer Nachname hier immer noch ein Makel.

Wir leben sparsam und von Monat zu Monat, aber wir legen auch immer etwas Geld zurück für Notfälle. Vor kurzem hat jemand unser Auto angezündet. Vermutlich, weil ihm meine politische Arbeit nicht passte. Ich bin nämlich Präsident der Nachbarschaftsvereinigung. Jemand aus unserer Gemeinde hat uns darauf hin einen alten Wagen geschenkt. Als ich das letzte Mal in Bolivien war, fand ich nicht, wonach ich suchte. Mein inneres Bild von Heimat stimmte nicht mehr. New York ist wohl mein Zuhause. I

John Houshmand, 49, Bauunternehmer und Musiker

»Seit ich meine Farm habe, gebe ich das meiste Geld für Maschinen aus«

Während meines Kunstgeschichte-Studiums hatte ich in den Semesterferien das Schreinern gelernt. Damit wollte ich mich in New York so lange über Wasser halten, bis es mit der Musik klappt. Damals wohnte ich in einem Apartment, das so eng war, dass mein Mitbewohner und ich uns immer entschuldigen mussten, wenn wir aneinander vorbeiwollten. Heute spiele ich in drei Bands, ich habe ein Musikstudio in meiner Wohnung, und wir haben einige CDs veröffentlicht – aber Karriere gemacht habe ich als Handwerker. Spitzname: *the fixer*, der Alleskönner. Ich wurde über Mundpropaganda von einem Job zum nächsten gereicht und war mit einem Mal Unternehmer. ❯

Einnahmen:
Jahreseinkommen: mehrere 100 000 Dollar
Filmaufnahmen im Loft, z.B. „It runs in the family" (Es bleibt in der Familie) mit Kirk und Michael Douglas: $ 60 000 für drei Wochen
Fotoproduktionen im Loft: $ 2000 bis $ 2500 pro Tag

Besitz:
600-Quadratmeter-Loft in TriBeCa
800 000-Quadratmeter-Farm in Upstate New York
Grundstück in Mexiko
Fuhrpark: 2 Geländewagen, 3 Pick-ups, 3 Traktoren, 3 Allradfahrzeuge für die Farmarbeit
rund 2000 CDs, rund 500 LPs

Ausgaben pro Monat:
- Hausbau in Mexiko: $ 16 000
- Autoversicherungen, Benzin, Wartung, Strafzettel: $ 3000
- Restaurants: $ 800
- Reisen: $ 800
- Telefone: $ 450
- Lebensmittel: $ 400
- Musikprojekte: $ 400
- Putzfrau: $ 320
- Fitnesstrainer: $ 320
- Bäume: $ 220
- Kleidung: $ 160

Gesamtausgaben: $ 22 870

Ich plane Dinge nicht wirklich, sondern lasse mich von den Umständen leiten. Trotzdem glaube ich, dass wir unser Leben selbst gestalten. Meine erste Firma musste dichtmachen. Ich war hoch verschuldet und lebte ein paar Monate von Brot und Mayonnaise. In meiner nächsten Firma habe ich gearbeitet wie ein Besessener. Mit dem Ergebnis: 30 Millionen Jahresumsatz Ende der 1980er. Kunden von Calvin Klein über Robert Redford bis zu Hotels wie dem Mercer und dem Paramount. Aber abends zog ich los, um einen Squashball gegen die Wand zu schlagen und mich danach bei ein paar Margaritas zu fragen: Wozu dieser Erfolg?

Die Stadt kann dich mit ihrer Intensität vereinnahmen. 1983 habe ich sie das ganze Jahr lang nicht verlassen. 1992 wurde mir klar: Es muss noch etwas anderes geben als den Kosmos New York. Ich habe eine Farm gekauft, ein paar Autostunden nördlich der Stadt: drei Häuser, fünf Scheunen, elf Teiche. Dort arbeite ich drei Tage die Woche; ich habe begonnen, Möbel zu entwerfen, die eigentlich eher Objekte sind. Außerdem lasse ich ein Haus in Mexiko bauen.

Mein künftiges Leben stelle ich mir zwischen New York, der Farm und Mexiko vor. Und eigentlich hätte ich gern eine Familie. Als ich dieses 600-Quadratmeter-Loft in TriBeCa erwarb, sollte es einmal ein Schloss für mich und meine Familie sein. Heute dient es untertags als musikalischer *think tank* und als Studio für Modeaufnahmen, aber nachts ist es ein riesiger, leerer Raum, und manchmal blicke ich auf und denke mir: Was mache ich als kleiner Punkt in diesem weiten Wunderland, mitten in dieser gedrängten, vollgestopften Stadt? ❙

Alessia Siniscalchi, 30, angehende Schauspielerin

»Der Schauspielunterricht ist ein Traum, für den ich auf vieles verzichte«

Mit 28 Jahren kam ich zum ersten Mal nach New York. Aber um die Stadt wirklich zu verstehen, reicht es nicht, hier Urlaub zu machen. Du musst hier leben. Ich hatte zu Hause eine Schauspiellehrerin, die mich ermutigte, mich an der Actors Studio Drama School zu bewerben. Die Schule ist berühmt für ihr *method acting*. Leute wie Marlon Brando und Paul Newman haben dort studiert. Ich war die erste Italienerin seit Jahren, die die Aufnahmeprüfung schaffte. New York hat eine Energie, die mir das Gefühl gibt: Ich kann machen, was ich will, und ich kann Erfolg damit haben.

Ich bin freier hier, obwohl ich mich finanziell einschränken muss wie nie zuvor. Ich komme aus einer wohlhabenden Familie. Mein Vater ist ein Staranwalt, der Leute wie Diego Maradona vertritt. In Italien hatte ich immer alles: Geld, Kontakte, die Möglichkeit, Jura zu studieren und parallel an meiner Schauspielerei zu arbeiten. Ich habe Theater gespielt und hatte meine erste kleine Sprechrolle beim Film. Trotzdem haben mir zu Hause alle unterstellt: Die meint das nicht ernst, das ist die Tochter vom Siniscalchi, die wird Anwältin. In New York bin ich ganz auf mich gestellt. Ohne finanzielle Unterstützung von zu Hause. Das Stipendium deckt kaum mehr als die Schulgebühren ab. Ich lebe von meinen Ersparnissen und jobbe gelegentlich. Außerdem habe ich mich eingeschränkt. Zu Hause hatte ich ein wunderbares Apartment im historischen Zentrum Neapels, ganz für mich allein. Hier lebe ich in einer Wohngemeinschaft, und das war schon eine ziemliche Umstellung, zumal ich mir das Zimmer zeitweilig auch noch mit meiner Schwester Francesca teile. In Italien habe ich viel Geld für Mode ausgegeben, jetzt kaufe ich Kleider auf dem Flohmarkt.

Mein Traum ist es, als Schauspielerin in New York zu arbeiten und in Italien zu unterrichten. Trotzdem war die klügste Entscheidung meines Lebens bisher, die Prüfung vor der italienischen Anwaltskammer abzulegen, obwohl ich mich zur selben Zeit für den Aufnahmetest hier vorbereiten musste. Ich könnte zurückgehen – wenn ich je wollte. ❙

Einnahmen:
Stipendien: $ 18 000 pro Jahr,
Gelegenheits-Jobs: 50–200 $ pro Woche

Ausgaben pro Monat:
- Miete und Nebenkosten: $ 990 (8-Quadratmeter-WG-Zimmer)
- Lebensmittel: $ 250
- Ausgehen mit Freunden: $ 250
- CDs und Unterrichtsbücher: $ 100
- Handy: $ 90
- Theater mit Studentenermäßigung: $ 80
- Subway-Ticket im Winter: $ 70
- Taxi: $ 50

Gesamtausgaben: $ 1880

Spartricks:
- zu Hause kochen
- alkoholfreie Getränke in Bars
- Kleidung vom Flohmarkt
- Friseur ($ 350 für Waschen, Schneiden, Färben, Strähnchen) nur einmal im Jahr: wenn die Mutter zu Besuch ist und die Rechnung zahlt

Prinzessin im WG-Zimmer: Alessia Siniscalchi hat ein luxuriöses Leben in Neapel gegen acht Quadratmeter New York getauscht

Gute Miene zum Dead-End-Job: Michael Mejias hofft auf literarischen Ruhm – und bearbeitet solange die Post

Einnahmen:
Jahreseinkommen: unter $ 40 000 plus Krankenversicherung und zwei Subway-Tickets pro Werktag vom Arbeitgeber

Ausgaben pro Monat:
- Miete WG-Zimmer: $ 700
- Dinner, Drinks, Treffen mit Freunden, Kino: rund $ 450
- Mittagessen wochentags: $ 160
- Lebensmittel: $ 120
- Zigaretten, drei Päckchen à $ 8 pro Woche: $ 100
- Trinkgelder, Taxis, Bettler: $ 100
- Telefon: $ 80
- Frühstück auf dem Weg ins Büro: $ 60
- Gas & Strom: $ 50
- Kabelfernsehen: $ 50
- Theater, mindestens einmal im Monat: $ 30 bis $ 60

Gesamtausgaben: $ 1930

Spartricks:
- zu Fuß ins Büro, um die Subway-Tickets für die Freizeit zu sparen
- kein Handy
- kein Internetanschluss zu Hause
- Kleidung im Schlussverkauf oder Secondhand
- Theater-Tickets auf gut Glück am selben Tag kaufen
- „All you can eat"-Büfetts

Michael Mejias, 37, Sekretär und Dramaturg

»Das meiste Geld geht für Abende mit Freunden drauf«

Ich könnte niemals aus New York wegziehen. Wenn ich aus dem U-Bahn-Schacht steige und dann unvermittelt etwas so Großartiges sehe wie das Chrysler Building, habe ich jedes Mal das Gefühl: Alles ist möglich.

Aufgewachsen bin ich in der Bronx, in den *projects*, einer typischen Sozialsiedlung. Unsere Vier-Zimmer-Wohnung hat 500 Dollar warm gekostet. Da habe ich mit Mutter, Schwester, meiner Großmutter und einem Großonkel gelebt. Heute zahle ich für mein kleines Zimmer in einer Zweier-WG 700 Dollar kalt, was fürs West Village günstig ist.

Allein gewohnt habe ich nie. In Manhattan könnte ich mir das nicht leisten. Wenn du hier überleben willst, weißt du irgendwann, wo es zum „Dinner für zwei" Getränke umsonst gibt, welche Bar wann Happy Hour hat, wer gerade Schlussverkauf macht. New York ist eine Stadt der Stämme. Ich gehöre zum Stamm der sich abstrampelnden Künstler. Wir machen Jobs, für die wir schmerzhaft überqualifiziert sind und in denen wir notorisch unterbezahlt werden. Seit sich die Off-Broadway-Theatergruppe, die ich nach meinem Theaterstudium managte, auflösen musste, arbeite ich bei einer Literaturagentur. Dort mache ich den Sekretariatskram und lese die ungefragt eingesandten Manuskripte. Ich gehe sogar jeden Samstag fünf, sechs Stunden ins Büro, weil in der Woche zu viel Arbeit liegen bleibt. Am Samstag feile ich auch an meinen Theaterstücken und einer Novelle, die noch viermal so lang ist, wie sie sein darf.

Ich bin ohne viel Geld aufgewachsen – und ohne den verzweifelten Wunsch danach. Ob ich damit rechne, dass sich meine Situation verbessert? Natürlich. Nicht aus Arroganz. Niemand, der hier in irgendwelchen Jobs festhängt, ist so naiv zu denken: Bald wird mein Genie erkannt. Wir halten all das aus, weil New York jeden beschenkt, irgendwann. ∎

Stück Butter? 7 DM. Ein Glas Wein? 14 DM. Als die freie Journalistin **Silvia Feist**, 37, nach New York zog, rechnete sie damals alles in Mark um. Inzwischen hat sie den internen Wechselkursrechner ausgeschaltet: New York kostet, was es kostet – und manchmal gibt's eben Tütensuppe für 25 Cent. **Katharina Bosse**, 35, fotografierte sechs Jahre lang von New York aus für internationale Magazine. Seit September 2003 lehrt sie Fotografie an der Fachhochschule Bielefeld.

HOHER PREIS DER SICHERHEIT

Ihre Freiheit macht die Stadt so verwundbar. »Operation Atlas« soll New York vor neuen Anschlägen schützen

TEXT: MARC PITZKE

Der Mann hat einen Lebenslauf, der sich liest wie aus dem Drehbuch zu einem Action-Film: Kommandeur einer Einsatztruppe für Geiselbefreiung in Panama – „Türeintreter", wie er sie liebevoll nennt – ; Militärberater in Kolumbien, El Salvador und Südkorea; UN-Beobachter während der amerikanischen Intervention in Haiti; oberster Terrorschützer im US-Außenministerium; Blauhelm-Koordinator bei den Vereinten Nationen.

Michael Sheehans jüngster Job: New York vor Bombenlegern und Selbstmordattentätern zu schützen. Nach vielen Jahren unter Guerilleros, Rebellen und Drogenbossen ist der pressescheue Oberstleutnant a.D. Michael Sheehan, 48, im Sommer 2003 zu New Yorks Deputy Commissioner for Counter Terrorism ernannt worden. In dieser Position soll er als „Anti-Terror-Zar" das ehrgeizigste, umfassendste und teuerste Terrorschutz-Programm der Welt leiten: die „Operation Atlas".

Die Aufgabe gleicht einer Quadratur des Kreises: Die Stadt, die sich rühmt, dass hier ein jeder nach seiner Fasson glücklich werden kann, versucht sich gegen einen unsichtbaren Feind zu wappnen – ohne dabei einzubüßen, was New York City so lebenswert macht: Toleranz, Zugänglichkeit, Offenheit, sogar eine gewisse Freude am Chaos.

Die Namensgebung beschwört, wie schwierig das Vorhaben ist: In der griechischen Mythologie musste der Titan Atlas die Last des Himmels auf den Schultern tragen. Denn eigentlich lässt sich New York, dieser internationale Verkehrsknoten, an dem sich Land-, Wasser- und Luftwege zu einem unentwirrbaren Knäuel bündeln, weder verteidigen noch abschotten. Der offene Fluss von Waren, Gütern, Fahr- und Flugzeugen, Schiffen, Einwanderern, Touristen und Diplomaten ist der Pulsschlag der Stadt – und zugleich deren wunder Punkt.

Das New York Police Department (NYPD) ist mit 36 500 Polizisten, darunter Sheehans rund 1000 Terrorschützern, die größte Polizeieinheit der USA. Die Truppe setzt auf eine Doppelstrategie: abschrecken und eindämmen. Sichtbar verstärkte Polizeipräsenz an strategischen Punkten soll Terroristen schon im Vorfeld verunsichern. Für den Ernstfall hält die NYPD-Führung Mobiltrupps in Bereitschaft, um die Folgen eine Anschlags möglichst gering zu halten. Diese bewaffneten Miniteams, unterstützt von Spezialisten der Feuerwehr und ausgestattet mit modernster Messtechik für biologische, chemische oder nukleare Angriffe, tragen so martialische Namen wie „Hercules" und „Samson". Göttertreffen in Manhattan.

Fünf Millionen Dollar kostet der laufende Aufwand – pro Woche. Das meiste Geld davon verschlingen die Überstunden der Beamten.

So werden an allen Brücken und Tunnels, die Manhattan mit New Jersey, Brooklyn und Queens verbinden, regelmäßig Checkpoints eingerichtet, an denen die Polizei Stichproben vornimmt. Besonders im Visier: Trucks und Kleinlaster – potenzielle Bombentransporter. Auf der Insel selbst werden manchmal ganze Avenues abgesperrt. Kürzlich riegelte die NYPD sämtliche südwärts laufenden Straßen an der 96th Street im Norden Manhattans ab. Cops kontrollierten Führerscheine, Fahrzeug-Papiere und prüften die Ladeflächen mit Scannern auf „gefährliche Güter".

Auf den Pendler- und Touristenfähren nach Staten Island und Jersey

Beim ersten Ernstfall, einem

City schippern Beamte mit übers Wasser – samt Sprengstoff-Spürhunden. Küstenwache und Zoll haben ihre Hafenpatrouillen verstärkt. Einlaufende Schiffe werden routinemäßig mit Geigerzählern auf radioaktives Material und „schmutzige Bomben" hin abgetastet.

Wachstreifen und Zivilbeamte, flankiert von Nationalgardisten und Panzerwagen, patrouillieren in den prominenten Ballungszentren der Stadt: im Empire State Building, am Times Square und Grand Central Terminal, an der Pennsylvania Station, der Wall Street und dort vor allem vor der New York Stock Exchange, die als Finanzherz der Welt unter 24-Stunden-Schutz steht. Trotzdem haben viele Banken und Brokerhäuser inzwischen abseits der Wall Street, teils sogar außerhalb

Für die private Vorsorge: der Anti-Terror-Supermarkt »Safer America« nahe Ground Zero

Patrouillieren an allen strategischen Punkten: NYPD-Beamte auf der Fähre nach Staten Island

Manhattans, Ausweich-Handelsparketts und -Büros eingerichtet. Schließlich sollen die Geschäfte und damit letztendlich die Weltwirtschaft im Katastrophenfall möglichst reibungslos weiterlaufen.

Ebenfalls diskret geschützt werden die großen Luxushotels wie das „Waldorf-Astoria" und das „Plaza" am Central Park, VIP-Restaurants wie das „Le Cirque", Kirchen, Synagogen und Moscheen. Sowie die Sendestudios der TV-Networks ABC, CBS, NBC und CNN mit ihren frei einsehbaren Glasstudios – um, so ein NYPD-Sprecher, „eine strategische Übernahme der Medien durch Terroristen zu verhindern".

Falschparker werden in Manhattan heute spätestens nach einer halben Stunde abgeschleppt. Das soll vor Autobomben schützen – und nebenbei das Haushaltsloch der Stadt stopfen: Allein für 2003 erwartet die NYPD durch ihre verschärft ausgestellten Bußgeldbescheide mehr als 130 Millionen Dollar an zusätzlichen Einnahmen.

Attentat in der City Hall, war das Gebäude nach einer Minute von »Atlas«-Leuten umstellt

Regelmäßige Ernstfall-Übungen – an den Planungstischen des Hauptquartiers und draußen im Feld – sollen die Polizisten auf Trab halten. Die Manöver haben fantasievolle Namen: „Operation Sandbox" (Bio-Angriff auf die City), „Operation Ready Set" (Katastrophe in Midtown), „Operation Winter Sun" (Anschlag mit Massenvernichtungswaffen in Brooklyn).

Ein erster realer Ernstfall ereignete sich Ende Juli 2003, als der schwarze Stadtrat James Davis in der City Hall von einem politischen Widersacher erschossen wurde. Als die Schüsse durch die Rotunde des Gebäudes peitschten, fürchteten alle einen Terroranschlag. Polizeichef Raymond Kelly war innerhalb von 40 Sekunden informiert. Eine Minute später hatten schwer bewaffnete „Atlas"-Einsatztrupps die City Hall umstellt. Hubschrauber kreisten, Beamte riegelten die Brücken ab. „Auch das müssen wir üben", seufzte Kelly anschließend: „Wie man Überreaktionen vermeidet."

Die durchlässigste Stelle im New Yorker Schutzschild aber liegt weiterhin dort, wo die Terroristen am 11. September 2001 zugeschlagen haben: im Luftraum. Denn den überwacht nicht die NYPD, sondern die staatliche Luftfahrtbehörde FAA. Nur in speziellen Krisenzeiten – wie etwa während des Irak-Kriegs – patrouilliert das Department of Homeland Security am New Yorker Himmel mit „Black Hawk"-Helikoptern und Überwachungsflugzeugen. Ein Dauerschutz der Stadt aus der Luft käme zu teuer.

Weder die FAA noch die Tower-Besatzungen der drei großen Flughäfen New Yorks sind in der Lage, Terror-Maschinen von harmlosen Flugzeugen zu unterscheiden; Piloten müssen sich lediglich mit der Heckflossennummer ihres Gefährts identifizieren. Der Luftraum über New York (und auch anderswo in den USA) bleibt eine „schmerzlich verwundbare Lücke", resümiert Bruce Hoffman, der Vizepräsident des Forschungsinstituts RAND.

Für den Fall einer erneuten Katastrophe hat die Stadt jedem privaten Haushalt eine Notanweisung zukommen lassen. Demnach sollen die New Yorker unter anderem folgende Utensilien griffbereit halten: eine Gallone Trinkwasser pro Person und Tag, Konserven plus Dosenöffner, einen Erste-Hilfe-Koffer, Taschenlampe, Transistorradio mit Ersatzbatterien, Trillerpfeife, Jodtabletten, Seife, warme Kleidung und einen Regenponcho.

Fertig konfektioniert gibt es diese Überlebenspakete im Fachhandel zu kaufen – zum Beispiel bei „Safer America", einer Art Anti-Terror-Supermarkt unweit von Ground Zero. Dort auch im Angebot, speziell für die Wolkenkratzer-Nutzer Manhattans: der „Hochhaus-Notkoffer", samt Gasmaske, Schutzanzug und „Flucht-Fallschirm" für den Sprung aus schwindelnder Höhe, alles für 1085 Dollar. ❙

Marc Pitzke, 40, ist Korrespondent für „Spiegel Online" und das Schweizer Nachrichtenmagazin „Facts". Er lebt seit 1993 in Manhattan.

Eine halbe Stunde Fährfahrt von der Wall Street entfernt: das Ufer von Red Hook, in dessen Lagerhäuser nun neues Leben einzieht

An der Trendfront

Szeneviertel werden in New York im Jahresrhythmus ausgerufen. Umso überraschender, dass eine der charmantesten *neighborhoods* bisher unentdeckt blieb: Red Hook in Brooklyn. Nun ziehen Künstler und junge Paare in das Hafenareal

TEXT: MARC DECKERT FOTOS: JONATHAN TORGOVNIK

Falcons

1 Dachgarten vor großer Kulisse: das Restaurant »Alma« mit Blick auf Lower Manhattan. 2 Raus ins Grüne: viel Platz für's Picknick zwischen den Speichern. 3 Immobilienbesitzer Greg O'Connell: Der Ex-Polizist erkannte als Erster die Lebensqualität von Red Hook

3

An einem Hafenbecken in einer stillen Gegend South Brooklyns erheben sich bizarre Rostskulpturen: Turmhohe Silos einer ehemaligen Zuckerraffinerie sind durch brüchige Rampen und Stege miteinander verbunden, dazwischen stehen Container, angefressen von der Seeluft, und Beladebrücken, zerfetzt wie nach einem Luftangriff. Aus dem Wasser ragen die Mastspitzen eines gesunkenen Feuerschiffs.

Bis auf einige Puertoricaner, die hier
1 draußen am Hafen ihre Autos waschen, ist kein Mensch zu sehen. Die Musik aus den
2 Autoradios vermischt sich mit dem Pfeifen des Windes, der nervöse Wellen gegen den Pier treibt.

Das also ist Red Hook, jenes Viertel, das im Stadtmagazin „Time Out" meist mit verheißungsvollen Adjektiven wie *hot* und *ultrahip* bedacht wird; in New York gilt es als jüngster Kandidat für den Titel „angesagtester Stadtteil", als das nächste Williamsburg, wenn nicht gar das nächste SoHo.

„Es ist immer noch eine raue Gegend hier draußen", sagt Greg O'Connell. An seinen riesigen Arbeitsschuhen klebt getrockneter Schlamm, in der Bauchtasche seiner Latzhose stecken Kugelschreiber. O'Connell ist 1,96 Meter groß mit struppigem, grauem Haar – und der mächtigste Immobilienbesitzer in Red Hook. Anfang der 1980er Jahre hatte der Ex-Polizist begonnen, in der Gegend Grundstücke und verlassene Häuser zu kaufen. „Der Ort war ein einziges Chaos", sagt er in bärbeißigem Brooklyn-Slang. „Es gab hier nur illegale Müllkippen, Autofriedhöfe und Rudel wilder Hunde. Als ich diese kaputten, alten Gebäude sah, dachte ich: Was für eine Gelegenheit!"

Die Lagerhäuser am Beard Street Pier gegenüber der Zuckerraffinerie sind in den 1860er Jahren erbaut worden. Schiffe mit Kakao, Getreide und Kaffee machten damals in Red Hook fest, einem Zipfel Brooklyns, der unterhalb von Manhattan in die Upper Bay ragt. Iren, Skandinavier, Deutsche und Italiener – sie alle kamen hierher, weil es Arbeit gab. Red Hook war der bedeutendste Frachtumschlagplatz an der Ostküste der USA und florierte – bis Containerschiffe die Stückgutfrachter verdrängten. Ab den 1950er Jahren wurden keine Silos und Speicher mehr gebraucht, sondern riesige Asphaltflächen für Container, und die gab es in New Jersey. Mit dem Auszug der Hafenindustrie gingen in Red Hook nahezu alle Arbeitsplätze verloren, und die Zahl der Einwohner schrumpfte um rund die Hälfte.

Die leeren Speicher am Ufer wären vor 30 Jahren fast abgerissen worden. Doch selbst für den Abbruch fehlte der Stadt damals das Geld. „Manchmal haben Finanzkrisen auch etwas Positives", sagt O'Connell. 1983 kaufte er ein großes *warehouse* am Pier 41, zwei weitere Lagerhäuser folgten in den nächsten Jahren. O'Connell restaurierte die braunroten Ziegelfassaden, erneuerte die Scharniere der gusseisernen Tore, zog neue Stockwerke ein und lockte mit bezahlbaren Flächen Mieter an. In den ehemaligen Speichern arbeiten heute Architekten, Glasbläser und Bühnenbildner neben Designbüros und Software-Firmen. Durch die Fenster blicken sie über den Hafen und die Upper Bay auf die Freiheitsstatue. „Dieser Ort ist einzigartig", schwärmt O'Connell. „Wir fangen erst langsam an, das ganze Potenzial zu entdecken. Wenn wir noch die Wasserwege öffnen, wird die gesamte Uferregion wieder lebendig."

Stadtteilveredelung, auf englisch *gentrification*, hat in New York eine lange Tradition. Bis in die 1950er Jahre war Greenwich Village die Heimat der amerikanischen Boheme mit günstigen Apartments und Literatur-Cafés. Die Reputation des Viertels ließ die Mieten nach dem Zweiten Weltkrieg steigen. Mittellose Lebenskünstler und Beatnik-Autoren wie Allen Ginsberg und Jack Kerouac zogen daher Richtung East Village, während Maler und Bildhauer in den leer stehenden Lagerhäusern des heruntergekommenen Textilviertels SoHo Raum für ihre Ateliers fanden.

Es dauerte nicht einmal zehn Jahre, bis SoHo das Zentrum des Kunstbetriebs in Manhattan war – und so teuer, dass weniger etablierte Künstler in die Fabriketagen des südlicher gelegenen Bezirks TriBeCa ausweichen mussten. Dort konnten sie sich immerhin bis in die 1980er Jahre hinein halten, als auch Banker, Anwälte und Ärzte den Charme der großzügigen Lofts entdeckten und die Preise in die Höhe trieben. Heute kosten die zu Wohnungen umgebauten Lofts in SoHo zwischen 6000 und 15 000 Dollar Miete pro Monat, einfache Drei-Zimmer-Wohnungen zwischen 4000 und 10 000 Dollar. So viel wird selbst für Wohnungen auf der Upper West oder Upper ›

4 New Yorker Idyll: Kopfsteinpflaster, niedrige Gebäude und freie Parkplätze. 5 In der Bierkneipe »The Red Rail« hatte schon Filmstar Cher ein Date – im Streifen »Mondsüchtig«, der hier gedreht wurde

6 Veredelung, auch beim Gebäck: In der Columbia Street spiegelt das Bäckereisortiment die Ansprüche der Zuzügler. 7 Nicht lieblich, aber lauschig: der Louis Valentino Jr. Park mit Blick auf Upper Bay und Freiheitsstatue

1 Ihre Cocktails sind eine Show: Lillie Haws von der Bar »Lillie's« wurde zur besten Barkeeperin New Yorks gewählt. 2 Improvisation: Studenten verkaufen ihren Hausrat – vor der Tür. 3 Diesel Gallery: Wochenendbühne für Künstler und Performer

3

7

East Side, traditionell die bevorzugten Adressen reicher New Yorker, selten verlangt.

Mietverträge werden in New York meist nur für ein oder zwei Jahre geschlossen; etabliert sich die Wohngegend in dieser Zeit als cool, verlangt der *landlord* beim nächsten Vertrag manchmal das Doppelte. Und die innerstädtische Völkerwanderung beginnt aufs Neue. Der Prozess der *hipification*, so schrieb ein Autor des „New York Times Magazine", folgte dabei in Manhattan bis in die 1990er Jahre einer Süd- und Ost-Richtung: Block für Block wurden erst das East Village, danach Alphabet City, dann Teile der Lower East Side, wie die Ludlow Street und Clinton Street, schick.

Danach zersplitterte die Bewegung. Viele Studenten, Designer, Musiker und Künstler flohen vor den explodierenden Mieten der Börsenboomjahre nach Williamsburg, einem halbindustriellen Viertel in Brooklyn mit günstigen Lofts, dem East Village gegenüber gelegen und in wenigen Minuten mit dem *L Train* von Manhattan aus zu erreichen. Junge Familien zog es nach Park Slope in Brooklyn, in Manhattan profitierte Chelsea vom Umzug vieler Galerien und Clubs.

Auch die Vorreiter der Gentrifizierung sind inzwischen andere. Waren es früher zumeist Künstler und Musiker, die neue Viertel „entdeckten", so übernahmen diese Rolle ab den 1980er Jahren zunehmend Restaurant-, Bar- und Boutiquenbesitzer. Mitunter wird der Wandel gleich von Immobilienmaklern eingeleitet, systematisch beschleunigt und von einer cleveren Vermarktung des neuen Trendviertels flankiert. Wie etwa in einem kleinen Areal unter der Manhattan Bridge, das der Immobilienmann David Walentas nahezu komplett aufkaufte, unter der griffigen Abkürzung „Dumbo" vermarktete (für „Down Under the Manhattan Bridge Overpass") und zur Luxuswohngegend sanierte.

Eine solche Entwicklung nimmt womöglich auch Red Hook: Die Uferlage ist für *developers* besonders verlockend. Sollte eine Fährverbindung eingerichtet werden, könnten Pendler in einer halben Stunde von Red Hook an die Wall Street gelangen. Und viele der alten, gegenwärtig ungenutzten Lagerhäuser könnten in Apartments umgewandelt werden: mit Blick aufs Wasser, mit unverputzten Naturstein- und Ziegelwänden, schweren Deckenbohlen und verborgener High-Tech-Ausstattung, wie es in New York momentan sehr en vogue ist. 160 Imlay Street etwa profitiert davon, eine graue Trutzburg am Hafen, die wirkt, als wäre sie zur Abwehr von Piraten errichtet. Eine Immobilienfirma will dort auf 20 000 Quadratmetern Luxuswohnungen und Ateliers schaffen. Nach einer Umwandlung ließe sich pro Quadratmeter mindestens das Zehnfache des ursprünglichen Kaufpreises erzielen.

Doch wie die Wiederbelebung des Hafenrandes generell aussehen soll, darüber ist ein großer Streit entbrannt. Viele Bürger und Unternehmer in Red Hook kämpfen gegen die Konvertierung von Industrieflächen in Wohneigentum. Denn hier gebe ›

1 Old Economy: die Ruine einer Zuckerraffinerie.
2 New Economy: In manchen Lagerräumen arbeiten nun Kreative, so die Fallschirm-Designer von Atair. 3 An der Wand ein Wunsch: Jeder fünfte Einwohner von Red Hook ist ohne Job

es – anders als etwa in Dumbo – eine Alternative zur Umwandlung: Arbeitsplätze.

„Es wäre so leicht, hier noch mehr Gewerbe anzusiedeln," sagt Greg O'Connell. „Die Firmen rufen jeden Tag bei mir an." Es sind Metallbetriebe, Glasfirmen, Speditionen, Brauereien. Firmen, die nahezu nirgendwo in Brooklyn bezahlbare Industrieflächen finden – außer in Red Hook. O'Connell glaubt, dass die Zukunft von Red Hook nicht darin liegen sollte, hip zu
1 sein, sondern darin, bezahlbare Wohnun-
2 gen und Arbeitsplätze vor der eigenen Haustür zu schaffen. Denn Red Hook braucht dringend Arbeitsplätze. Etwa ein Fünftel der Einwohner sind arbeitslos. Sollte sich O'Connells Vision durchsetzen, dann bräche ein kleines Viertel erstmals die New Yorker Regeln der Gentrifizierung. Dann würde „ReHo" zum Musterfall einer alternativen Entwicklung.

Aber vielleicht ist das Viertel dafür dann doch zu charmant, zu verwunschen. Auf der Van Brunt Street, die vom Pier 46 nach Norden führt, sieht Red Hook aus wie ein neuenglisches Hafenstädtchen: kleine zweistöckige Wohnhäuser mit blauen Holzfassaden und weißen Fensterrahmen. Am Straßenrand stehen alte Telefonmasten, zwischen denen Kabel durchhängen. Gelegentlich fährt ein Lastwagen über das Kopfsteinpflaster, dann zittert der Boden.

Vor mehr als 300 Jahren wurde das Feuchtgebiet „Roode Hoek" von niederländischen Siedlern mit Sand aufgeschüttet. Aufgrund des weichen Bodens machen bis heute alle U-Bahn-Linien einen Bogen um Red Hook. Eingegrenzt wird das Viertel von zwei Stadtautobahnen, die den Hafenbezirk in den 1940er und 1950er Jahren durchschlugen und vom Rest Brooklyns abtrennten. Durch diese städtebauliche Dummheit wurde Red Hook nicht nur topographisch, sondern auch ökonomisch abgehängt. Wohnen wollte zwischen den Ziegeleien und Lagerhallen lange Zeit niemand, und so lebte hier nur, wer keine andere Wahl hatte: Unmittelbar südlich des Gowanus Expressway steht eine Ansammlung schmuckloser, braunroter Wohnsilos mit winzigen Fenstern. Rund 8000 der gut 12 000 Einwohner von Red Hook sind in dieser Sozialsiedlung zu Hause – fast ausschließlich Latinos und Afroamerikaner. Rund 40 Prozent der Familien im Viertel leben unterhalb der Armutsgrenze, die für eine vierköpfige Familie bei 1520 Dollar pro Monat liegt.

Nur wenige Blocks von den „Red Hook Houses" entfernt beginnt eine andere Welt. Folgt man der Columbia Street zu Fuß fünf Minuten nach Norden über den Gowanus Expressway, so säumen plötzlich Boutiquen, Galerien und Cafés die Straße. Unter Birnbäumen spazieren junge Paare mit Kinderwagen, am Straßenrand parken Saabs und VW New Beetles. Viele der Boutiquen und Lokale sind erst in den vergangenen zwei Jahren eröffnet worden, und ihre Besitzer hat es zumeist aus „besseren" Gegenden New Yorks hierhergezogen. Sie kamen aus Little Italy wie die Eigentümer des Cafés „Helen's Fabulous Cheesecake", auch aus dem benachbarten Carroll Gardens wie Alan Harding, ein Fernsehkoch, der kürzlich die knallbunte Snackbar „Schnäck" eröffnete.

Susu Hsu beobachtet die Entwicklung entlang der Columbia Street, dem Brückenkopf der Stadtteilveredelung, seit mehr als zwölf Jahren. Die Chinesin ist eine Pionierin: Sie kam 1991 in die damals verarmte Puertoricaner-Wohngegend, weil der Mietvertrag ihres Restaurants in Brooklyn Heights auslief. „Die Columbia Street war nah und preiswert", sagt Susu Hsu, „ich mochte sie, obwohl all meine Freunde fragten: Wie kannst du nur da hingehen?"

Susu Hsu eröffnete neben einem verwilderten Grundstück ihr Barbecue-Lokal „Jake's" – das erste Restaurant der Straße. Sie räumt heute ein, es sei von Vorteil gewesen, dass das nächste Polizeirevier direkt um die Ecke lag. „So trauten sich die Crackdealer nie bis vor unsere Tür." Ebenso wichtig war, dass 1992 eine Art Waffenstillstand auf den Straßen von Red Hook einkehrte. Nach dem Tod eines Schulrektors im Kreuzfeuer einer Bandenschießerei sorgten tatkräftige Bürgerinitiativen aus den „Red Hook Houses" für mehr Sicherheit.

Im Jahr 2001 errichtete Greg O'Connell neben dem „Jake's" einen Neubau und vermietete ihn an drei junge Schreiner, die hier ein mexikanisches Lokal mit Dachgarten und einem spektakulären Ausblick auf Lower Manhattan eröffneten: das „Alma". Das Lokal war von Beginn an teurer und exklusiver als das „Jake's" – schließlich hatte sich die Klientel in der Nachbarschaft bereits verändert: 1999 hatte eine Gepäck- ›

Container statt Vorgarten: Als Familie Magnes von Israel nach New York zog, suchte sie ein günstiges Haus unweit von Manhattan. In Red Hook kauften und renovierten die Zuzügler ein ehemaliges Bordell

spedition in Red Hook ihr Gebäude an einen Immobilienkonzern verkauft. Der ließ die Räume umbauen und vermietete sie illegal als Privatwohnungen zu Preisen deutlich über 1000 Dollar – und so schwappte die Umzugswelle junger Professionals aus Manhattan, die zuvor schon das nahe Carroll Gardens erreicht hatte, auch in diesen abgelegenen Winkel Brooklyns. „Red Hook war das Dornröschenviertel", sagt Susu Hsu. „Es hat länger als alle anderen auf seine Erweckung gewartet."

Manche seiner alteingesessenen Bewohner wären allerdings am liebsten gar nicht wachgeküsst worden. „Wir wünschten uns schon, Red Hook wäre weniger cool", sagt Phaedra Thomas. Sie leitet das lokale Büro der South Brooklyn Local Development Corporation und kämpft seit Jahren dafür, neue Unternehmen in der Gegend anzusiedeln. Mit Erfolg: In den letzten zwölf Jahren erhöhte sich die Zahl der Firmen vor Ort um 60 Prozent. Nach einer Studie, die das Center for an Urban Future im Auftrag der örtlichen Handelskammer durchführte, gehört Red Hook momentan „zu den begehrtesten Standorten für Industriebetriebe". Die Nähe zu den Highways, zum Wasser und zu Manhattan sei ideal fürs Transportgewerbe und für Betriebe mit hohem Materialeinsatz.

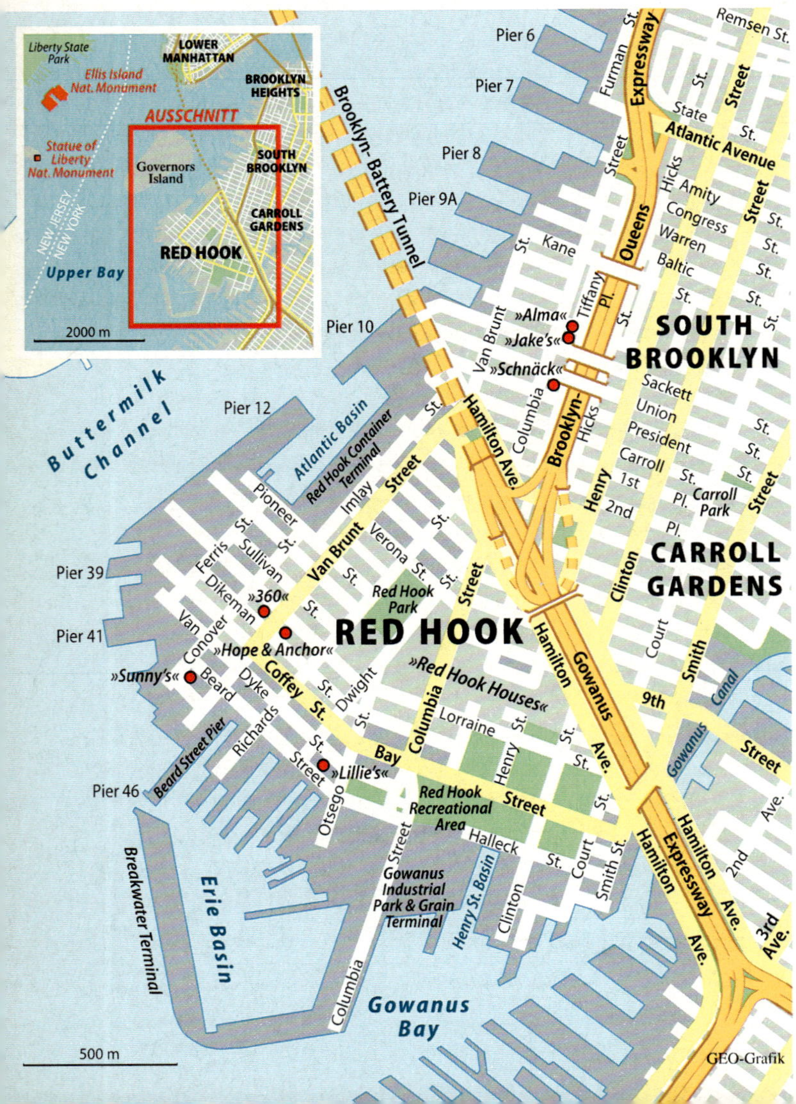

Das wiederum bringt viele neu Zugezogene auf. So wehrt sich bereits eine Initiative gegen den starken Lastwagenverkehr auf Red Hooks Straßen. Und auch gegen ein Ikea-Möbelhaus, das an einem der Piers errichtet werden soll, ebenso gegen einen Supermarkt, an den Greg O'Connell vermieten will. Beide Großvorhaben würden Jobs für rund 1000 Leute schaffen. Und zusätzlichen Verkehr.

„Sollen wir zulassen, dass ausgerechnet anonyme Kaufhäuser unser Ufer verschandeln?", fragt ein Galeriebetreiber ärgerlich. Er begrüßt die Umwandlung der Piers in Wohnanlagen: Damit würden zwar keine Jobs geschaffen, aber auch nicht mehr Lärm und Gestank entstehen. Und natürlich würde es den Wert der Immobilien weiter steigern. Allein in den zwei Jahren von 2001 bis 2003 hat sich der Wert eines Reihenhauses in Red Hook fast verdoppelt.

Noch ist also nicht entschieden, was bei der neuesten Umwandlung eines New Yorker Viertels herauskommen wird. ❙

Marc Deckert, 33, Redakteur bei „Neon" in München, hat zwar nicht in Red Hook gewohnt, aber auf der Upper West Side, in Park Slope, Greenpoint, Sunnyside und Williamsburg – was ihm vier Umzüge in 13 Monaten einbrachte. Fotograf **Jonathan Torgovnik**, 34, seit zehn Jahren in New York, führte der GEO-Auftrag erstmals in diese, wie er sagt, „überraschend unberührte Ecke".

Fundstellen der schönsten Art

FOTOS: ROBERT POLIDORI

Wollte ein Außerirdischer einen Überblick gewinnen, was auf der Erde in den letzten 5000 Jahren passiert ist, er müsste nur durch New Yorks Museen flanieren. Walskelette, Abendroben von Christian Dior, die Ölgemälde niederländischer Meister, Kinderspielzeug, Architekturzeichnungen und stählerne Löcher – was Natur und Menschheit an Staunenswertem erschaffen haben, wird in rund 150 Sammlungen präsentiert. GEO stellt sieben der spektakulärsten Museen vor

Metropolitan Museum of Art

→ Sackler-Flügel mit Statuen von Amenophis III. (um 1370 vor Christus) und dem Tempel von Dendur (ca. 15 vor Christus)

Das Wasserbecken symbolisiert den Nil, in dem sich der über 2000 Jahre alte Tempel von Dendur einst gespiegelt hat. Die ägyptische Sammlung des Museums zählt 36 000 Exponate, mehr als die Hälfte davon stammen von eigenen Ausgrabungen in Ägypten. Insgesamt besitzt das „Met", für viele das weltweit bedeutendste Kunstmuseum, mehr als zwei Millionen Exponate aus jeder Epoche und aller Welt: Ikonen wie „Die junge Frau mit dem Wasserkrug" von Vermeer, aber auch das fotografische Selbstporträt von Andy Warhol.

Adresse:
1000 Fifth Avenue, Höhe 82nd Street (Upper East Side)

Geöffnet:
Sonntag, Dienstag bis Donnerstag 9.30 bis 17.30 Uhr
Freitag, Samstag 9.30 bis 21 Uhr

Eintritt:
12 Dollar

Brooklyn Children's Museum

→ »People Tube« mit Spiel-Wasserrinne

Adresse:
145 Brooklyn Avenue, Crown Heights (Brooklyn)

Geöffnet:
Mittwoch bis Freitag 13 bis 18 Uhr, Samstag und Sonntag 11 bis 18 Uhr, Montag und Dienstag geschlossen

Eintritt:
4 Dollar, Kinder unter einem Jahr frei

Das Brooklyn Children's Museum liegt unterirdisch. Eine neonbeleuchtete Röhre führt die Besucher zu den verschiedenen Ausstellungen, einem Erlebnispark für Kinder: Hier können sie beim spielerischen Kochen oder Musizieren fremde Kulturen kennen lernen – besonders die der Einwanderergruppen in New York. Bis 2006 wird das weltälteste Museum für Kinder um einen „grünen" Neubau erweitert. Solaranlagen, recycelte Bau-Materialien und ein Treibhaus klären die kleinen Großstädter dann über modernen Umweltschutz auf.

The Frick Collection

→ Die West Gallery mit dem »Gleichnis von Tugend und Laster« (Gemälde an Stirnwand links) und dem »Gleichnis von Weisheit und Stärke« (rechts) von Paolo Veronese (1528–1588)

Vor etwa 70 Jahren wurde die Villa des Industriellen Henry Clay Frick in ein Museum für seine private Kunstsammlung umgewandelt: Die Frick Collection zeigt neben großen Meistern des Barock – Rembrandt, Van Dyck – und des Impressionismus – Renoir, Monet – auch Möbel, französisches Porzellan und italienische Bronzefiguren. New York verdankt einen Großteil seiner Museen Kunstmäzenen wie Frick; viele Sammlungen erhalten keinerlei öffentliche Zuschüsse und finanzieren ihren Unterhalt nur über Spenden und Eintrittsgelder.

Adresse:
1 East 70th Street
(Upper East Side)

Geöffnet:
Dienstag
bis Donnerstag,
Samstag
10 bis 18 Uhr,
Freitag
10 bis 21 Uhr,
Sonntag
13 bis 18 Uhr

Eintritt:
12 Dollar

Adresse:
26 Wall Street
(Financial District)

Geöffnet:
Montag bis Freitag
9 bis 17 Uhr

Eintritt:
frei

Federal Hall National Memorial

→ Ausstellung der ersten Entwürfe für die Neubebauung von Ground Zero

1842 wurde das Gebäude als Zollhaus für Amerikas damals größten Hafen fertig gestellt. Seit 1939 finden hier wechselnde Ausstellungen statt wie diese zur Neugestaltung des World-Trade-Center-Areals, das nur wenige Straßen entfernt liegt. Der Platz an der Wall Street, auf dem das Zollgebäude erbaut wurde, ist historisch bedeutend: Hier wurde George Washington 1789 als Präsident vereidigt.

Großformatige Porträts von Annie Leibowitz liegen auf dem Boden aus, bevor sie im International Center of Photography aufgehängt werden. Cornell Capa, Bruder des berühmten Magnum-Fotografen Robert Capa, hat das ICP, Museum und Fotoschule in einem, vor knapp 30 Jahren gegründet. Das ICP präsentiert vor allem Klassiker der Reportagefotografie und dokumentiert den Wandel in der Fotografie.

International Center of Photography (ICP)

→ Werke aus der Serie »Women« von Annie Leibowitz

Adresse:
1133 Avenue of the Americas,
Ecke 43rd Street
(Midtown)

Geöffnet:
Dienstag bis Donnerstag
10 bis 17 Uhr,
Freitag
10 bis 20 Uhr,
Samstag, Sonntag
10 bis 18 Uhr

Eintritt:
10 Dollar

American Museum of Natural History

→ Irma and Paul Milstein Family Hall of Ocean Life

Ein knapp zehn Tonnen schwerer Blauwal aus Fiberglas und Polyurethan schwebt über den Besuchern der Ocean Life Hall. Schaukästen informieren die Besucher über verschiedene marine Ökosysteme, Videoprojektionen versetzen sie in die Tiefen des Ozeans. Das bekannteste Museum der USA deckt die Naturgeschichte aller Epochen ab. Besonders spektakulär sind die Dinosaurier-Ausstellung und das erst drei Jahre alte Rose Center for Earth and Space für Raumfahrttechnik und Astrophysik.

Adresse:
Central Park West, Ecke 79th Street (Upper West Side)

Geöffnet:
täglich von 10 bis 17.45 Uhr, Rose Center Freitag bis 20.45 Uhr

Eintritt:
12 Dollar

Dia:Beacon

→ »North, East, South, West« von Michael Heizer

Der tiefe Graben im Boden – aus verwittertem Stahl, ebenso wie das Loch dahinter. Dem amerikanischen Installationskünstler Michael Heizer steht, wie allen Künstlern des Hauses, eine eigene Galerie im Dia:Beacon zur Verfügung. Das Museum zeigt eine hervorragende Auswahl moderner Kunst nach 1960: Auf den knapp 23 000 Quadratmetern einer alten Druckerei am Hudson River, in die ein Teil der Stiftung vor kurzem umgezogen ist, sind unter anderem Werke von Robert Irwin, Joseph Beuys und Andy Warhol zu sehen.

Adresse:
3 Beekman Street, Beacon (rund 80 Km nördlich von NY-City)

Geöffnet:
Donnerstag bis Montag
11 bis 18 Uhr (Sommer),
Freitag bis Montag
11 bis 16 Uhr (Winter)

Eintritt:
10 Dollar

Robert Polidori, 52, einer der weltbesten Architekturfotografen, hat für GEO Special zuletzt die kolonialen Villen von Havanna porträtiert, im GEO Special „Karibik“. Dieses Assignment war für den Kanadier ein Heimspiel: Er lebt in New York.

SUPER MARIO WORLD
SUPER NINTENDO

Mein Leben mit Mr. Ravioli

TEXT: ADAM GOPNIK

Ein kleines Mädchen hat einen unsichtbaren Freund. Durchaus normal. Doch leider hat das Fantasiewesen nie Zeit für das Mädchen. Ist das auch normal? In New York offenbar, meint der Vater – und macht sich auf die Suche nach den Gründen

Meine dreijährige Tochter Olivia hat einen Freund, der nur in ihrer Fantasie existiert. Sein Name ist Charlie Ravioli. Olivia wächst in Manhattan auf, und so hat Charlie Ravioli eine Menge New Yorker Eigenschaften: Er lebt in einem Apartment zwischen „Madison und Lexington", seine Abendessen bestehen aus gegrilltem Huhn, Obst und Wasser, und als Siebeneinhalbjähriger fühlt er sich „alt", oder wird jedenfalls so angesehen. Besonders ortstypisch jedoch ist Olivias erfundener Spielkamerad in einem: Er hat nie Zeit, mit ihr zu spielen. Sie hält sich ihr Spielzeug-Mobiltelefon ans Ohr und sagt: „Ravioli? Olivia hier ... Olivia. Kommst du spielen? Okay. Ruf mich an. Bye." Dann klappt sie das Handy zu und schüttelt den Kopf: „Wieder nur der Anrufbeantworter."

Wenn sie Glück hat, treffen sie sich zufällig auf der Straße und gehen in ein Café. *I bumped into Charlie Ravioli,* verkündet sie beim Abendessen (nach einem Tag, an dem sie zu Hause war, gespielt, ein wenig geschlafen und Mittag gegessen, den Zoo im Central Park besucht hat). „Wir haben einen Kaffee getrunken, aber er musste gleich wieder los."

Manchmal seufzt sie darüber, dass sie es nie schafft, ihren und Charlies Terminkalender aufeinander abzustimmen; aber sie nimmt es als unvermeidbar hin – so ist das Leben hier nun mal. „Heute ist mir Charlie Ravioli über den Weg gelaufen", sagt sie. „Er hatte zu tun." Dann fügt sie strahlend hinzu: „Aber wir haben uns zusammen ein Taxi geschnappt." Und dann, fragen wir? *We grabbed lunch*.

Es scheint offensichtlich, dass Ravioli eine fantastische Gestalt aus dem großen exotischen Leben außerhalb ihres eigenen kleinen, beschränkten Daseins in Parks und auf Spielplätzen ist – erschaffen in fast perfekter, papageienhafter Imitation der Sätze, die sie bei ihrer Mutter hört, wenn diese über *ihren* Tag mit *ihren* Freundinnen spricht. („Wie war dein Tag?" Seufzen: „Nichts Besonderes. Ich hab versucht, mich mit Meg zu verabreden, aber konnte sie nicht erreichen, also hab ich ihr auf Band gesprochen. Nach diesem Meeting in SoHo ist mir dann zufällig Emily über den Weg gelaufen, wir haben einen Kaffee getrunken, aber sie musste gleich wieder los; inzwischen hatte mich aber Meg auf dem Handy erreicht, und wir haben verabredet ...").

Ich habe mir zunächst Sorgen gemacht, dass Charlie Ravioli Zeichen eines Traumas sein könnte – vielleicht gab es in Olivias Leben eine Einsamkeit, die sich in dieser Erfindung spiegelte. „Ich finde es komisch, dass Charlie nie Zeit zum Spielen hat", sagte Martha, meine Frau. „Sollte ein erfundener Freund nicht jemand sein, dem man Geheimnisse anvertrauen kann und mit dem man, was weiß ich, Lieder singt? Es sollte jedenfalls nicht jemand sein, der ständig in Taxis verschwindet."

Zuerst dachten wir, Olivias älterer Bruder Luke sei das Vorbild für Charlie Ravioli. Dafür sprach zum einen, dass er ebenfalls siebeneinhalb ist – obwohl wir ziemlich sicher waren, dass dieses Alter lediglich Olivias Vorstellung von „so alt wie ein Mensch nur sein kann" markierte. Luke *ist* meistens zu beschäftigt, um noch mit Olivia zu spielen. Er ist ein richtiges New Yorker Kind, mit dem Terminplan eines Ministers: Schachclub am Montag, T-Ball am Dienstag, Turnier am Samstag, und zwischendrin Verabredungen zum Spielen und Nachmittagskonferenzen in der Schule.

Aber obwohl Olivia Tage zählt, kennt sie in Wirklichkeit nur *einen* Tag; und in diesen Tag hat sie die Figur von Charlie Ravioli eingeführt – solcherart, so dämmerte uns, beharrte sie darauf, dass sie sehr wohl Pläne und einen Terminkalender hat, schließlich ist sie zu beschäftigt, um ihre Tage mit jemandem zu verbringen. Sie bewies uns ihr unabhängiges Gesellschaftsleben also dadurch, dass sie keine Zeit hatte, es zu führen.

Doch Charlie Ravioli wurde ein so ständiger und dabei so seltsam entmutigender Begleiter – „er hat unser Mittagessen abgesagt, schon wieder“, klagte Olivia zum Beispiel –, dass wir uns entschieden, der Sache auf den Grund zu gehen. Eine meiner Schwestern ist Entwicklungspsychologin und hat sich darauf spezialisiert, wissenschaftlich zu untersuchen, was in den Köpfen von Ein-, Zwei- und Dreijährigen vor sich geht. Sie ist an der hektischen Ostküste aufgewachsen, lebt aber jetzt in Kalifornien, wo sie in ihrem Garten Basilikum anpflanzt und ihre eigene Bio-Marmelade einkocht. Ich mailte ihr um Hilfe in der Ravioli-Angelegenheit – sollten wir uns Sorgen machen? –, und sie mailte zurück, hängte einen Text an, und nach mehreren gescheiterten Handy-Verbindungen telefonierten wir endlich über das Festnetz.

Sie betonte, dass Charlie Ravioli etwas völlig Normales sei. Die meisten Kinder unter sieben (63 Prozent, um exakt zu sein) hätten einen unsichtbaren Freund, und sie würden ihn nicht aus einem Trauma heraus erschaffen, sondern aus dem klaren Gefühl für die Möglichkeiten der Fiktion – manchmal als pure Fantasiefiguren, manchmal, wie bei Olivia, aus Beobachtungen erwachsenen Benehmens, die sie zusammensetzten und mit einem Namen versähen. Meine Schwester erzählte mir von den unsichtbaren Gefährten anderer Kinder: Baintor, der unsichtbar ist, weil er im Licht lebt; Station Pheta, die Seeanemonen am Strand jagt. Im Vergleich damit schien Charlie Ravioli noch ziemlich bodenständig zu sein.

„Ein erfundener Spielkamerad ist nicht Zeichen eines Traumas“, sagte meine Schwester. „Im Gegenteil: Er zeigt, dass das Kind jetzt genug Selbstvertrauen hat, um zu begreifen, wie sich Erfahrungen zu Geschichten fügen lassen.“ Dabei sei den Kindern bewusst, dass ihre imaginären Freunde erfunden sind. In einer E-Mail fasste sie es kurz zusammen: „Kinder mit unsichtbaren Freunden unterbrachen die interviewenden Psychologen oft und erinnerten sie – besorgt um deren geistige Gesundheit –, dass diese Figuren ja nur ausgedacht waren.“

„Aber für Olivia scheint er Realität zu sein“, erklärte ich ihr am Telefon. „Natürlich ist er das“, sagte sie. „Ich meine, wer ist wirklicher für dich, Harry Potter, Karlsson vom Dach oder der Typ von nebenan? Einem Verhalten einen Namen zu geben, verleiht ihm Wirklichkeit.“

»Daddy, think you could wrap it up? I have a long day tomorrow.« *

»Schon Siebenjährige haben den Terminkalender von Ministern«

Ich zögerte. „Ich verstehe ja, dass es normal für sie ist, einen ausgedachten Freund zu haben“, wandte ich ein, „aber hast du je von einem imaginären Freund gehört, der zu beschäftigt ist, um mit dir zu spielen?“ Sie dachte nach. „Nein“, sagte sie. „Ich bin sicher, das kommt nirgendwo in der Forschungsliteratur vor. Das klingt ganz und gar nach New York.“ Und dann legte sie auf.

Die Frage ist also: Warum sind Erwachsene in New York – wie Olivia so klar erkannt hat – derart beschäftigt, derart besessen von der Sprache der Geschäftigkeit, dass es ihre Unterhaltungen dominiert? Warum laufen New Yorkern immer Figuren wie Charlie Ravioli über den Weg, warum schnappen sie sich einen schnellen Lunch, statt dass sie sich in Ruhe hinsetzen und Vertrauliches austauschen, wie Menschen in Rom und Paris es tun? Warum ist Eile der Stoff, aus dem unsere Kinder ihre unsichtbaren Freunde erschaffen, so wie Kinder auf dem Land die ihren aus Licht und Sand?

Das scheinen rhetorische Fragen zu sein. New Yorker sind ja aus offensichtlichen Gründen ständig beschäftigt: Sie haben Ehemänner und -frauen und Karrieren und Kinder, müssen die Gauguin-Ausstellung sehen und ihren *personal trainer* und ihren Steuerberater treffen. Je mehr ich darüber nachdenke, desto vertrauter ist mir Charlie Ravioli geworden. Wir haben gelernt zu denken, dass wir weniger Zeit haben, weil wir härter arbeiten müssen, um produktiver zu sein, aber jeder weiß, dass Eile und Produktivität in einer zweifelhaften Beziehung stehen.

Diese permanente Keine-Zeit-Freunde-zu-treffen-Geschäftigkeit im Stil von Charlie Ravioli ist als Heimsuchung erst relativ spät ins moderne Bewusstsein gedrungen. Im 17. und 18. Jahrhundert, als Bürger in Europa und den USA die Institutionen städtischen Lebens aufbauten, klagten sie nie darüber, zu beschäftigt zu sein – jedenfalls hinterließen sie davon keinerlei Zeugnis.

Der englische Parlamentarier und Minister Samuel Pepys, der vor ›

* »Papi, kannst du mal zum Schluss kommen? Ich habe morgen einen langen Tag.«

rund 330 Jahren die Marine seines Landes wieder flottmachen musste und das abgebrannte London wieder aufzubauen half, jammerte nie über Eile. Für ihn war „beschäftigt sein“ ein Synonym für „glücklich“, nicht für gestresst. Nicht ein einziges Mal sagte Pepys, seinen detaillierten Tagebüchern zufolge, ein Mittagessen ab oder versuchte, jemanden für einen Kaffee um halb fünf einzuschieben. Pepys arbeitete, liebte und ging schlafen, aber er traf nicht zufällig auf jemanden, und er musste nicht gleich wieder weiter.

Erst im letzten Drittel des 19. und zu Anfang des 20. Jahrhunderts hatte es plötzlich jeder eilig, und jeder schrieb darüber. Pepys, Herr der königlichen Flotte, mag nie über Eile geklagt haben, aber Virginia Woolf, die Meisterin regloser Stille, jammerte ständig darüber, wie sie ihre Tage damit verbrachte, von Square zu Square durch London zu hetzen, genau wie – nun, Charlie Ravioli.

Was hatte sich geändert? Züge und Telegramme hatten ein neues Zeitalter begründet. Die Eisenbahnen überschwemmten die Metropolen mit Leuten, deren Arbeit von einem komplizierten Netzwerk sozialer Verpflichtungen bestimmt wurde. Und in dem Maß, in dem die Bahn die Städte überfüllte, stopfte das Telegramm unsere Köpfe voll. Es brachte etwas in die Welt, das bis heute geblieben ist: jene ganz neue Art von Mitteilungen, die vom Absender als unvollständig gekennzeichnet worden sind. Ein Brief, mag er auch eine Antwort anmahnen, ist in sich vollständig gedacht. Weder der Apostel Paulus noch Goethe haben je eine Epistel mit „Ruf mich an, und wir reden drüber“ beendet. Im Gegensatz dazu liegt es in der Natur des Telegramms, die Skelettversion einer Mitteilung zu sein – eine Botschaft, die mehr in

„It 's the whole kindergarten thing, Mom. I 'm alone in there, swimming with the sharks.« *

Gang setzt, als sie zu Ende bringt. Das Telegramm des 19. Jahrhunderts endete oft mit jenen Geschäftigkeit androhenden Worten: „Brief folgt.“

Alle Erfindungen, die sich aus dem Telegramm entwickelten, teilen diesen Charakter. E-Mails enden mit dem Vorschlag, doch zu telefonieren („wie auch immer, treffen wir uns bald und besprechen es“), Faxe mit der Bitte um eine E-Mail, Nachrichten auf Anrufbeantwortern mit der Bitte um ein Fax. Alles fortwährend in der Schwebe gehaltene Kommunikation. Meine Frau erinnert sich, wie sie vor einiger Zeit die telefonische Nachricht einer Freundin abhörte, die meine Frau darum bat, ihre E-Mail zu checken betreff eines Faxes, das sie beide erhalten hatten und in dem um mehr Information über ein Bett gebeten wurde, das beide Frauen via Internet in Irland kaufen und sich mit Federal Express nach Amerika schicken lassen wollten – ein Grand Slam unvollständiger Verständigung.

Im größten Teil der westlichen Welt außerhalb New Yorks wurde der Druck von Zügen und telegrafischen Nachrichten durch zwei andere große Erneuerungen gemildert: das Auto und das Fernsehen. Während der Zug und das Telegramm (und deren Kinder U-Bahn und E-Mail) Menschen zusammentrieben, entfernten das Auto und das Fernsehen sie voneinander – indem sie die Menschen in die Vororte hinausbrachten und sie vor ein Solo-Spektakel setzten.

New York aber hat in fast einzigartiger Weise eine doppelte Dosis der ersten beiden Techniken abbekommen und eine sehr begrenzte Dosis der zwei anderen. Hier gibt es weniger Auto-Leben – Auto-Manie, Autobedingte Gewohnheiten – als überall sonst im Land, während Fernsehen, obwohl präsent, hier nicht in so fataler Weise das Leben dominiert. New York ist vielmehr Stoff fürs Fernsehen; neben „Sex and the City“ gibt es hier ganz real Sex und die City.

Im Laufe der Zeit wurde mir **Charlie Ravioli** richtig sympathisch

Zwei Formen von Geschäftigkeit bestimmen den Alltag in New York: die des späten 19. und frühen 20. Jahrhunderts, des Zufällig-über-den-Weg-Laufens und Gleich-wieder-weiter-Müssens, und die des späten 20. und frühen 21. Jahrhunderts, die postmoderne Variante des virtuellen Rufs und Echos.

Konkret sieht das so aus: Wir gehen von unserem Apartment hinaus in ein immer noch enges 19. Jahrhundert-Netz aus Straßenecken und Restaurants voller Leute, und kommen nach Hause zu den Faxen und E-Mails des 21. Jahrhunderts mit ihrer überwältigenden Unvollständigkeit. Wir spazieren am Sonntagmorgen durch den Park und treffen zufällig einen alten Bekannten von der Uni (was zum Teufel macht er jetzt noch mal?) und jemanden, dem wir seit drei Wochen aus dem Weg gehen. Beide laden uns zum Brunch ein, und wir würden mit Vergnügen, aber wir sind zu *busy*.

Die Überfüllung unserer Räume wird verstärkt durch den Mangel an Zeit, und die einzige Möglichkeit, uns davor zu schützen, ist, alles vor uns herzuschieben: Ich treff' dich nächste Woche, lass uns dann darüber reden. Wir führen rhetorische Ablenkungsmanöver, um das Gedränge aus unserem Leben herauszuhalten – und am Ende müssen wir feststellen, dass wir niemanden hereingelassen haben, den wir lieben.

Wie Charlie Ravioli hüpfen wir in Taxis und hinterlassen Nachrichten auf Anrufbeantwortern, um unseren Bekannten auszuweichen, und merken dabei, dass wir ständig unsere Freunde verfehlen. Ich habe einen engen Freund, der auf der anderen Seite des Parks wohnt; ich maile ihm oft, und wenn ich Glück habe, sehe ich ihn zwei- oder dreimal im Jahr. Wir sind immer so beschäftigt.

Als ich diese missliche Lage begriff, fing ich an, Charlie Ravioli mit mehr Wohlwollen zu begegnen. Ich ❯

* »Ich halte diese ganze Kindergarten-Sache nicht aus, Mama. Ich bin völlig allein da, unter lauter Haien.«

lernte ihn auch besser kennen. „Ravioli hat dein Buch gelesen“, verkündete Olivia zum Beispiel eines Abends beim Essen. „Es hat ihm nicht sonderlich gefallen.“ Wir erfuhren außerdem, dass Ravioli Mitglied in einem Fitnessstudio geworden war, dass er eigentlich im Sommer an den Strand fahren wollte, aber jetzt doch keine Zeit hatte, und dass er an einer „Show“ arbeitete. („Keine besonders gute Show“, fügte Olivia freimütig hinzu.) Mit anderen Worten – Charlie Ravioli war ein ganz normaler New Yorker: fit, überheblich und kurz vor seinem Durchbruch im Showbusiness.

Ich glaube, wir hätten gelernt, glücklich mit Charlie Ravioli zu leben, wäre nicht Laurie aufgetaucht. Sie brachte uns ziemlich aus der Fassung. Beim Abendessen erwähnte Olivia sie bald so oft wie Ravioli. „Heute hab ich Laurie gesprochen“, verkündete sie zum Beispiel. „Sie sagt, Ravioli ist sehr beschäftigt.“ Oder sie redete leise in ihr Spielzeugtelefon. „Mit wem telefonierst du, Liebling?“ „Mit Laurie“, sagte sie. „Wir reden über Ravioli.“ Wir vermuteten, Laurie sei eine Freundin, bei der Olivia sich Trost holte, wenn Charlie sie ignorierte.

Doch wenig später offenbarte sich die wahre Rolle von Laurie. „Laurie, sag Ravioli, dass ich ihn sprechen möchte“, hörte ich Olivia sagen. Ich fragte nach: Wer genau ist eigentlich Laurie? Olivia zuckte mit den Schultern. „Sie arbeitet für Ravioli“, sagte sie. Und plötzlich wurde mir klar: Laurie war die munter gestimmte Person, die Raviolis Telefon abnahm und einem mitteilte, Mr. Ravioli sei leider in einer Besprechung. „Laurie sagt, Ravioli hat keine Zeit zu spielen“, verkündete Olivia eines Morgens traurig. Die Sache schien schlimmer zu werden; jetzt war Ravioli sogar zu beschäftigt, um zu sagen, dass er zu beschäftigt war.

Ich rief wieder meine Schwester an: „Hast du je von einem erfundenen Freund mit einer persönlichen Assistentin gehört?“ Sie zögerte. „Erfundene Freunde haben keine Assistenten“, sagte sie dann. „Das steht nirgendwo in der Literatur.“

»Felicia, both your father and I feel you're too young to be mysterious.« *

„Glaubst du, wir sollten es untersuchen lassen?“

Ihre Antwort war kategorisch: „Ich glaube, ihr solltet fortziehen.“

Martha war ähnlicher Meinung. „Ein erfundener Spielkamerad sollte keinen Assistenten haben“, sagte sie kläglich. „Ein erfundener Spielkamerad sollte auch keinen PR-Berater oder *personal trainer* haben. Ein erfundener Spielkamerad sollte einfach *spielen*. Mit dem Kind, das ihn erfunden hat.“ Sie begann, Immobilienprospekte auf mein Kissen zu legen, mit anheimelnden Häusern in New Jersey und Connecticut, in denen keine unsichtbaren Freunde samt Anhang herumspukten.

Meine Schwester, von Beruf Kinderpsychologin, rät: Wegziehen!

Nicht lange aber, nachdem Laurie aufgetaucht war, geschah etwas Bemerkenswertes. Olivia begann, uns Geschichten über ihre Enttäuschungen mit Charlie Ravioli zu erzählen, und nachdem sie erklärt hatte, dass er zu beschäftigt war, um mit ihr zu spielen, erzählte sie uns, was sie stattdessen getan hatte. Erstaunliche Prahlgeschichten sprudelten aus ihr heraus: Sie hatte an einem Schachturnier teilgenommen und einen Pokal gewonnen; auf der Suche nach Charlie Ravioli hatte sie „alle Tiere im Zoo gerettet“; nach einem schnellen Kaffee mit Ravioli hatte sie auf der Heimfahrt im Taxi das Steuer übernommen und „das ganze Geld gekriegt“. Die Fantasie hatte Olivia in eine Sackgasse geführt – und nun wieder herausgeholt. Charlie Ravioli, Fürst der Geschäftigkeit, war kein Zweck, sondern ein Mittel: ein Freund, der sie vertraut machte mit der unerreichbaren Welt vor ihrem Fenster.

Beschäftigt zu sein, ist unsere Kunstform, unser städtisches Ritual, unsere Art, wir selbst zu sein. Viele Freunde haben mir gesagt, dass sie New York inzwischen auf eine Weise lieben wie nie zuvor, und Gegenstand ihrer Liebe sind gerade jene Dinge, die sie früher zur Verzweiflung brachten – die seltsame Kombination von Freiheit, selbst errichteten Zäunen und lähmender Inanspruchnahme, die diese Stadt bereithält.

Wenn ich heute Martha frage, wie sie den Tag verbracht habe, sagt sie, statt Begebenheiten aufzuzählen, nur lakonisch: „Ach, du weißt schon – bloß Charlie Ravioli über den Weg gelaufen.“ Soll heißen, sie ist von Verpflichtung zu Verabredung gehetzt, hat irgendwo einen Freund erspäht und schnell ein Sandwich gegessen, ist beschäftigt gewesen – hat in New York gelebt. Wenn wir alles, was wir im vergangenen Jahr gelernt haben, in einem Satz zusammenfassen müssten, dann ist es, dass wir so lange wie möglich weiterhin zufällig Charlie Ravioli über den Weg laufen wollen.

Olivia hofft immer noch, ihn eines Tages ganz für sich zu haben. Wenn ich spät abends in meinem „Arbeitszimmer“ (eine alte Diele, ein Wandschirm) neben dem „Kinderzimmer“ (eine ehemalige Vorratskammer, eine Glasziegelwand) sitze, kann ich sie zu sich selber murmeln hören, während sie in den Schlaf gleitet. Manchmal versucht sie, ihren engsten Freund zu erreichen. „Ravioli? Ravioli?“, seufzt sie, während sie sich in die Kissen dreht und fest die Decke hält, und dann flüstert sie, „sag ihm, dass er mich anruft. Sag ihm, er soll mich anrufen, wenn er nach Hause kommt“. ❙

Adam Gopnik, 45, ist Autor des Magazins „The New Yorker“. Sein Buch „Paris to the Moon“ über die Jahre mit seiner Familie in Frankreich ist als Taschenbuch bei Random House erschienen. **Barbara Baumgartner** hat den Text übersetzt.

* »Felicia, dein Vater und ich glauben, du bist zu jung, um mysteriös zu sein.«

Entdecken Sie Ihre eigene Welt:

Die Spürhunde

Erst äthiopischer Honigwein in einem irischen Pub, dann zu einem geheimnisvollen Japaner in Midtown, schließlich die kolumbianische Arepa Lady in Queens. Das war der Plan für den Abend. Aperitif, Dinner, Dessert – und dabei einmal um die ganze Welt. Jim Leff hatte nachmittags angerufen, ziemlich aufgeregt. „Es wird großartig werden!" Schließlich schwärmte sein japanischer Freund Aki, der Koch des Japaners sei ein Genie, weshalb Leff schon Makrelen-Sashimi vor sich sah, dazu eine „Wolke von zartem Fischaroma" über seinem Kopf. Und natürlich gebe es hinterher kein passenderes Dessert als die kolumbianischen Maiskuchen der Arepa Lady: „Weich wie Butter, süß wie die Sünde, ein galaktischer Genuss. Bis später, *chow*!"

Halb acht Uhr abends. Etwa zwei Dutzend gemütliche, überwiegend beleibte Herren sind zu „Brewsky's" in die 7th Street gekommen. Sie testen den neuesten Honigwein der Firma Saba Tej aus New Jersey und lassen andächtig die Zungen rollen. Draußen vor dem Fenster flanieren Punks mit gefärbten Haaren und gepiercten Nasen durch das East Village. Leff schluckt, spitzt die Lippen und sagt: „Ah, ich wusste, dass sich dieser Termin lohnen wird."

Jim Leff, der Gründer der Chowhounds, mit seinen kulinarischen Jüngern. Als »Alpha Dog« lässt er sich nur mit Maske fotografieren

Das beste Zitroneneis in Little Italy? Die schärfste burmesische Küche? Gulasch wie in Budapest? Die »Chowhounds«, eine Truppe eigenwilliger Gourmets, schwärmen unermüdlich durch New York, stets auf der Suche nach dem authentischsten Essgenuss. GEO ist ihnen hinterhergejagt

TEXT: GERHARD WALDHERR FOTOS: CHARLY KURZ

Jim Leff ist ein „Chowhound“. Erklärt wird der Begriff auf Chowhound.com, einer 1997 von Jim Leff installierten Website. Es handelt sich dabei um eine Art kulinarischen Baedeker, in dem Menschen über ihre lukullischen Streifzüge berichten; sie diskutieren Rezepte, stellen existenzielle Fragen (Wie steht es eigentlich um das Lokal „Cambodian Cuisine“?) und lösen Rätsel (*Amba*? Ein irakisch-jüdisches Mango-Chutney, serviert bei „Olympic Pita“ in Brooklyn). New Yorks Chowhounds durchkämmen die Stadt bis in den letzten Hinterhof und benutzen dabei Decknamen wie „yumyum“ oder „galleygirl“. Leff selbst nennt sich „Alpha Dog“ und lässt sich nur, wenn überhaupt, mit einer Hundemaske fotografieren.

Wenn der Alpha Dog auf seiner Website räsoniert unter der Rubrik „What Jim had for Dinner“, löst er oft Pilgerfahrten in die besprochenen Lokale aus; wenn er „Downhill Alert“ ausgibt, weiß jeder, dass ein ehemals hoch gehandeltes Etablissement den Weg nicht mehr lohnt.

Meistens ist jedoch von genussvollen Begegnungen mit fremden Kulturen die Rede. In seinem „Chow Alert“ vom 11. Juni 2003 zum Beispiel beschrieb Leff eine mexikanische Bäckerei namens „La Flor“ ›

#1 Margie's Red Rose Diner

Manchmal, wenn die letzten Gäste gegangen sind, sitzt Margie McCray in der gepolsterten Bank neben der alten Jukebox und denkt an zu Hause. South Carolina. Die Farm ihres Vaters, die Feste am Schlachttag und die Biskuits ihrer Tante. Von ihr hat McCray viele Rezepte: *fried chicken* und *collard greens* zum Beispiel. Als Margie vor 36 Jahren nach New York kam, auf der Suche nach einem Job und nach einem besseren Leben, hat sie nach dem Gottesdienst für ihre neue Kirchengemeinde Schweinenacken mit Jamswurzeln zubereitet. Und alle sagten: „Du musst ein Restaurant aufmachen." Margie betreibt diesen unscheinbaren Diner in einer Gegend, die früher gewalttätig und heute noch ein wenig düster ist. Um fünf Uhr morgens steht sie auf, kauft ein, rückt die Vasen mit den roten Plastikrosen zurecht. „Meine Küche", sagt sie, „ist das Einzige, was ich von zu Hause mitnehmen konnte."

Margie's Red Rose Diner, 267 West 144th Street, Harlem. Tel. 212 – 491 3665.
Subway: A und C, Station 145th Street.

in Sunset Park, Brooklyn, wo er eine *torta* verzehrt hatte, ein Sandwich gefüllt mit *chorizo* und Eiern. Sein Urteil: „Ich könnte in Tränen der Freude ausbrechen oder nackt die Fifth Avenue hinuntertanzen."

Leff verfügt über eine klassische Posaunenausbildung, er hat an der Seite von Lionel Hampton und Illinois Jacquet gespielt und ist in der Carnegie Hall und in *housing projects* aufgetreten. Noch immer verdient der 40-Jährige einen Teil seines Lebensunterhalts mit Musik. „Doch Jazzmusiker in New York", so Leff, „gibt es so viele wie Sumo-Ringer in Tokyo – einfach zu viele." Weshalb er irgendwann begann, aus der Suche nach verborgenen Köstlichkeiten einen Nebenerwerb zu machen. Leff schrieb einige Artikel für die „New York Press" sowie „Newsday" – und musste schnell erkennen, dass er nicht zum Kritiker einer Zeitung taugte. „Die haben mich und meine Tipps in die Schublade ‚billig' gesteckt – was ich nicht korrekt fand, denn mein einziges Mantra ist: Es muss gut sein!" So lehnte Jim Leff das Autorenangebot einer Zeitung ab und gründete stattdessen gemeinsam mit einem Freund das Internet-Portal der Chowhounds, über das er auch Bücher, T-Shirts und einen Newsletter vertreibt.

Für die Chowhounds (ein Kunstwort aus den beiden englischen Begriffen für „Futter" und „Jagdhund") gibt es kaum ein besseres Revier als New York, denn die Stadt ist voller Immigranten, erklärt Leff, „und die kochen wie zu Hause, damit sich die Neuankömmlinge heimisch fühlen". Deshalb dampft es am Herald Square in Manhattan wie in Seouls Garküchen; duftet es in Carroll Gardens in Brooklyn wie in einem jemenitischen Suq. Brighton Beachs Delikatessenläden? Eine sentimentale Reminiszenz an das zerfallene Sowjetreich.

Die Bronx? Mancherorts näher an der Karibik als Florida. Und die Roosevelt Avenue in Queens, der Boulevard der Nationen? Fast nichts, was es unter den Stelzen der erhöhten Subway-Linie 7 nicht gibt: portugiesisches *churrasco*, tibetisches *rithuk*, indische *dosas*, afghanisches *shish kebab*. Dort, Ecke 79th Street, unter einem verblichenen Sonnenschirm, steht auch eine kleine Frau mit einem hinreißenden Lächeln: die Arepa Lady.

Bei „Brewsky's" macht gerade ein Honigwein mit Himbeergeschmack die Runde, als Aki Ishibashi hereinkommt, der Chowhound mit dem Japaner-Tipp. Leff will gleich wissen, ob es nachher Makrelen-Sashimi gäbe. Aki zuckt mit den Achseln: „Keine Ahnung, sie haben keine ›

#2 David's Brisket House

Trotz vieler Empfehlungen auf Chowhound.com immer noch ein Geheimtipp. Wohl auch, weil auf den ersten Blick gar nichts zusammenzupassen scheint in „David's Brisket House", das als Delicatessen, kurz Deli, firmiert. Vor dem Lokal Reggae-Rhythmen, im TV-Gerät über dem Tresen der arabische Nachrichtenkanal Al Dschasira, davor ein alter Schwarzer, der sich über seinen Kartoffelbrei beschwert.

Delicatessen sind jene legendären New Yorker Lokale, die einst von europäischen, meist jüdischen Immigranten gegründet wurden und deren Spezialität Sandwiches sind: Pastrami, Brisket und Corned Beef auf Roggenbrot.

Der heutige Besitzer dieses Deli, David Almas ist allerdings Araber und erzählt, sein Vater sei vor 30 Jahren aus dem Jemen gekommen und habe hier als Tellerwäscher angefangen. Und weil die jüdischen Besitzer, die aus dem Irak stammten, seinen Vater schätzen lernten, übernahm erst der Senior, später der Junior das Geschäft. Sein Erfolgsrezept: Damit das würzige Brisket (Fleisch von der Brust des Rinds) so zart wird, lässt er es in einer Marinade aus Wasser, Salz, Pfefferkörnern, Zwiebeln, Karotten und Kohlblättern ziehen, bevor es im Ofen gebacken, geröstet und schließlich per Hand geschnitten wird.

David's Brisket House, 533 Nostrand Avenue (nahe Atlantic Avenue), Brooklyn.
Tel. 718 – 783 6109. Subway A und C, Station Nostrand Avenue. Sonntags geschlossen.

#3 Emerald Spa & Restaurant

Das „Emerald Spa & Restaurant" liegt einsam zwischen Lagerhallen und Parkplätzen. Von außen wenig einladend, drinnen kitschiges Interieur mit viel Messing, Glas und gefliesten Fußböden. Ansonsten ist es so, wie man sich ein russisches Badehaus vorstellen mag: Die Frauen tragen altmodische Bikinis, die Weingläser sehen aus wie Blumenvasen, die Chefin des Hauses heißt Maya, ist groß, wasserstoffblond, ein bisschen ruppig. Männer mit mächtigen Bäuchen atmen schwer in der glühend heißen Sauna oder lassen sich den Rücken massieren mit Eichenblättern, bevor sie übergehen zu Hering und Zwiebeln oder Kartoffelpuffer mit Lachs. Getrunken wird Wodka, Bier der Marke Baltika oder frisch gepresster Saft von grünen Äpfeln. „Ein Jammer", so Jim Leff, „dass sie ihren georgischen Koch nicht mehr haben. Damals war das Essen umwerfend." Ein Nachteil, den man aber durchaus verschmerzt zwischen den schweren Männern in Baderoben, die traurige Lieder singen.

Emerald Spa & Restaurant, 38–15 Northern Boulevard, Long Island City, Queens.
Tel. 718 – 433 1224. Subway: G und R, 36th Street in Queens.

Speisekarte." *Omakase* nennt der Japaner das: Die Wahl trifft der Koch. „Omakase?", murmelt ein kleiner, schlecht rasierter Mann mit Brille, der im Gewühl auftaucht, „klingt gut, da gehe ich mit." Es ist Jeremy Osner, Programmierer bei einer kanadischen Bank. Osner hätte Leff einst beinah zum Wahnsinn getrieben. Als der Alpha Dog nämlich sein Buch „The Eclectic Gourmet Guide to Greater New York City" schrieb, entdeckte Osner viele Geheimtipps zeitgleich oder kurz nach Leff – und veröffentlichte sie. „Ich musste ihn bremsen", lacht Leff, „sonst hätte niemand mehr mein Buch gekauft."

350 000 Menschen klicken monatlich die Chowhound-Website an. „Wir haben alles", sagt Leff, „Rechtsanwälte, Polizisten, Banker, Lehrer, Drehbuchautoren." Einige von ihnen bilden das „Fress Team". Sie treffen sich regelmäßig, bestellen sämtliche Gerichte auf der Speisekarte und probieren von allem einen Happen. Nebenher reden sie pausenlos über slowakischen Fruchtsirup, Corned Beef *hash*, Butterscotch-Pudding.

Essen, Essen, Essen. Auch im Taxi zu dem japanischen Lokal, in das Ishibashi die Chowhounds führt, gibt es kein anderes Thema. Im East Village schwärmt Aki von koreanischem *bulgogi*, auf der Höhe Gramercy Park geht es um Leffs jüngste

Entdeckung, puertoricanische Käsetaschen, am UNO-Hauptsitz um Tacos und Hamburger. Bei jeder Leuchtreklame eines Restaurants drehen die drei nervös die Köpfe („Kennst du das? Sieht neu aus."). Und als Osner einwirft, seinen besten Hamburger habe er in Philadelphia gegessen, schlägt Leff vor: „Lasst uns hinfahren. In zwei Stunden sind wir dort." Das ist kein Scherz. Ein Chowhound scheut keinen Umweg. Und er bewegt sich lieber auf unbekannten denn ausgetrampelten Pfaden.

„Das unterscheidet uns von *foodies*", sagt Leff. Foodies seien Opportunisten, sie orientierten sich lediglich an bekannten Restaurantführern wie denen von Zagat, folgten Ranglisten, die bei Chowhound.com verpönt sind und wären im Dickicht der großen Stadt verloren ohne die „Dining Out"-Beilage der „New York Times", in der die Gourmettempel der Stadt zelebriert werden. Tatsächlich wimmelt New York vor Starköchen, die *foie gras* mit Schokoladensoße servieren, *panna cotta* mit Lakritze oder Austern auf Pistazienpüree kredenzen. Die Klientel wird mit Sake-Martinis eingestimmt, und das postmoderne Design des Etablissements gehört ebenso zum Erlebnis wie die Prominenz am Nebentisch.

Leff hat nichts gegen Kalbsfilet an Rhabarberschaum oder stilvolles Ambiente; den New Yorker Starkoch Jean-George Vongerichten vergleicht er mit einem „Jazzkomponisten". Doch Authentizität ist ihm wichtiger als Raffinesse. Wenn er etwa im „Kabab Cafe" sitzt, dann schlemmt er nicht nur, sondern fühlt sich wie am Nil. Neulich, erzählt Leff, habe ihm Ali, der Koch, eine würzige Gemüsesuppe namens *molochia* serviert, und schon sei er versunken in pulsierenden Medinas voller Beduinen. „Ich roch Moschus, vernahm den Klang von Trommeln, den rasenden arabi- ›

#4 Kabab Cafe

Ein Herd, zwei Tische, an den Wänden ägyptisches Kunsthandwerk. Es ist eng und ein bisschen chaotisch bei Ali El Sayed, der zwischen dem Mobiliar mit Pfannen und Töpfen jongliert. „So sind wir aufgewachsen", sagt der Mann aus Alexandria, „wir mussten viel improvisieren." Das gilt auch für die ägyptische Küche. Perser, Griechen, Römer, Franzosen – jede Besatzungsmacht hat Spuren hinterlassen. Sein Menü ist inspiriert von Mutter Nagai, die ihn früher öfter besuchte. „Mutter kochte so, wie ich gern kochen würde", sagt Ali, der schon in Europa als Koch gearbeitet und später am renommierten Culinary Institute of America studiert hat. Zuletzt wurde auf Chowhound.com häufiger beklagt, die Qualität der Speisen im „Kabab Cafe" sei unberechenbar. Jim Leff, der in der Nähe wohnt und Stammgast ist, zuckt mit den Schultern: „Alle großen Künstler schwanken in ihren Leistungen."

Kabab Cafe, 25–12 Steinway Street, Astoria. Tel. 718 – 728 9858. Subway: G und R, Station Steinway Street. Montags geschlossen.

#5 Flushing Food Court

Die besten chinesischen Teigtaschen New Yorks, vermeldete Chowhound.com unlängst, gebe es an einem Stand in einer Imbisspassage in Flushing. Erster Stock, ganz hinten rechts. Also, Subway-Linie 7 bis zur Endstation, und schon ist man nicht mehr in Amerika. Chinesische Bäckereien. Chinesische Videoläden. Überall chinesische Schriftzeichen. Die gotischen Gemäuer der St. George's Church wirken wie ein Fremdkörper. Im *food court* dahinter Buden mit Namen wie „Ramen King", „Chengda Snack", „Taiwanese Gourmet". Der Stand im ersten Stock, ganz hinten rechts, ist geschlossen. Sein Besitzer komme nicht mehr, sagt Feng Wang hinter ihrer Theke am Ausgang. Aber auch sie dämpft Teigtaschen, gefüllt mit Schweinehack und Gemüse. Das Rezept dafür habe sie vor 16 Jahren in einer Kochschule in Beijing gelernt. Die Teigtaschen sind vorzüglich. Für die Suppe mit Schafsherz braucht man mehr Mut.

Flushing Food Court, 133–31 39th Avenue at Prince Street, Queens. Subway: 7, Station Main Street–Flushing.

schen Groove." Ein Autor des angesehenen Magazins „Gourmet" hat Leff und dessen Jünger einmal „eine paranoide Schule von Restaurantkritikern" genannt.

300 East 41st Street. Der geheimnisvolle Japaner. Kein Namensschild, bloß eine schwarze Metalltüre. Drinnen ist es hell, schlichte Einrichtung, die meisten Tische leer. Leff hat ein kleines Brevier dabei mit Essenswünschen in einem Dutzend verschiedener Sprachen, darunter auf Japanisch „Servieren Sie mir bitte nur Speisen, die dem Gaumen eines japanischen Gourmets schmeicheln". Doch er lässt es stecken. Denn hier gilt, wie Aki Ishibashi ankündigte, das Prinzip *omakase* – der Koch bestimmt. Es werden aufgetragen: Brunnenkresse mit Pilzen; japanische Auberginen mit Jamswurzel; gedünsteter Oktopus; gegrillter, in Sake marinierter Kabeljau; kalte Entenbrust mit Kartoffelsalat.

Osner rülpst zufrieden. Ishibashi lächelt und schweigt. Leff: „Das ist allerfeinstes *chowhounding*, gutes Essen, mit Liebe gemacht für gute Menschen." Ishibashi meint: „99 Prozent aller japanischen Lokale in New York repräsentieren nur ein Prozent unserer Küche." Doch da hat Leff schon den Kontinent gewechselt und erzählt von Gulasch in Danbury, Connec- ›

Kein Traum
kann schöner sein
Kappadokien
Für den Körper: Wandern, Biken, Ballonfahren ...
Für die Seele: märchenhafte Umgebung.
Kappadokiens einzigartige Landschaften bieten
viel mehr, als Sie sich träumen lassen.
Türkei
Kostenloses Infopaket beim Generalkonsulat der Republik Türkei:
Berlin Tel.: 030-2143-752/-852, Fax: 030-2143-952, Frankfurt Tel.: 069-2330-81/-82, Fax: 069-232751, www.reiseland-tuerkei.info

#6 Cambodian Cuisine

Am Eingang ein Stapel Speisekarten mit einem schier endlosen Menü. Über den mehr als 100 Gerichten steht: „No Pork – Less Fat – Better Than Chinese Food!" Wie aber soll man die Leute auch neugierig machen auf die Küche eines Landes, von dem kaum einer weiß, wo es liegt. Dass das Interieur von „Cambodian Cuisine" aus Gartenmöbeln besteht, macht es nicht einfacher. „Harter Kampf", sagt Fey Ley, der vor den Kommunisten aus Kambodscha floh und nach New York kam, weil dort sein Bruder lebte. Fey, der lieber Ingenieur geworden wäre und den seine Freunde Jerry nennen, spricht leise, will nicht, dass sein Personal zuhört: „Ich schäme mich, dass es so mit mir gekommen ist." Cambodian Cuisine, dessen *ahmok* alle loben und das von der Tageszeitung „Newsday" zu einem der besten Lokale gewählt wurde, kämpft ums Überleben. Weshalb sich Aufrufe häufen auf Chowhound.com wie: „Es wäre ein tragischer Verlust.".

Cambodian Cuisine, 87 South Elliot Place, Brooklyn. Tel. 718 – 858 3262. Subway: A und C, Station Lafayette Avenue oder G, Station Fulton Street.

ticut. Nach der Arepa Lady sei das sein bester *food find*.

Dass nicht jede Information akkurat ist, nicht jede Empfehlung nachvollziehbar, hat dem Erfolg von Chowhound.com nie geschadet. Leff gesteht, er könne unmöglich den Überblick bewahren; Restaurantbesitzer und Köche wechseln, Lokale schließen. Wo vor einem halben Jahr noch ein ukrainischer Diner war, kann morgen schon das nächste Starbucks eröffnen. Und die Arepa Lady etwa wird seit Monaten von der Polizei belästigt; weil sie keine Lizenz für ihren Stand hat. Aber wegen Köchinnen wie ihr hat Leff Chowhound.com gegründet: „Wenn wir die kleinen Restaurants nicht aufrechterhalten, wird die Welt irgendwann bloß noch aus Fastfood-Ketten und kulinarischem Zirkus für Reiche bestehen."

Bei „Tsukushi", wie das japanische Restaurant ohne Namensschild heißt, werden unterdessen die letzten Gerichte aufgetragen. Es sind Variationen von *ocha-zuke*, eine mit grünem Tee aufgebrühte Reissuppe. Ishibashi erklärt, seine Landsleute äßen sie besonders gern zum Frühstück oder wenn sie verkatert seien. Leff fragt: „Gibt es Ocha-zuke auch auf dem Tsukiji?" Tsukiji ist der legendäre Fischmarkt von Tokyo. Gibt es, sagt Ishibashi.

Leff schlürft, schließt die Augen, spricht von Bonito, Seetang, zappelndem, silbern glänzendem Meeresgetier in glitschigen Wannen. Und weil es zum Nachtisch auch noch eine köstliche Mousse gibt, die nach Rauchtee schmeckt, wird die Arepa Lady verschoben. Kolumbien muss warten. „Für heute", meint Leff, „haben wir unseren perfekten Abschluss." ❙

Durchbeißen musste sich **Gerhard Waldherr,** 43, für diesen Text – in bis zu fünf Restaurants pro Tag. Für ihn (hier mit Margie aus dem „Red Rose Diner") und den Fotografen Charly Kurz, 34, war es die schönste Art, die ethnische Vielfalt der Stadt kennen zu lernen.

ZUGSPITZE

NEW YORK IST PLEITE – WIEDER EINMAL

Michael Bloomberg hat von Rudolph Giuliani eine Stadt übernommen, die sauberer ist, sicherer – und bankrott

TEXT: VERENA LUEKEN

Triumphal kehrte Rudolph Giuliani am 24. Mai 2003 in die offizielle Residenz des New Yorker Bürgermeisters zurück. Das Anwesen mit dem schönen Namen Gracie Mansion leuchtete in festlichem Licht, die 400 Gäste hatten sich fein gemacht, und mitten in einer der schwersten Krisen, die New York je erlebt hat, strahlte der ehemalige Bürgermeister in seiner alten Umgebung – gerade so, als wäre er dort immer noch der Hausherr. Tatsächlich gibt es Gerüchte, dass er 2006 für die Wahl zum Gouverneur des Staates New York kandidieren werde. An jenem verregneten Mai-Tag aber kam Giuliani nicht, um zu regieren. Giuliani kam, um zu heiraten.

Steht strahlend da: Rudolph Giuliani nach der Vermählung mit seiner früheren Angestellten Judith Nathan

Dass er sein (drittes) Jawort ausgerechnet hier zu geben wünschte, legte über das Fest einen Hauch von Kontinuität: Wo Giuliani ist, ist es zum Besten New Yorks. Denn jedes Jahr, das Giuliani regiert hatte, endete mit Erfolgsmeldungen aus seinem Kampf gegen das Verbrechen, gegen den Missbrauch der Sozialhilfe, gegen Bettler, öffentlich Urinierende und T-Shirt-Verkäufer ohne Lizenz.

Doch im Mai 2003, eineinhalb Jahre, nachdem Michael Bloomberg in Gracie Mansion Hausrecht erworben hatte, gab es außer der Hochzeit wenig zu feiern. Denn Rudolph Giuliani hat Michael Bloomberg zwar eine Stadt hinterlassen, deren Mordrate inzwischen so niedrig ist wie seit den 1960er Jahren nicht mehr; eine Stadt, deren Bürger sich daran gewöhnt haben, dass der Wert ihrer Immobilien stabil, die Straßen (relativ) sauber und die Obdachlosen (entlang der Touristenmeilen) unsichtbar bleiben. Vor allem aber hat Giuliani seinem Nachfolger eine Stadt hinterlassen, die wieder einmal beinahe pleite ist.

Wie konnte es passieren, dass die Stadt ihre Müllabfuhr nicht mehr bezahlen kann und vielleicht bald wie zu den schlimmsten Zeiten in den 1970er Jahren Abfallsäcke die Straßen von New York säumen werden? Dass Feuerwachen geschlossen werden, um das Stadtbudget zu entlasten; dass die Steuern erneut steigen werden, um wenigstens die tiefsten Haushaltslöcher zu stopfen? Über die Gründe gibt es selbst unter politischen Gegnern keinen Streit: Die Wirtschaft liegt am Boden, die Terroranschläge haben die Stadt weiter in die Krise getrieben, und Bürgermeister Giuliani hat zu viel Geld ausgegeben – neun Milliarden Dollar zu viel, um genau zu sein. Um so viel haben sich die städtischen Ausgaben während seiner Amtszeit erhöht. Außerdem hat er sich zu wenig darum gekümmert, dass Unternehmen nach New York ziehen, die auch in Zeiten geringer Gewinne ihre Steuern zahlen.

Die Abhängigkeit New Yorks vom Auf und Ab der Börse wird beklagt, seit die Stadt sich nach dem amerikanischen Bürgerkrieg als internationales Finanzzentrum etabliert hat. Denn auch große Teile der Dienstleistungsbranche leben davon, dass es den Bankern und Börsianern gut geht. Wer, außer ihnen, braucht die ungezählten Limousinen, die Catering-Services, die Blumenlieferanten, teuren Restaurants, Hemdenschneider, Zigarrenbars und Hundetaxis? Giuliani behauptete, während seiner Amtszeit habe der Zuzug einer ganzen Reihe von Internetfirmen, die als „Silicon Alley“ in eine Fußnote der Stadtgeschichte Eingang finden werden, diese Abhängigkeit gelockert. Doch „Silicon Alley“ war nur ein Börsen-

Um neun Milliarden schwoll

phänomen, viele der neu angesiedelten Unternehmen haben längst Konkurs anmelden müssen.

Die erhöhte Lebensqualität in New York, die Rudolph Giuliani in seinen acht Jahren im Rathaus über jedes andere Ziel setzte, wäre also undenkbar gewesen ohne den beispiellosen Börsenboom der 1990er Jahre. New York wurde reich, sicherer und sauberer, weil angesichts boomender Aktienkurse die Finanzgeschäfte immer besser liefen. Und Giuliani konnte der Versuchung nicht widerstehen, die Steuermehreinnahmen sofort wieder auszugeben: für mehr Polizisten, für die nötigsten Reparaturen an den Schulen, für höhere Löhne der städtischen Angestellten und auch für die eine oder andere bemalte Kunststoffkuh zur Verschönerung des Riverside Park. Als die Aktienkurse fielen, ging auch New York

Muss sparen, wo es geht: Bürgermeister Michael Bloomberg (links), Privatvermögen 4,8 Milliarden Dollar, auf Dienstfahrt

das Geld aus, lange bevor der Süden Manhattans in Trümmer fiel.

Die riesigen Ausgaben für erhöhte Sicherheit und die Bebauung des Gebiets, auf dem die Zwillingstürme gestanden haben, kann New York allein nicht finanzieren. Und die Regierung von George W. Bush, die nach den Terroranschlägen immerhin Hilfe in Höhe von 20 Milliarden Dollar versprach, hat mit den Kriegen in Afghanistan und dem Irak neue Prioritäten gesetzt und wird ihr Versprechen kaum vollständig einlösen. Das Haushaltsdefizit, mit dem Bloomberg rechnen muss, beträgt 3,8 Milliarden Dollar, etwa eine Milliarde weniger als das geschätzte Privatvermögen des Bürgermeisters. Bloomberg muss also rigide sparen und gleichzeitig die Einnahmen erhöhen. New York wird noch teurer werden. Und wie immer in der Stadt sind die Erhöhungen saftig: von 1,50 Dollar für eine Bus- oder U-Bahn-Fahrt auf 2 Dollar zum Beispiel, von 50 Dollar auf 100 Dollar für die Saisonerlaubnis auf den Tennisplätzen im Central Park.

Eine Einnahmequelle allerdings will Bloomberg jetzt tüchtig ausschöpfen: das Ausstellen von Strafmandaten. New York hat einen Katalog von Ordnungswidrigkeiten, der Tausende von Seiten dick ist, da lässt sich die eine oder andere Million ohne große Anstrengung auftreiben. An großen Straßenkreuzungen zum Beispiel ist Hupen untersagt: 350 Dollar bei Zuwiderhandeln. Der Besitz von Handschellen ist in New York ebenso verboten wie die Teilnahme an Auktionen bei Nacht. Aus den SM-Bars im Meatpacking District und von einsamen eBay-Bietern erwartet der Kämmerer also einige Zuschüsse in die leeren Kassen: insgesamt durch Bußgelder eine Summe von 662,7 Millionen Dollar, wie er ausgerechnet hat; immerhin.

Rudolph Giuliani hatte das Glück, seine Ideen von einem sichereren und bürgerlicheren New York in Jahren des wirtschaftlichen Aufschwungs durchsetzen zu können. Bloomberg hingegen hat das Pech, in einer Zeit der bedrohlichen Krise kaum etwas verordnen zu können außer einem Rauchverbot in Restaurants und einem Sparhaushalt. Dabei gäbe es neben dem Wiederaufbau an Ground Zero genug zu tun, was Giuliani hat liegen lassen: New York kollabiert am Autoverkehr, die öffentlichen Transportmittel müssten ausgebaut und große Teile der Warenlieferungen auf die Schiene verlagert werden. New York erstickt am Müll, mehr noch als zu Giulianis Zeiten, weil dieser zum Abschluss seiner Amtszeit ein Wahlversprechen wahr machte und die Müllkippe Fresh Kills auf Staten Island geschlossen hat, sodass New York seinen Dreck nun für teures Geld in Virginia oder Pennsylvania entsorgen muss.

Immer noch leben in New York fast 40 000 Obdachlose auf der Straße, und mit 8,8 Prozent liegt die Arbeitslosenquote 2,8 Prozentpunkte über dem Landesdurchschnitt, mit allen Folgen, die das für das Wohlfahrtssystem hat. Bloomberg hat aber in einem Punkt Glück. Denn er übernahm von Giuliani auch eine Stadt, deren Bürger gelernt haben, das Gemeinwohl mitunter über die Selbstsucht zu stellen; die ihren Müll trennen; die nicht mehr gleich ihren Kaffeebecher fallen lassen, wenn der Bus kommt. Das mag bescheiden klingen, heißt aber auch, dass die New Yorker gelernt haben, regiert zu werden. Seit Rudolph Giuliani die Stadtverwaltung umgekrempelt hat, wissen die Bürger, dass ihre Stadt nicht mehr nur trotz, sondern möglicherweise auch dank ihrer Verwaltung wieder aus der Krise finden wird. ❙

der Haushalt in den Boom-Jahren. Nun schließt man Feuerwachen und Altenheime

Verena Lueken, 48, war sieben Jahre lang Kulturkorrespondentin der „Frankfurter Allgemeinen Zeitung" in New York. Ihr Buch „New York – Reportage aus einer alten Stadt" ist 2002 beim DuMont Verlag erschienen.

Der Käfig

Den härtesten Basketball der Stadt gibt es an einem Platz an der West 4th Street zu sehen, hinter sechs Meter hohen Metallgittern: The Cage. Dort treffen sich die Spieler aus den Ghettos – um frei zu sein

TEXT: MARIO KAISER FOTOS: GIOVANNI DEL BRENNA

Eng, rau und schnell wird hier gespielt, denn das Feld ist nur halb so groß wie üblich

Die Zuschauer am Zaun verwandeln den Käfig in eine Bühne, die Spieler in Stars. Die genießen die ungewohnte Verehrung – die mit dem Abpfiff endet

Von der Straße in die Stadien der **Nationalliga** – davon träumen viele

Auf Distanz werfen nur Feiglinge, für lange Pässe ist kein Platz. Der New Yorker Straßenstil: Zwei, drei schnelle Spielzüge, dann ist der Ball im Korb

Die Show gilt den Mädels. Muskulöse Oberkörper bringen die Zuschauerinnen am Zaun ins Schwärmen. Weiße geben nicht immer die beste Figur ab

Als der Zug kreischend in die Station einfährt, steht er an der Tür, die sich wie ein Vorhang vor ihm öffnet. Er webt sich durch die Statisten, die in seinem Weg stehen, links herum, rechts herum, schreitet die Rampe hinauf, schlüpft durch das Drehkreuz, er tänzelt die Treppe hinauf, 21 Stufen, dann steht er im Freien. Vor dem Käfig, dessen Gitter seine Träume umzäunen. Er geht hinein, lässt den Ball springen, und der Ball pocht wie ein Herzschlag auf dem Asphalt.

Tony „The General" Sherman, aufgestiegen aus dem Untergrund, spielt. Er läuft entlang der Dreipunktelinie, der Ball oszilliert zwischen seiner Hand und dem Boden. Seine Augen blicken zum Korb, vorbei an dem Gegner, der lauert, sich reckt, hypnotisiert den Ball fixiert. Der General passt den Ball blind. Ein Mitspieler schnappt ihn, Hände klatschen auf Gummi, ein Ellenbogen fährt dem Spieler in die Flanke, er stöhnt, strauchelt, klammert den Ball, findet die Balance und richtet sich auf. Die Gegner blähen die Brustkörbe.

„Watch it, nigger!"

„You ain't gettin' nothin', faggot!"

„Fuck you and your girl, bitch!"

So beginnen die Spiele auf einem Basketballplatz an der West 4th Street in Greenwich Village, wo vielleicht nicht New Yorks bester, aber wohl New Yorks härtester Basketball vorgeführt wird. Wo Spiele Inszenierungen sind und Spieler Schauspieler. Wo jedes Wort mit einem Ausrufezeichen endet, jede Bewegung mit einem Tusch. Sie spielen umgeben von einem sechs Meter hohen Metallgitter, einem Gehege des Raubtier-Basketballs, und sie nennen diesen Platz „The Cage". Der Käfig.

Die Spieler kommen aus Harlem, Brooklyn, der Bronx. Sie kommen, um ihren Spaß zu haben und ihre Wut zu verlieren. Sie kommen, weil sich hier Menschen an den Zaun klammern, um die Kunststücke mit dem Ball zu sehen, Menschen, die keinen Spieler außerhalb des Käfigs jemals beachten würden. Vor allem aber kommen sie, um zu gewinnen, um den Respekt zu verdienen, der ihnen im Ghetto versagt bleibt. Sie kommen, um zu entkommen. Im Käfig sind sie frei.

Der General hebt den Arm und fordert den Ball. Er marschiert über die Dreipunktelinie, dribbelt zwischen den Beinen, vor dem Körper, hinter dem Körper, stoppt, täuscht den Pass an, lässt den Ball wieder springen, nimmt ihn in beide Hände, visiert, justiert, jetzt steigt er, auf seinem Rücken flattert die „23", es war Jordans Nummer, er hebt den Ball, lässt ihn fliegen, sieht ihm nach, wie er kreiselt, ein schwarzer, schmutziger Globus. Der Ball sinkt über dem Korb, prallt auf den Ring. Dann steigt eine Hand auf und stiehlt ihn.

Der General senkt den Kopf. Krümmt sich. Und schreit. „Fuck it! Fuckitfuckitfuckit!" Der Gegner legt ihm den Arm auf die Schulter und verhöhnt ihn.

Der Käfig, in dem der General und seine Mitspieler auftreten, ist halb so groß wie ein reguläres Basketballfeld, jeder Fehler wird bestraft. Zehn Spieler drängeln sich unter den Körben, und Fouls sind die Regel. Es ist schwer, in dieser Enge den Ball zu kontrollieren – für lange Pässe ist kein Platz, und Distanzwürfe verachten sie als das Werk von Feiglingen, die den New Yorker Stil des Spiels schänden. Im Käfig attackieren sie, stoßen vor in die Zone unter dem Korb. Ein schneller Zug, der in den blind gespielten Pass mündet und als *lay-up* mit dem Steigflug zum Korb endet.

Ein Spiel von wilder Stärke ist entstanden. Es verlangt nach Spielern mit *grit*, einer furchtlosen Grobkörnigkeit, und dem Willen, ein Spiel, das Berührung eigentlich verbietet, in ein Kräftemessen zu verwandeln. „Wenn du keinen Schlag einstecken kannst", sagt Sherman, der General, „dann komm nicht in den Käfig."

Sherman war 17, als er zum ersten Mal „The Cage" betrat. Er nahm den *A Train* in Harlem, und er erinnert sich, wie er an der West 4th Street ausstieg und die Treppe hinaufging, die neben dem Käfig aus der Erde kam. „Es war wie eine Offenbarung", erzählt Sherman. „Ich sah all die Leute, die am Zaun standen, um diese Spieler zu sehen, die aus der ganzen Stadt kamen. Die Konkurrenz, die Schnelligkeit, die Bewegungen, es war unglaublich. Es war kein Basketball, es war Religion."

Fouls sind die Regel, der Schweiß der Gestürzten färbt den Platz

Und Sherman begann zu beten.

Jeden Tag kam er zum Käfig. Arbeitete an seinem Spiel, schliff seinen Stil. Manchmal träumte er von der NBA, der Profiliga der National Basketball Association, und die Einschnitte in den Karrieren der Großen verwebten sich mit denen in seinem Leben. Der Wurf, der Abdul-Jabbar zum Spieler mit den meisten Punkten in

Der Ton ist harsch; wer Schwäche zeigt, hat verloren. Sherman (mit Pferdeschwanz) hat ein schmerzendes Knie – im Käfig aber ist er »der General«

der Geschichte der NBA machte. Der Tag, als Magic Johnson HIV-positiv getestet wurde. Als Jordan seine sechste Meisterschaft gewann. „Anfang der Achtziger, als Dr. J. seine große Zeit bei den Philadelphia 76ers hatte, begann ich ernsthaft zu spielen", erzählt Sherman. „Dann starb meine Schwester. Ich bin gleich nach der Beerdigung zum Käfig gekommen, ich musste spielen. Es war das Einzige, was ich tun konnte, das Einzige, was mir half."

Eine Zeit lang träumte er den Traum. Schnitt morgens Haare in Harlem, spielte nachmittags im Käfig. Dann betrat ein Mann den Barber Shop und verlangte Geld. Er zog eine Pistole und schoss Sherman ins Knie. Die Kugel durchschlug einen Nerv, und ein Hauch von Steifheit kroch in das Bein. Seitdem quält er sich. „Ich spiele mit Schmerzen", sagt Sherman, „aber das würde ich niemals zeigen, das wäre tödlich im Käfig." Geblieben sind ihm sein scharfes Auge, sein genaues Passspiel, der sichere Dreipunktewurf. Und der Respekt. Die Schnelligkeit kam nicht zurück. Auf einem großen Spielfeld wäre er verloren, im Käfig ist er für alle noch immer der General.

Jetzt sitzt er am Spielfeldrand und beobachtet die Jüngeren, wie sie schieben und täuschen und schreien. Manchmal erkennt er den jungen Sherman in ihnen und fragt sich, welchen Weg er gegangen wäre ohne den Käfig. „Viele dieser Jungs haben ein raues Leben", sagt Sherman. „Es gibt Typen, die landen im Knast und sagen: ‚Es ist die Schuld des weißen Mannes.' Nein, es ist deine Schuld, du allein bist für dich verantwortlich, und hier im Käfig kannst du dich deiner Verantwortung nicht entziehen."

Die sich entziehen, gehen verloren. Oder kehren als Schatten zurück. Da schlurft ein Mann entlang der Seitenlinie, Speichel verleimt seinen Mund. Er trägt eine Trainingshose mit zwei Streifen und eine hellblaue afrikanische Robe, Sonnenbrille und rote Strickmütze. Sein Bart ist grau, seine Haut Pergament. Er wackelt delirisch mit dem Kopf zu einer Melodie, die nur er hört. Spricht mit Geistern. „Der Typ da", sagt Sherman und zeigt auf den Mann, „der hatte es drauf, großartiger Sprungwurf. Ich hab früher oft mit ihm gespielt."

Und dann?

„Drogen."

Ein paar lebten den Traum. Sie entwickelten im Käfig die Talente, die es ihnen erlaubten, den Käfig zu verlassen, und bissen sich durch bis in die NBA, Liga der Legenden. Mario „Super Mario" Elie, der mit den Houston Rockets und den San Antonio Spurs drei Meisterschaften gewann. Anthony Mason, der bei den New York Knicks zum Stammspieler aufstieg. Und Julius „Dr. J." Erving, einer von nur fünf Spielern in der Geschichte der NBA, die in ihrer Karriere mehr als 30 000 Punkte erzielten.

Elie, Mason, Erving. Ihre Namen stehen für die Fähigkeiten, die der Käfig in seinen Spielern säte, für eine Art des Spiels, die im Käfig keimte. Und für die Vergangenheit. Denn die Regeln des Spiels haben sich verändert, und die Scouts, die Talentsucher der großen Vereine, suchen ihre künftigen Stars nicht mehr an Orten wie dem Käfig. Sie suchen Spieler wie LeBron James.

Als James am 22. Mai 2003 einen Werbevertrag mit dem Sportartikel-Hersteller Nike unterzeichnete, revolutionierte er den Sport mit einer Handbewegung. Er verkaufte die Benutzeroberfläche seines Körpers auf sieben Jahre – für 90 Millionen Dollar. Da ging er noch auf die High School.

Sie nennen ihn „The Chosen One", der Auserwählte, und die Karriere des LeBron James illustriert, wie weit sich der Käfig und die Liga voneinander entfernt haben. In einer Zeit, in der die NBA nach Spielern hungert, auf die sich Träume und Produkte projizieren lassen, wirkt der Käfig wie ein Relikt einer vergangenen Ära, ein Kolosseum des Basketballs. Er ist nicht mehr das Scharnier zwischen Ghetto und Liga. Der amerikanische Traum findet anderswo statt.

Die robotische Effizienz eines LeBron James können die Spieler im Käfig nicht erreichen. Sie spielen statt zu trainieren. Inszenieren statt zu perfektionieren. Sie sind Gefangene ihrer Freiheit. Die meisten der Spieler im Käfig sind über 25 Jahre, sie sind zu alt für eine Liga, die ihre Stars als Teenager rekrutiert. Sie haben Talent und Ehrgeiz, aber die Fähigkeit, sich formen zu lassen, haben sie verloren.

An der Seitenlinie zelebrieren die Spieler letzte Rituale. Sherman bindet sich ein schwarzes Piratentuch um den Kopf und wickelt Klebeband um Mittel- und Ringfinger der rechten Hand. Spike streift ein Trikot der Philadelphia 76ers über. Butter schlüpft in schneeweiße Nikes. Cliff zieht sein Hemd aus und betrachtet seine Brust. Am Zaun seufzen die Mädchen. ›

Show your moves! **Die Jungen am Zaun saugen jedes Dribbling-Kunststück auf, jeden neuen Trick**

„Du streckst deinen Hintern raus, als wolltest du gefickt werden!"

„Halt's Maul!"

Am Zaun beginnt der Schwarze mit der Bibel zu tanzen. Hebt die Arme, dreht sich, legt den Kopf in den Nacken und lässt seinen Körper erzittern. „Wowowowow!", ruft er in den Himmel. „Holt einen Eimer Wasser, denn Butter steht in Flammen!"

Hier ist der Käfig. Der Ehrgeiz. Das Geschrei. Das Scheppern der Korbplatte. Die Enge. Das Gedränge. Die Geschwindigkeit. Die Angst, zu verlieren. Das Verlieren der Angst. Das Spiel ist die Stadt, und die Stadt ist der Käfig. Hier ist New York.

Sie haben verloren. Butter und Sherman stehen am Zaun und gießen Wasser über ihre glühenden Körper. Der Asphalt ruiniert die Gelenke, aber nichts schmerzt im Käfig mehr als die Niederlage. „Ihr wollt die ganze Zeit kunstvoll dribbeln, aber damit gewinnt ihr kein Spiel", schreit Sherman seine Mitspieler an. „Und mit Bill Gates" – er zeigt auf einen Weißen – „schon gar nicht."

„Er ist ein guter Spieler", verteidigt ihn Butter.

„In welchem Leben?", fragt Sherman mit aufgerissenen Augen. „Was ist los mit euch, Leute? Wir sind hier nicht bei Wendy's oder Burger King. Ich will keine Chancengleichheit, ich will gewinnen, versteht ihr? Ich. Will. Gewinnen."

Er versenkt den Ball im Korb und zieht das Trikot mit der „23" aus, es war Jordans Nummer. Er tritt aus dem Käfig, steigt die Stufen zum *A Train* hinab und geht zurück in die Erde. **I**

Butter beobachtet die Szene, und seine Augen leuchten. Es ist, als wiederholte sich der Moment, in dem er zum ersten Mal den Käfig betrat. „Ich sah all die Mädchen, wie sie am Zaun hingen", erzählt er, „und ich dachte, Mann, hier will ich spielen." Er war sofort abhängig. „Ich trinke nicht, ich rauche nicht. Das hier ist meine Droge."

Um ihn herum stolzieren Spieler und flüstern in Telefone, die silbern in der Sonne glänzen. Greifen zwischen ihre Beine, als wögen sie die Masse ihrer Männlichkeit. Betrachten die Mädchen und grinsen geschmeidig durch den Zaun. Dann pocht ein Ball auf dem Asphalt: Cliff.

Er steht unter dem Korb, nackt über der Hüfte. Seine Taille ist schmal und fließt in das Trapez eines breiter werdenden Torsos. Auf seiner Brust erheben sich Wellen von Muskelsträngen, Venen masern seine Arme und verästeln sich auf dem Rücken seiner Hände in ein Delta von Adern. Cliff lauert. Auf den Konter, den Moment, wenn der Käfig seine Bühne wird, sein Schauspielhaus, für eine Szene, einen Applaus.

Jetzt fliegt der Ball auf den Korb zu, prallt am Ring ab, *rebound*, Arme steigen auf wie Tentakel, greifen gierig nach dem Ball, doch Cliff steigt höher. Er klammert den Ball wie eine Beute vor den Bauch, dreht sich, läuft der Mittellinie entgegen, überfliegt sie, Dreadlocks umtanzen seinen Kopf, der Ball trommelt in wütendem Rhythmus auf dem Asphalt, er passiert die Dreipunktelinie, macht einen langen letzten Schritt, steigt, Schweiß malt silberne Flüsse auf seinen Rücken, er hebt den Ball wie eine Monstranz, schwebt dem Korb entgegen, die Sonne trifft das Gold seines Ohrrings, dann presst er den Ball mit der Kraft, die sich jetzt in ihm entlädt, in den Korb, greift mit beiden Händen den Ring und pendelt unter dem Netz.

Er löst sich und sinkt auf den Boden. Dann schreitet er aufrecht in seine Hälfte und schielt, den Kopf leicht nach hinten gelehnt, hinüber zum Zaun.

Am Zaun haken die Zuschauer ihre Hände in die Maschen, als wollten sie nach den Spielern greifen. Sie steigen aus dem Schlund der U-Bahn-Station, ein endloser Strom der Beobachter und Bewunderer. Broker mit polierten Schuhen und Aktentaschen. Polizisten mit breiten Nacken. Damen auf hohen Absätzen. Junkies mit zahnlosen Mündern. Kichernde Japanerinnen. Mädchen in zu engen Blusen. Schwule in zu kurzen Hosen. Ihre Schatten fallen auf den Platz und berühren sich mit denen der Spieler.

Der Asphalt ruiniert die **Gelenke**, doch weh tut nur die Niederlage

Ein Schwarzer steht zwischen den Zuschauern und erhebt seine selbst geschriebene Bibel. Schlägt sie auf und liest. „Der Ball bedeutet nichts, überhaupt nichts", ruft er durch den Zaun. „Am Anfang war das Wort, und alles andere ist Heilige Schrift." Er kichert und ruft Halleluja.

Jetzt dribbelt Butter dem Korb entgegen, leichtfüßig, seidig, führt den Ball eng am Körper. Cliff blockt ihn mit ausgebreiteten Armen, schiebt ihn, stößt ihn, Butter wankt, dann verliert er das Gleichgewicht und stürzt. Er rollt über den Boden, und sein Schweiß malt schwarze Flecke auf den Asphalt.

Cliff stellt sich breitbeinig vor ihn, beugt sich und blickt auf Butter herab.

Giovanni Del Brenna, 29, ist Assistent des berühmten Fotografen James Nachtwey. Für den in New York lebenden Italiener symbolisiert der Käfig „Bewegung, Kampf, Spaß – mit einem Wort: Leben". GEO-Autor **Mario Kaiser**, 33, kannte The Cage von früher. Er hat einen Ballwurf entfernt an der New York University Journalismus studiert.

Diese Stadt ist ein Geschenk

FOTOS: CHARLY KURZ UND GEORGE STEINMETZ

New York hat den Ruf, ein kostspieliges Vergnügen zu sein; wer möchte und in der Lage dazu ist, kann hier ein Vermögen ausgeben. Viele Besonderheiten der Metropole aber sind nicht käuflich – sie sind umsonst! GEO hat die schönsten Attraktionen *for free* ausgewählt

Tanzen lernen beim
MOONDANCE

Im Rücken der Hudson, vorne die Skyline: die perfekte Kulisse für den „Moondance". In warmen Sommernächten verwandelt sich das Pflaster auf dem Pier 25 in ein Tanzparkett. Bands spielen vornehmlich Mambo und Tango, und wer beides noch nicht so richtig beherrscht, kommt einfach ein wenig früher. Dann helfen Tanzlehrer den Debütanten kostenlos auf die Sprünge.

Jeden Sonntagabend von Anfang Juli bis Mitte August. Die **Moondance**-*Bands spielen zwischen 18.30 und 22 Uhr, bei entsprechender Stimmung auch schon mal länger*

Der schönste
BLICK AUF DIE SKYLINE

Stadtkenner sind sich einig: Das aus dem Wasser wachsende Massiv von Manhattan wirkt nirgendwo so grandios wie von der Staten Island Ferry aus. Für den, der sich nicht satt sehen kann: Die kostenlose Fähre zwischen Manhattan und Staten Island verkehrt mehrmals pro Stunde. Besonders eindrucksvoll ist die Passage spätabends, wenn sich die sinkende Sonne in den Fassaden aus Glas und Stahl spiegelt.

Die **Staten Island Ferry** *legt ab am Whitehall Terminal an der Südspitze Manhattans. Montag bis Freitag fährt die Fähre am Tag alle 20 Minuten, nachts und am Wochenende jede Stunde*

Weitere kostenlose Erlebnisse

1 Im Loving Touch Center of Traditional Reiki wird montag- und mittwochabends gebührenfrei massiert. Vorher anrufen: 212-570-1623. 59 West 19th Street

2 Tai-Chi-Kurse werden freitagmorgens in Battery Park City gegeben. Esplanade Plaza, 8.30 Uhr

3 Chelsea Wine Vault lädt freitags zwischen 16 und 19 Uhr zur Weinprobe ein. 75 Ninth Avenue

4 Jeden Mittwoch treffen sich Inline-Skater zum Wednesday Night Skate am Nordende des Union Squares. 19.30–20 Uhr, wechselnde Routen

5 Ins Musical „Cabaret" gelangt man kostenlos – als Platzanweiser. Samstags zwischen 17 und 18 Uhr werden die Vorstellungen vergeben. Studio 54, 254 West 54th Street

6 Wer einmal in Brooklyn Kanufahren möchte, sollte sich beim Gowanus Dredgers Canoe Club melden. www.waterfrontmuseum.org/dredgers oder 718-243-0849

7 Die Louis Armstrong Archives zeigen Notizbücher, Instrumente und private Aufnahmen des Jazz-Trompeters. Queens College, 65-30 Kissena Boulevard. Montag bis Freitag 10–17 Uhr (im Juli freitags geschlossen)

8 New York bietet kostenlose Freibäder, zum Beispiel den Lasker Pool (Central Park, Höhe 107th Street). Im Juli und August täglich zwischen 11 und 19 Uhr

Surfen in den PUBLIC LIBRARIES

Die **New York Public Library** *liegt an der Ecke Fifth Avenue und 42nd Street. Öffnungszeiten Dienstag, Mittwoch 11–19.30 Uhr, Donnerstag bis Samstag 10–18 Uhr. Die Standorte der Außenstellen finden sich im Internet unter www.nypl.org*

Schon einmal in solch einer Halle eine E-Mail nach Hause geschickt? Wer je im Lesesaal des Hauptgebäudes der Public Library am Computer saß, wird so schnell in kein Internet-Café mehr gehen. Warum auch? Schließlich kann man in allen öffentlichen Bibliotheken New Yorks pro Tag eine halbe Stunde im Netz surfen – ganz ohne Gebühren.

Entdeckungen mit den

BIG APPLE GREETERS

Die mediterranen Wave Hill Gardens im Westen der Bronx hätten die beiden jungen deutschen Urlauber wohl kaum entdeckt – gäbe es nicht den Mann, der vor ihnen steht: einen Big Apple Greeter. Die Greeter sind begeisterte New Yorker, die ihre Freizeit nutzen, um Besucher auf ganz persönliche Weise mit der Stadt vertraut zu machen.

Wer sich von einem **Big Apple Greeter** *führen lassen möchte, sollte sich mindestens vier Wochen vorher anmelden, am besten über Internet www.bigapplegreeter.org oder telefonisch (001) 212-669-8159*

Grandiose Kulisse fürs
OPEN-AIR-KINO

Der einzige Nachteil beim Freiluftkino an der Brooklyn Bridge ist, dass der Film zu kurz kommt: Bei diesem Panorama wird es auch Cineasten schwer fallen, mit dem Blick nicht von der Leinwand abzuschweifen. Gezeigt werden hier ausschließlich Filme, die in Brooklyn gedreht oder mit Brooklynern produziert worden sind; so etwa „Saturday Night Fever".

Jeden Donnerstag abend von Mitte Juli bis Mitte August, Filmstart bei Dunkelheit. Neben dem Brooklyn-Bridge-Kino gibt es im Sommer noch weitere **Open-Air-Filmfestivals***, etwa im Bryant Park (montags) oder am Pier 25 (freitags)*

DAIMLERCHRYSLER
10x 100.000 RoadMiles:
Die Schnellsten gewinnen!
Fahren Sie weg. Ihr Geld kommt zurück.
DaimlerChrysler Bank
Die Bank, die bewegt.

Produktbedingungen für die DaimlerChrysler Card der DaimlerChrysler Bank AG

1. Verwendungsmöglichkeiten und Leistungen
Die DaimlerChrysler Card (nachfolgend Karte genannt) wird von der DaimlerChrysler Bank AG (nachfolgend Bank genannt) als VISA-Karte ausgegeben. Mit der Karte kann der Karteninhaber im Inland und als weitere Dienstleistung auch im Ausland im Rahmen des VISA-Verbundes

- bei Vertragsunternehmen Waren und Dienstleistungen bargeldlos bezahlen und
- darüber hinaus an Geldautomaten sowie an Kassen von Kreditinstituten – dort zusätzlich gegen Vorlage eines Ausweispapiers – Bargeld beziehen (Bargeldservice).

Die Karte darf nicht bei gesetzwidrigen Geschäften (z. B. illegalen Wetten usw.) eingesetzt werden. Im Einzelfall kann das Vertragsunternehmen oder die angeschlossene Bank verpflichtet sein, vor Akzeptanz der Karte die Genehmigung der Bank einzuholen. Im Einzelfall kann die Verwendung der Karte von der Genehmigung der Bank abhängig gemacht werden. Die Vertragsunternehmen sowie die dem Kreditkarten-Bargeldservice angeschlossenen Kreditinstitute und Geldautomaten sind an den Akzeptanzsymbolen zu erkennen, die auf der Karte zu sehen sind. Soweit mit der Karte zusätzliche Leistungen verbunden sind, wird der Karteninhaber gesondert informiert. Die Bank übernimmt keine Gewähr dafür, dass Zusatzleistungen, die nicht Bestandteil dieser Vereinbarung sind, während der gesamten Vertragsdauer zur Verfügung stehen. Die Bank behält sich vielmehr vor, diese Leistungen jederzeit neu zu gestalten oder unter Erstattung eines angemessenen Teils der Jahresgebühr ersatzlos entfallen zu lassen.

2. Persönliche Geheimzahl (PIN)
Für die Nutzung von Geldautomaten und von automatisierten Kassen stellt die Bank dem Karteninhaber eine persönliche Geheimzahl (PIN = persönliche Identifikations-Nummer) zur Verfügung.

3. Nutzung der Karte
Bei Nutzung der Karte ist

- entweder ein Beleg zu unterschreiben, auf den das Vertragsunternehmen die Kartendaten übertragen hat (mit der Unterschrift auf dem Beleg erkennt der Karteninhaber die Richtigkeit des Betrages an), oder
- an Geldautomaten und automatisierten Kassen die PIN einzugeben.

Nach vorheriger Abstimmung zwischen Karteninhaber und Vertragsunternehmen kann der Karteninhaber – insbesondere zur Beschleunigung eines Geschäftsvorfalls – ausnahmsweise darauf verzichten, den Beleg zu unterzeichnen, und stattdessen lediglich seine Kartennummer angeben.

4. Finanzielle Nutzungsgrenze
Der Karteninhaber darf die Karte nur innerhalb eines ihm von der Bank vorher bekannt gegebenen und nach billigem Ermessen (§ 315 BGB) bestimmten Verfügungsrahmens und nur in der Weise nutzen, dass ein Ausgleich der Kartenumsätze unter Berücksichtigung seiner gesamten Vermögens- und Einkommensverhältnisse bei Fälligkeit gewährleistet ist. Bei Überschreitung des Verfügungsrahmens kann die Bank die Genehmigung zur weiteren Verwendung der Karte verweigern (Ziffer 1 Satz 5). Dies gilt auch, ohne dass es zum Abschluss des beabsichtigten Geschäfts gekommen ist. Hält der Karteninhaber den Verfügungsrahmen nicht ein, ist die Bank berechtigt, den Ersatz der Aufwendungen zu verlangen, die aus der Nutzung der Karte entstehen. Die Genehmigung einzelner Kartenumsätze führt nicht zur Einräumung eines Kredits, sondern erfolgt in der Erwartung, dass ein Ausgleich der Kartenumsätze bei Fälligkeit gewährleistet ist. Der Höchstbetrag für Bargeldauszahlungen beträgt 500 EUR pro Tag im Inland sowie im Ausland bzw. den entsprechenden Betrag in der jeweiligen Landeswährung und maximal insgesamt 2.000 EUR pro Woche im Inland oder den entsprechenden Betrag in der jeweiligen Landeswährung im Ausland. Änderungen des Höchstbetrages werden durch Ausdruck auf den Kontoauszügen bzw. Saldomitteilungen bekannt gemacht. Voraussetzung für Bargeldauszahlungen an Bankschaltern ist, dass sich der Karteninhaber jeweils durch einen gültigen amtlichen Lichtbildausweis legitimiert.

5. Sorgfalts- und Mitwirkungspflichten des Karteninhabers
Der Karteninhaber hat die Karte nach Erhalt unverzüglich auf dem Unterschriftsfeld zu unterschreiben und sie mit besonderer Sorgfalt aufzubewahren, um sie vor missbräuchlicher Nutzung zu schützen. Der Karteninhaber hat auch dafür Sorge zu tragen, dass keine andere Person Kenntnis von seiner persönlichen Geheimzahl erlangt. Sie darf insbesondere nicht auf der Karte vermerkt oder in anderer Weise zusammen mit dieser aufbewahrt werden. Jede Person, die im Besitz der Karte ist und die persönliche Geheimzahl kennt, hat die Möglichkeit, auch zusammen mit PIN und Karte Verfügungen zu tätigen (z. B. Geld am Automaten abzuheben). Stellt der Karteninhaber den Verlust seiner Karte oder eine missbräuchliche Verfügung mit seiner Karte fest, wird er dies der Bank unverzüglich telefonisch mit nachfolgender schriftlicher Bestätigung zum Zwecke der Sperrung der Karte anzeigen. Sofern der Verdacht einer Entwendung oder missbräuchlichen Verwendung besteht, wird der Karteninhaber unverzüglich Anzeige bei der Polizei erstatten. Der Karteninhaber wird Karten, die als abhanden gekommen gemeldet sind und wieder aufgefunden werden, nicht mehr verwenden, sondern unverzüglich an die Bank zurückgeben. Der Karteninhaber hat die monatliche Sammelabrechnung sowie eventuelle sonstige Abrechnungen und Anzeigen auf ihre Richtigkeit zu überprüfen und etwaige Einwendungen unverzüglich zu erheben. Änderungen von Anschrift, Name, Bankverbindung und sonstiger wesentlicher, auch wirtschaftlicher Umstände sind der Bank unverzüglich schriftlich mitzuteilen.

6. Zahlungsverpflichtungen des Karteninhabers
Die Bank ist verpflichtet, die bei der Benutzung der Karte entstandenen, sofort fälligen Forderungen der Vertragsunternehmen gegen den Karteninhaber zu bezahlen, soweit die Genehmigung eines Einzelgeschäftes nicht verweigert wird (Ziffer 1 Satz 5). Die Bank wird sie mindestens einmal monatlich zusammen mit den Ansprüchen aus dem Bargeldservice dem Karteninhaber in Rechnung stellen. Dies gilt nicht, wenn offensichtlich ist, dass der vom Vertragsunternehmen erhobene Anspruch aus tatsächlichen oder rechtlichen Gründen nicht besteht. Der Karteninhaber hat der Bank den Preis der mit der Karte bezahlten Leistungen zu erstatten. Der Karteninhaber wird der Bank darüber hinaus auch alle Leistungen und Aufwendungen erstatten, die durch die sonstige Nutzung der Karte (z. B. Bargeldauszahlung) entstanden sind. Der Karteninhaber hat Reklamationen aus seinem Verhältnis zu dem Vertragsunternehmen unmittelbar mit dem Vertragsunternehmen zu klären. Die Zahlungsverpflichtung des Karteninhabers bleibt hiervon unberührt. Die einzelnen Zahlungsansprüche der Bank (durch Einsatz der Haupt- und/oder Zusatzkarte) und eingehende Zahlungen werden mit monatlichem Rechnungsabschluss auf dem Kartenkonto in laufender Rechnung eingestellt (Kontokorrent gemäß § 355 HGB). Das Kartenkonto wird in EUR geführt. Die monatliche Versendung der Saldenmitteilung kann unterbleiben, wenn kein Kartenumsatz angefallen ist. Einwendungen des Karteninhabers wegen Unrichtigkeit oder Unvollständigkeit eines Rechnungsabschlusses und der in diesen eingestellten Einzelkartenumsätze hat der Karteninhaber spätestens innerhalb eines Monats nach dessen Zugang schriftlich zu erheben; macht er seine Einwendungen schriftlich geltend, genügt die Absendung innerhalb der Monatsfrist. Das Unterlassen rechtzeitiger Einwendungen gilt als Genehmigung. Die Bank wird bei Saldenmitteilungen, Rechnungsabschlüssen sowie sonstigen Abrechnungen und Anzeigen auf die Folge der Unterlassung rechtzeitiger Einwendungen besonders hinweisen. Der Karteninhaber kann auch nach Fristablauf eine Berichtigung des Rechnungsabschlusses verlangen, muss dann aber beweisen, dass zu Unrecht sein Konto belastet oder eine ihm zustehende Gutschrift nicht erteilt wurde. Wird die Höhe einzelner Belastungen beanstandet, sind der Bank Belegdurchschriften, Rechnungen oder ähnliche Belege vorzulegen. Der einzelne Monatssaldo wird mit Bekanntgabe des Rechnungsabschlusses zur Zahlung fällig. Besteht ein Zahlungsrückstand, kann die Bank eine nach Ziffer 1 Satz 5 erforderliche Genehmigung verweigern. Nach Verzugseintritt erhebt die Bank für jede Mahnung eine nach billigem Ermessen (§ 315 BGB) bestimmte Bearbeitungsgebühr. Für die Ausstellung einer Ersatzkarte erhebt die Bank eine nach billigem Ermessen (§ 315 BGB) bestimmte Gebühr.

7. Widerruf von Weisungen
Der Karteninhaber kann Weisungen, die unter Verwendung der Karte erteilt wurden, nicht widerrufen.

8. Fremdwährungsumrechnung beim Auslandseinsatz
Wird die Karte im Ausland eingesetzt, erfolgt die Umrechnung für die Währungen Estnische Krone, ungarischer Forint, polnischer Zloty, slowenischer Tolar, Australischer Dollar, Tschechische Krone, Neuseeland-Dollar, Zypern-Pfund nach dem von der Europäischen Zentralbank veröffentlichten Mittelkurs. Für die Währungen US-Dollar, japanischer Yen, Dänische Krone, Schwedische Krone, Schweizer Franken, Pfund Sterling, Kanadischer Dollar, Norwegische Krone nach den von Reuters täglich bis 14.30 Uhr veröffentlichten EuroFX-Kursen. Für alle übrigen Fremdwährungen und ersatzweise für die vorgenannten Währungen nach den von VISA International festgesetzten Wechselkursen. Die Umrechnung erfolgt in jedem Fall zum Kurs des jeweiligen Buchungsvortages.

9. Entgeltregelung
Die Bank ist berechtigt, vom Karteninhaber für die Überlassung der Karte, für den Bargeldservice sowie für den Einsatz der Karte im Ausland ein nach billigem Ermessen (§ 315 BGB) bestimmtes Entgelt zu berechnen. Bei Vertragsende erfolgt bzgl. der Jahresgebühr keine zeitanteilige Erstattung, es sei denn, die Beendigung erfolgte durch außerordentliche Kündigung des Karteninhabers. Die Entgelte kann die Bank nach billigem Ermessen (§ 315 BGB) ändern. Die jeweils aktuellen Entgelte sind in einem Preisverzeichnis aufgeführt. Die Bank wird dem Karteninhaber Änderungen der Entgelte durch Übersendung des aktualisierten Preisverzeichnisses oder durch entsprechenden Ausweis auf der monatlichen Abrechnung mitteilen. Sofern der Karteninhaber den Kartenvertrag innerhalb eines Monats nach Zugang des aktualisierten Preisverzeichnisses oder der Abrechnung ordentlich kündigt, wird für den gekündigten Vertrag kein erhöhtes Entgelt zugrunde gelegt. Für angeforderte Rechnungs- oder Belegkopien sowie für sonstige Sonderleistungen berechnet die Bank eine Aufwandspauschale bzw. Gebühr, die sie nach billigem Ermessen (§ 315 BGB) festsetzt.

10. Kontobelastung/Lastschrift
Der Kontoinhaber ermächtigt die Bank, fällige Zahlungen, auch soweit sie vom Inhaber einer Zusatzkarte veranlasst wurden, insbesondere die geschuldeten Erstattungsleistungen und Gebühren, dem auf dem Kartenantrag angeführten Girokonto zu belasten bzw. per Lastschrift einzuziehen.

11. Einwendungen und Einreden aus dem Grundverhältnis
Leistungsstörungen aus dem Grundverhältnis sind im Verhältnis zwischen dem Karteninhaber und den Vertragsunternehmen geltend zu machen und abzuwickeln. Sie berühren nicht die Verpflichtung des Karteninhabers zu Erstattungszahlungen an die Bank.

12. Rückvergütung
Eventuelle Rückvergütungen dürfen nur in Form eines vom Vertragsunternehmen unterzeichneten Gutschriftbeleges erfolgen. Bare oder unbare Zahlungen darf der Karteninhaber nicht entgegennehmen.

13. Haftung des Karteninhabers
Sobald der Verlust oder eine missbräuchliche Verwendung der Karte gegenüber der Bank angezeigt worden ist, hat der Karteninhaber für weitere missbräuchliche Verfügungen, die mit der Karte nach diesem Zeitpunkt getätigt werden, nicht mehr einzustehen. Für Schäden, die durch missbräuchliche Verfügungen vor Eingang der Verlustanzeige entstehen, beschränkt sich die Haftung des Karteninhabers auf einen Höchstbetrag von 50 EUR je Karte. Hat der Karteninhaber durch eine grobe Verletzung seiner Sorgfaltspflichten (z. B. indem er den Kartenverlust schuldhaft nicht umgehend mitgeteilt, die PIN auf der Karte vermerkt oder zusammen mit dieser verwahrt hat) zur Entstehung des Schadens beigetragen, bestimmt sich nach den Grundsätzen des Mitverschuldens, in welchem Umfang die Bank und der Karteninhaber den Schaden zu tragen haben.

14. Haftung der Bank
Eine Haftung der Bank – gleich aus welchem Rechtsgrund – tritt nur ein, wenn der Schaden

- durch schuldhafte Verletzung einer vertragswesentlichen Pflicht in einer das Erreichen des Vertragszwecks gefährdenden Weise verursacht worden oder
- auf grobe Fahrlässigkeit oder Vorsatz der Bank zurückzuführen ist.

Haftet die Bank gemäß Satz 1 Aufzählungspunkt 1 für die Verletzung einer vertragswesentlichen Pflicht, ohne dass grobe Fahrlässigkeit oder Vorsatz vorliegt, so ist die Haftung auf denjenigen Schadensumfang begrenzt, mit dessen Entstehen die Bank bei Vertragsschluss aufgrund der ihr zu jenem Zeitpunkt bekannten Umstände typischerweise rechnen musste. In den Fällen des Satzes 2 haftet die Bank nicht für mittelbare Schäden, Mangelfolgeschäden, entgangenen Gewinn oder ausgebliebene Einsparungen. Der typischerweise voraussehbare Schadensumfang übersteigt im Hinblick auf die Verwendungsmöglichkeiten der Karte in keinem Falle einen Betrag in Höhe des doppelten Verfügungsrahmens (Ziffer 4 Satz 1). Der vorstehende Ausschluss bzw. die vorstehende Begrenzung der Haftung der Bank gilt nicht für Schäden aus der Verletzung des Lebens, des Körpers oder der Gesundheit, die auf einer fahrlässigen Pflichtverletzung der Bank oder einer vorsätzlichen oder fahrlässigen Pflichtverletzung eines gesetzlichen Vertreters oder Erfüllungsgehilfen der Bank beruhen.

15. Zusatzkarten
Bei Ausgabe einer oder mehrerer Zusatzkarte(n) wird der Vertrag mit Haupt- und Zusatzkarteninhaber(n) gemeinsam und einheitlich abgeschlossen. Mit Unterzeichnung des Antrages auf eine Zusatzkarte erteilt der Antragsteller der Zusatzkarte dem Hauptkarteninhaber Vollmacht, das Vertragsverhältnis betreffende Erklärungen auch für sich abzugeben und entgegenzunehmen mit Ausnahme der Kündigungserklärung der Bank. Der Inhaber einer Zusatzkarte kann mit Wirkung für sich allein das Vertragsverhältnis jederzeit dadurch beenden, dass er mit seiner Kündigung die Zusatzkarte an die Bank zurückgibt. Für die Verbindlichkeiten aus gemeinsam beantragter Kreditkarte haften Antragsteller und Mitantragsteller (Zusatzkarteninhaber) als Gesamtschuldner, d. h., die Bank kann von jedem Antragsteller die Erfüllung sämtlicher Ansprüche fordern.

16. Eigentum und Gültigkeit
Die Karte bleibt im Eigentum der Bank. Sie ist nicht übertragbar. Mit der Aushändigung einer neuen Karte, spätestens aber nach Ablauf der Gültigkeit der Karte ist die Bank berechtigt, die alte Karte vom Karteninhaber zurückzuverlangen. Die Bank behält sich das Recht vor, auch während der Laufzeit einer Karte diese gegen eine neue auszutauschen; Kosten entstehen dem Karteninhaber dadurch nicht.

17.1 Kündigungsrecht des Karteninhabers
Der Kartenvertrag wird auf unbestimmte Zeit geschlossen. Der Karteninhaber kann den Kartenvertrag unter Einhaltung einer Kündigungsfrist von drei Monaten zum Ende eines jeden Beitragsjahres ordentlich kündigen. Das jeweilige Beitragsjahr umfasst einen Zeitraum von 12 Monaten und endet jeweils mit dem Monat eines jeden Jahres, der der Benennung des Monats entspricht (dieser Monat ist auf der Karte ausgewiesen), zu dem die Karte ihre Gültigkeit verliert. Für die Rechtzeitigkeit der Kündigung ist der Zugang der Kündigung maßgebend. Ist der Karteninhaber nach der Kündigung mit der Rückgabe der Karte im Verzug, so kann die Bank die jeweilige Karte sperren lassen. Erfolgt aufgrund einer Sperre der Einzug der Karte, so hat der Karteninhaber die dadurch entstehenden Kosten zu ersetzen.

17.2 Kündigungsrecht der Bank
Die Bank kann den Kartenvertrag unter Einhaltung einer Kündigungsfrist von drei Monaten zum Ende eines jeden Beitragsjahres (vgl. Ziffer 17.1) ordentlich kündigen. Die Bank wird den Kartenvertrag mit einer längeren Kündigungsfrist kündigen, wenn dies unter Berücksichtigung der berechtigten Belange des Karteninhabers geboten ist. Die Bank kann den Kartenvertrag fristlos kündigen, wenn ein wichtiger Grund vorliegt, durch den die Fortsetzung des Kartenvertrages auch unter angemessener Berücksichtigung der berechtigten Belange des Karteninhabers für die Bank unzumutbar ist. Ein solcher Grund liegt insbesondere vor, wenn

- der Karteninhaber unrichtige Angaben über seine Vermögenslage gemacht hat und die Bank hierauf die Entscheidung über den Abschluss des Kartenvertrages gestützt hat,
- eine wesentliche Verschlechterung der Vermögenslage des Karteninhabers eintritt oder einzutreten droht und dadurch die Erfüllung von Verbindlichkeiten aus dem Kartenvertrag gegenüber der Bank gefährdet ist oder
- der Karteninhaber trotz schriftlicher Abmahnung wiederholt Verfügungen mit der Karte vornimmt, die den eingeräumten Verfügungsrahmen übersteigen.

17.3 Vertragsende
Nach Vertragsende darf die Karte nicht mehr benutzt werden. Sie ist unverzüglich und unaufgefordert an die Bank zurückzugeben. Ein Zurückbehaltungsrecht an der Karte kann der Karteninhaber wegen etwaiger Forderungen gegenüber der Bank nicht geltend machen.

18. Einziehung und Sperre der Karte
Die Bank darf die Karte sperren und/oder deren Einzug veranlassen,

- wenn sie berechtigt ist, den Kartenvertrag aus wichtigem Grund zu kündigen,
- wenn die Karte abhanden gekommen ist,
- wenn die Nutzungsberechtigung der Karte durch Gültigkeitsablauf oder durch ordentliche Kündigung endet.

19. Änderungen oder Ergänzungen der Geschäftsbedingungen
Änderungen dieser Sonderbedingungen werden dem Karteninhaber schriftlich bekannt gegeben. Sie gelten als genehmigt, wenn der Karteninhaber nicht innerhalb von 4 Wochen ab Zugang der Änderungen hiergegen schriftlich Widerspruch erhebt. Auf diese Folge wird ihn die Bank bei der Bekanntgabe besonders hinweisen. Für die Rechtzeitigkeit des Widerspruchs genügt die rechtzeitige Absendung.

20. Schlussbestimmungen
Ist der Kreditkarteninhaber Kaufmann, ist Gerichtsstand für Streitigkeiten aus diesem Vertrag bzw. solche, die mit diesem Vertrag in Zusammenhang stehen, Stuttgart. Im Übrigen wird Stuttgart als Gerichtsstand vereinbart für den Fall, dass der Karteninhaber nach Abschluss des Kartenvertrages seinen Wohnsitz oder gewöhnlichen Aufenthaltsort ins Ausland verlegt oder diese im Zeitpunkt der Klageerhebung nicht bekannt sind. Für den Kartenvertrag gilt das Recht der Bundesrepublik Deutschland. Sollten Teile dieser Bestimmungen unwirksam sein, so bleiben die übrigen Bestimmungen davon unberührt.
Stand: 01.11.2002

SCHUFA-Klausel
Ich/Wir willige(n) ein, dass die DaimlerChrysler Bank AG der für meinen/unseren Wohnsitz zuständigen SCHUFA-Gesellschaft (Schutzgemeinschaft für allgemeine Kreditsicherung) Daten über die Beantragung, den Abschluss und die Beendigung dieses Kreditkartenvertrags und die Mithaftung als Gesamtschuldner übermittelt. Unabhängig davon wird die DaimlerChrysler Bank AG der SCHUFA auch Daten aufgrund nicht vertragsgemäßen Verhaltens (z. B. Forderungsbetrag nach Kündigung, Scheck- und Kreditkartenmissbrauch) übermitteln. Diese Meldungen dürfen nach dem Bundesdatenschutzgesetz nur erfolgen, soweit dies nach Abwägung aller betroffenen Interessen zulässig ist. Insoweit befreie ich die DaimlerChrysler Bank AG zugleich vom Bankgeheimnis. Die SCHUFA speichert und übermittelt die Daten an ihre Vertragspartner im europäischen Binnenmarkt, um diesen Informationen für die Beurteilung der Kreditwürdigkeit von natürlichen Personen zu geben. Vertragspartner der SCHUFA sind vor allem Kreditinstitute sowie Kreditkarten- und Leasinggesellschaften. Daneben erteilt die SCHUFA auch Auskünfte an Handels-, Telekommunikations- und sonstige Unternehmen, die Leistungen und Lieferungen gegen Kredit gewähren. Die SCHUFA stellt personenbezogene Daten nur zur Verfügung, wenn ein berechtigtes Interesse hieran im Einzelfall glaubhaft dargelegt wurde. Zur Schuldnerermittlung gibt die SCHUFA Adressdaten bekannt. Bei der Erteilung von Auskünften kann die SCHUFA ihren Vertragspartnern ergänzend einen aus ihrem Datenbestand errechneten Wahrscheinlichkeitswert zur Beurteilung des Kreditrisikos mitteilen (Score-Verfahren). Ich/Wir willige(n) ein, dass im Falle eines Wohnsitzwechsels die Daten an die dann zuständige SCHUFA übermittelt werden. Ich/Wir kann/können Auskunft bei der SCHUFA über die mich/uns betreffenden gespeicherten Daten erhalten. Die Adresse der für mich zuständigen SCHUFA wird mir zusammen mit der Übersendung meiner Karte bekannt gegeben. Weitere Informationen über das SCHUFA-Auskunfts- und -Score-Verfahren enthält ein Merkblatt, das auf Wunsch zur Verfügung gestellt wird.

Ein Unternehmen der DaimlerChrysler Services AG

DaimlerChrysler Bank AG, Sitz der Gesellschaft: Stuttgart
Registergericht Stuttgart HRB 22 937, Ust.-ID-Nr.: DE 811 120 989, Steuer-Nr.: 2899011/20202
DaimlerChrysler Bank AG, Stuttgart, BLZ 600 300 00
Vorsitzender des Aufsichtsrates: Dr. Klaus Mangold
Vorstand: Dr. Roland Folz (Vorsitzender), Gregor Pottmeyer, Franz Reiner

DaimlerChrysler Bank AG
Kundenservice
66090 Saarbrücken
www.daimlerchrysler-bank.com

Nach Chelsea zum GALLERY HOPPING

Die meisten Galerien in Chelsea liegen zwischen der 20th und 26th Street und der Tenth und Eleventh Avenue. Fast immer werden die Ausstellungen donnerstags, freitags oder samstags eröffnet

Wer sich von den Skulpturen Ian Dawsons inspieren lassen will, muss dafür kein Geld ausgeben. Die James Cohan Gallery – dort ist das Werk zu sehen – nimmt keinen Eintritt, ebensowenig tun dies die anderen Top-Galerien in Chelsea. Da die meisten von ihnen dicht beieinander liegen, erfährt man rasch, was in der Kunst derzeit angesagt ist. Bei Vernissagen sogar noch mit einem Glas Wein in der Hand.

Weitere kostenlose Erlebnisse

9 Alles über Bier und Braukunst erfährt man bei einer Führung durch die Brooklyn Brewery – Probe inklusive. 79 North 11th Street, Williamsburg, Samstag 12–17 Uhr

10 Kommende Musik- und Leinwandstars bewundert man in Aufführungen der Juilliard School. 60 Lincoln Center Plaza, Info: 212-769-7406

11 Ebenfalls eine Chance, viel versprechende Kinogrößen zu erleben, bietet die American Academy of Dramatic Arts. Ab 15. September bis Februar, 120 Madison Avenue, 212-686-9244

12 Jeden zweiten oder dritten Abend wird im Sommer auf der Central Park Summerstage gute Musik geboten. Alle Stilrichtungen, viele bekannte Namen. Rumsey Playfield, Höhe 72th Street

13 Ein Muss für jeden New-York-Besucher: „Village Voice", *das* Stadtmagazin mit allen Terminen – und guten Beiträgen. In roten Standkisten an vielen Straßenecken

14 Zur „Late Show" von David Letterman? Für Standby-Tickets am Tag der Show um 11 Uhr 212-247-6497 anrufen. Ed Sullivan Theater, 1697 Broadway, Aufzeichnungen montags bis donnerstags um 17.30 Uhr

15 Sehr gut gegen Heimweh: in der Bibliothek des Goethe-Instituts in deutschen Zeitungen zu stöbern. 1014 Fifth Avenue; Dienstag, Donnerstag 12–19 Uhr, Mittwoch, Freitag, Samstag 12–17 Uhr

DEPT. OF TRANSPORTATION
Share Moments. Share Life.™
Kodak
Prudential
HSBC
SAMSUNG DIGIT
SAMSUNG
RETHINK
REMIX
REFRESH
REFRESH
LG
FORENSIC FILES
REMEMBER YOUR
FIRST TIME...
MARQUIS
BEST MUSICAL
WAIT
FOR
WALK
SIGNAL
New

15 Sekunden lang
BERÜHMT SEIN

In der Zukunft werde jeder einmal für 15 Minuten berühmt sein, sagte der Popkünstler Andy Warhol voraus. Am Times Square ist die Prophezeiung Wirklichkeit geworden: Auf einer zentralen Werbetafel (Gebäudeturm Mitte, zweite Tafel von oben) kann jeder groß rauskommen – allerdings nur für 15 Sekunden. Man muss sich lediglich im HSBC-Kiosk im Times Square Visitors Center fotografieren lassen, kurz darauf flimmert das Gesicht über die Wand.

Das **Times Square Visitors Center** *befindet sich im Gebäude 1560 Broadway zwischen der 46th und 47th Street. Das Porträt, eingebunden in einen Zeichentrickfilm, wird etwa fünf Minuten nach der Aufnahme gezeigt*

Reminiszenz an Empire und Rokoko: Familie Dunoyer hat ihr 1890 errichtetes Stadthaus in Harlem mit antikem Mobiliar aus Europa ausgestattet

Schöner werden, schwarz bleiben?

TEXT: CHRISTOPH KUCKLICK

Harlem, das Herz des »schwarzen Amerika«, vor kurzem noch von Armut und Gewalt zernagt, ist ein begehrter Wohnort geworden – auch für Weiße. Die alten Einwohner sind uneins, was sie davon halten sollen

Als sie „Smalls Paradise" zerlegten, um hinter der Fassade ein Pfannkuchen-Restaurant und eine Schule zu errichten, patrouillierte Michael Henry Adams vor dem Baugzaun auf und ab. Er verteilte Flugblätter und brüllte immer wieder „Rettet das Paradise" und „Bewahrt Harlem vor den Pfannkuchen". Sein kräftiger Bariton strich über die Straße und erreichte die wenigen Passanten, aber ändern ließ sich nichts mehr: Adams' einsamer Protest war ein Nachruf.

Das Paradise war nicht irgendein Nachtclub, sondern einer der wichtigsten Harlems, hier hatten alle großen Jazzmusiker gespielt, Jimmy Smith, Billie Holiday, John Coltrane. Zudem war der Club der Einzige, der einem Schwarzen gehörte und in dem weiße Besucher trotzdem willkommen waren. Außerdem steckte er in einer großartigen Art-déco-Hülle, in silbrigem Muscheldesign und mit einem gigantischen Neonbaldachin über dem Eingang. Und jetzt: *pancakes*, Pfannkuchen.

Michael Adams zupft am Fellkragen seines Mantels und rückt den Bowlerhut zurecht, ohne den er in der kalten Jahreszeit das Haus nicht verlässt und den er im Sommer gegen einen Strohhut tauscht. „Kultureller Genozid", zischt der 34-Jährige angesichts des zerstörten Nachtclubs, während sein Gehstock mit dem silbernen Griff bedrohlich schwingt: „Als würde Harlem von den Taliban regiert."

Natürlich ist das ein haltloser Vorwurf, das weiß der exzentrische Historiker und Denkmalschützer. Die harten Worte braucht er, um sein Dilemma zu verbergen: Eigentlich begrüßt er nämlich, was in Harlem passiert. Das Viertel am nördlichen Ende von Manhattan erlebt den mächtigsten Aufschwung seit mehr als 60 Jahren. Vielerorten steigt der Geruch von Mörtel in die Luft, es wird renoviert und gebaut und eben auch abgerissen. Einer muss vor zu viel Eifer warnen, sagt Adams zwar, „aber natürlich freue ich mich über die Wiederbelebung".

Mehr als ein Jahrzehnt lang war die so genannte *gentrification* Harlems, die Stadtteil-Veredelung, angekündigt worden; Mitte der 1990er begann sie zaghaft, jetzt ist sie in vollem Schwung. Nahezu im Monatstakt eröffnen neue Cafés, Nachtclubs, Kunstgalerien und Restaurants, darunter ein erstes Gourmet-Lokal namens „Jimmy's Uptown", das einer vorwiegend schwarzen, wohlhabenden Klientel nun Abendmenus für weit mehr als 100 Dollar serviert. Auf der 125th Street, der Zentraltangente Harlems, verschwinden die letzten ausgebrannten Hausruinen; sogar ein Kino gibt es nun, auch wenn das nicht viel ist für ein Viertel, das mit 340 000 Menschen größer ist als viele Städte.

An der Lenox Avenue hat im Sommer 2003 das – ebenfalls neu eröffnete – italienische Café „Settepani" Stühle und Sonnenschirme auf den breiten Gehsteig gestellt, was die Nachbarn staunend begrüßten: das erste Straßencafé Harlems seit Menschengedenken. Auch sonst registrieren die Harlemites Wundersames. Die schwere Kriminalität ist in den vergangenen zehn Jahren um rund 70 Prozent gesunken, was bedeutet: Man kann sogar nachts nahezu gefahrlos durch die Straßen wandern. Die Müllabfuhr funktioniert wieder, fährt zuweilen zweimal am Tag, auch Strom und Wasser fließen regelmäßig. Und es ziehen wieder Neubürger aller Hautfarben ins Viertel, der Bevölkerungsschwund ist gestoppt.

Auch das übrige New York staunt: Wie konnte man nur so lange das Viertel nördlich von Manhattans 110th Street übersehen, das doch als das schönste und liebenswerteste gelten kann. Wo der Himmel noch nicht von Wolkenkratzern verstellt ist, wo die Hektik Rest-Manhattans fehlt und wo sich an der Rush-Hour so wenige Autofahrer beteiligen, dass sie nicht weiter auffällt.

In langen Reihen schmiegen sich *brownstones* aneinander, Gebäude aus brau- ›

Die neue Attraktivität Harlems rührt an den Kern der afroamerikanischen Identität

nem Sandstein, mehrstöckig und mit steilen Treppen davor, auf denen sich die heißen Sommer vertrödeln lassen. Im Norden des Viertels steht die letzte Villa im Kolonialstil Manhattans, das Morris-Jumel Mansion von 1765, weiter südlich erstrecken sich holzverblendete Reihenhäuser an kleinen Gassen mit Kopfsteinpflaster wie in einem holländischen Dorf. An der St. Nicholas Avenue wiederum pompöse Gründerzeit: herrschaftliche Apartmentkomplexe mit Stuckgirlanden und Rundbögen.

Ihr Überleben hat diese Schönheit ausgerechnet dem Verfall Harlems in den 1970er und 80er Jahren zu verdanken: Weiter südlich, im Herzen Manhattans, hätten solche Architektur-Juwelen längst profitablen Bürobauten weichen müssen, hier oben verfielen die Immobilienpreise derart, dass kein Investor sich für die Elendszone erwärmen konnte. Heute kosten manche *townhouses* bereits über zwei Millionen Dollar, vor 30 Jahren waren sie noch für 10 000 zu haben. Schon plant ein Unternehmer ein 38-stöckiges Wohnhaus an der Lenox Avenue. Und nicht nur Adams fragt sich: Verliert Harlem im Strudel der Erneuerung sein Flair?

Es geht um weit mehr als Architektur. Eine Stadtteil-Veredelung erzeugt überall soziale Spannungen: Die Mieten steigen, alteingesessene Geschäfte werden verdrängt, Fremde strömen herbei. Doch in Harlem wirkt alles noch viel brisanter. Denn hier rührt die *gentrification* an Grundsätzliches: an den Kern der afroamerikanischen Identität.

Denn was das „schwarze Amerika" ist, wurde stets in Harlem definiert. Das war so während der goldenen Tage der „Harlem Renaissance" in den 1920er Jahren, als schwarze Literaten, Maler und Intellektuelle hier ein neues afroamerikanisches Selbstbewusstsein vorlebten; das war so, als in den 1960er Jahren die Black-Panther-Bewegung die Befreiung der Schwarzen ausrief; und das war auch so in den düsteren Jahrzehnten des Verfalls. „Ganz gleich, wo du herkommst", heißt es bei dem Stadtethnologen John Jackson, der die *black culture* erforscht hat, „wenn du ein Schwarzer bist, dann ist Harlem deine Heimat."

Markiert das Revier: ein Gemälde, aufgesprüht an die Jackie Robinson Schule in East Harlem

Wie diese Heimat in Zukunft aussehen soll, darum wird nun energisch gestritten: Soll Harlem eine mehrheitlich schwarze *community* bleiben oder Zuwanderer auch aus anderen Ethnien begrüßen? Soll es sich zum Mittelklasse-Viertel wandeln oder weiterhin das Reservat der Armen und Ausgestoßenen sein? Was überhaupt *ist* heute ein schwarzes Viertel, worin soll es sich unterscheiden außer in der Hautfarbe?

Naturgemäß gibt es auf grundsätzliche Fragen dieser Art keine eindeutigen Antworten. So ist schon umstritten, welcher Teil des Viertels als das echte Harlem gelten kann. Denn schwarz ist der Stadtteil nur noch in seinem Kern: in Central Harlem von 110th bis 155th Street und zwischen Amsterdam und Fifth Avenue. Dort bezeichnen sich 80 Prozent der Bewohner als *African American*.

Den Osten und Westen haben Zuwanderer aus Lateinamerika längst in ein Spanish Harlem verwandelt, das immer weiter wächst; schließlich sind die Latinos seit dem Jahre 2002 die größte Minderheit der USA, nicht mehr die Afroamerikaner. Umso drängender sei es, meint Michael Adams, wenigstens das schwarze Herz Harlems zu bewahren.

Doch Adams hat es schwer. Denn der mächtigste Mann des Viertels, Dr. Calvin O. Butts III., Pastor der Abyssinian Baptist Church und im Gespräch als künftiger Bürgermeister New Yorks, will, dass die Hautfarbe in Harlem keine Rolle mehr spielt: „Ich habe es satt", intoniert der Prediger mit dröhnender Stimme, „dass Central Harlem dieser merkwürdige Ort ist, bei dessen Nennung jeder vor Angst zittert, nur weil hier noch die Schwarzen in der Mehrheit sind."

Er möchte, dass sich das Viertel nicht mehr vom Rest der Stadt unterscheidet: „Wir wollen die gleichen Chancen, die gleichen Shops, den gleichen Straßenverkehr, die gleichen Leute wie überall sonst

1 Auch Disney ist inzwischen in der 125th Street vertreten, der zentralen Flanierstrecke des Stadtviertels. 2 Vor allem in den Grünanlagen ist der schnelle Puls von Harlem zu vernehmen.
3 Ruhe vor der Jamsession: die »Lenox Lounge«, eines der berühmtesten Jazzcafés New Yorks. 4 Nur eine Lücke bleibt noch: renovierte Häuser an der Edgecombe Avenue

auch. Deshalb können wir uns nicht als schwarze Gemeinde abkoppeln. Jeder ist in Harlem willkommen, ganz gleich welcher Herkunft." Auch wenn das zur Auflösung der schwarzen Identität führte? „Das wird nicht passieren", meint Butts knapp.

Der begnadete Redner steht der wohl größten und reichsten Gemeinde unter den 400 Kirchen Harlems vor, und er hat das Viertel quasi im Alleingang umgedreht: „Meine Kirche hat einen enormen Einfluss auf die Entwicklung Harlems genommen", sagt er mit raffinierter Bescheidenheit. Denn natürlich hat weniger „seine Kirche", sondern er selbst diesen Einfluss ausgeübt.

Butts hat die erste Filiale einer Supermarktkette nach Harlem gebracht, indem er in jahrelangen Verhandlungen den Konzern dazu überredete, er hat für das erste lokale Einkaufscenter – „Harlem USA" – gesorgt, er hat seine Kirche mehr als 100 Millionen Dollar investieren und 800 Arbeitsplätze schaffen lassen – und er hat „Smalls Paradise" beseitigt, den legendären Nachtclub. Die Schule und, ja, sogar das Pfannkuchen-Restaurant waren ihm wichtiger: „Das ist etwas für Familien, das brauchen wir hier".

Seine Version von Harlem inszeniert Butts sonntagmorgens effektvoll in seinem Gotteshaus. Der Gospelchor jubiliert in schwierigen polyphonen Arrangements, die nichts mehr mit den gemütlichen *traditionals* aus der Sklavenära zu tun haben, und die Gemeinde wartet in Anzug und ›

Dinnerkleid, wenn Butts ans Rednerpult tritt, um eine seiner ebenso amüsanten wie beißenden Predigten zu halten.

Nie vergisst er, seine eigene Biografie einzufädeln in die Ansprachen, und seien die Episoden auch so trügerisch belanglos wie an diesem Sonntagmorgen, eine Episode aus Butts' Studienzeit in Georgia, als er nur ein Hemd besaß und es jeden Abend waschen musste, um am nächsten Tag proper gekleidet zur Arbeit erscheinen zu können – „aber ich habe es getan, jeden Abend"! Und die Botschaft lautet: Ihr könnt das auch. Wer früher nur ein Hemd sein eigen nannte, kann heute Harlem regieren und wie Butts eine schwarze Robe tragen, die von Streifen geziert wird wie die Uniform eines Generals: „Lasst euch niemals von den Umständen niederdrücken, niemals! Amen."

„Amen", antwortet die Gemeinde, die überwiegend aus wohlhabenderen Harlemites besteht, und dankt mit Seufzern, denn in Butts sieht sie sich selbst: erfolgreich, selbstbewusst bis zur Arroganz, und so entspannt im Umgang mit der Macht, als hätte es ihr nie daran gemangelt.

Butts hat auch beim größten Coup für das Viertel mitgeholfen. Vor zwei Jahren konnten er und andere Mitglieder der Elite Harlems den Ex-Präsidenten Clinton überreden, nicht ein Büro in Midtown Manhattan zu beziehen, sondern ein viel günstigeres an der 125th Street. Seither fahren schwarze Limousinen mit verdunkelten Fenstern durch die Straßen, und der Jazzfan Clinton, den manche als den schwärzesten aller weißen Präsidenten bezeichnet haben, steigt zuweilen vor dem hässlichen Büroklotz mit der Hausnummer 55 aus, schüttelt ein paar Hände und verschwindet in der Lobby.

Ansonsten lässt sich nicht sagen, dass Clinton in Harlem sichtbar wäre, sieht man einmal von jenen meist überbelichteten Fotos in Schaufenstern ab, die ihn mit roten Augen und den jeweiligen Shop-Besitzern

Gepflegte Gehwege, viele Bäume, gutbürgerliche Fassaden: Kein Wunder, dass Striver's Row zu den begehrtesten Adressen wohlhabender Harlemites gehört

zeigen. Gleichwohl wirkt seine Präsenz in das Viertel hinein und weit darüber hinaus. Denn zum einen nimmt, spätestens seit Clinton hier residiert, alle Welt das Viertel wieder als als sicheren, bewohnbaren Ort wahr, was die Harlemites mit erheblichem Stolz erfüllt. Zum anderen sind die Mieten rund um Clintons Büro seit dessen Einzug um 300 Prozent nach oben geschossen, was einige Geschäftsinhaber zur Aufgabe zwang und alteingesessene Einwohner mit erheblicher Sorge erfüllt.

Viele argwöhnen, die Weißen würden das Viertel übernehmen, jetzt, da es wieder schick ist, in Harlem zu wohnen. Butts teilt diese Befürchtung nicht, schließlich gebe es inzwischen ausreichend viele Mittelklasse-Schwarze, die sich die gestiegenen Mieten leisten könnten.

Ganz unten aber, da grassiert die Angst, denn Harlem ist noch immer bettelarm. Für viele Bewohner ist das neue, schöne Harlem so bedrohlich, dass sie sich bereits das alte, kaputte zurückwünschen. Etwa an der 129th Street.

Diese Straße war das Abbild all dessen, was in Harlem schief gelaufen war. Noch vor zehn Jahren galt der Block zwischen der Fifth und der Lenox Avenue als der übelste der ganzen Stadt: „Das andere Amerika“, schrieb die „New York Times“, ein exterritoriales Gebiet, in das sich die Polizeibeamten nur mit doppelter Verstärkung hineinwagten und wo die Häuser so aussahen wie manche ihrer Bewohner: hohlwangig, ausgebrannt, von Crack und Armut zerstört.

Jetzt ist der Block ein freundlicher Ort. Die Fassaden der Häuser strahlen in hellem Stein, an denen sich Feuerleitern hochranken. Es finden sich weder Graffitis noch Gangs, stattdessen hat eine Kunstgalerie eröffnet, und bald soll auch das erste Restaurant in den Block ziehen. Sogar einen Garten gibt es nun, mit spärlichen Blumen und einem Eisenzaun drumherum.

Das Wunder an der 129th Street wird einem Mann zugeschrieben, Gregory Pascal. Was Butts im Großen schafft, versucht Pascal im Kleinen: „Ich entwerfe ganz bewusst eine neue Nachbarschaft, ein neues Harlem.“ Damit steht er nicht allein. Viele „Bauunternehmer“ in Harlem argumentieren ähnlich, und das hängt damit zusammen, dass sie sich nicht in erster Linie als Geschäftsleute verstehen.

Sucht Verbündete: Michael Adams (re.) kämpft für die Traditionen Harlems

Nicht wenige fürchten, das »schwarze Viertel« werde ganz normal

Der 59-jährige Pascal war Sozialarbeiter in der Bronx, bevor er die Apartmenthäuser in der 129th Street kaufen konnte. Die Stadt überließ ihm die riesigen, fünfstöckigen Gebäude für einen Dollar pro Stück, froh, sie überhaupt loszuwerden. Allerdings mit der Auflage: keine Spekulation, Renovierung der Häuser, den Mietern darf nicht gekündigt werden.

Es war ein Akt der Verzweiflung. Seit den 1940er Jahren hatte die Politik Harlem kaputt geschützt. Angesichts der Armut wurden die Mieten fast überall eingefroren. So kosteten Sechs-Zimmer-Apartments in den 1980er Jahren kaum mehr als zum Ende des Zweiten Weltkrieges, zuweilen nur 75 Dollar pro Monat. Da blieb kein Geld für Instandhaltung übrig, die Häuser zerbröselten, und irgendwann gaben die meisten Eigentümer auf. Die Stadt war gezwungen, die Ruinen zu übernehmen, bis sie fast 70 Prozent aller Wohnungen in Harlem besaß. Aber nicht das Geld, um sie zu renovieren.

Also holten sie Leute wie Gregory Pascal, dem sie sowohl die wirtschaftliche Kompetenz als auch das soziale Gespür zubilligten, das schwierige Geschäft in Harlem zu meistern.

Pascal baute von Grund auf um. Das fing beim Schnitt der Wohnungen an. Die waren in der 129th Street eng und verschachtelt, um möglichst viele Leute unterzubringen und die Mieteinnahmen hochzutreiben. Pascal ließ Wände heraus- ›

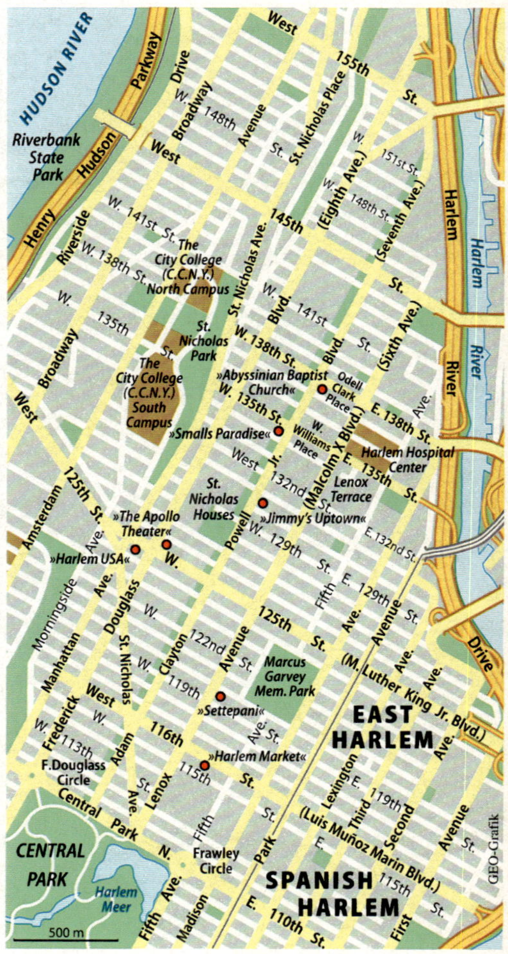

reißen, offene Küchen einbauen, „damit die Eltern eine bessere Kontrolle über ihre Kinder haben" – auch wenn dadurch seine Mieteinnahmen sanken.

Zudem untersagte er den Handwerkern, jene Farben zu verwenden, die hungrige Kinder gern von den Wänden kratzen, weil sie so süß schmecken; doch weil sie Blei enthalten, leiden viele Jugendliche in Harlem unter Vergiftungen. Pascal bot sogar Kurse für seine Mieter an, damit sie lernen, wie man den Haushalt führt, weshalb Lüften wichtig ist, wie man seine Rechte gegenüber Behörden vertritt.

Vor allem aber entscheidet der Hausmanager über neue Mieter. Das ist die Kür. In der Ecke seines Büros steht ein Umzugskarton mit 5000 Bewerbungen. Für 200 freie Wohnungen. 75 Prozent der Mieter, so die städtische Auflage, müssen Sozialhilfeempfänger sein und erhalten Wohngeld, die restlichen 25 Prozent zahlen marktübliche Preise. Beide Gruppen wählt Pascal sorgfältig aus, um das „Ghetto" aufzubrechen: „Wir Schwarzen dürfen uns nicht abkapseln". Deswegen rekrutiert er Japaner, Franzosen, Südamerikaner, Vietnamesen, Afrikaner: „Es gibt keine Diskriminierung von Weißen und Asiaten, das bringt gar nichts. Harlem muss multiethnisch werden."

Wichtiger als Hautfarbe sind ihm bei den Mietern: Berufstätigkeit, Erfolg. Er wünscht Leute, die teure Autos fahren und sich große Fernsehgeräte anschaffen. „Dann werden die anderen neidisch und strengen sich ebenfalls an."

So gelangte auch Michel Tournadre in die 129th Street. Der 56-jährige Franzose gehört zu jenen, mit denen Gregory Pascal die Nachbarschaft stabilisieren will. Schwarze Freunde hatten Tournadre, Tourismus-Manager, Kunstsammler und Kettenraucher, energisch davor gewarnt, in die Gegend zu ziehen. Doch der konnte nirgendwo anders in New York drei geräumige Zimmer für kaum 1000 Dollar pro Monat mieten. Zu Beginn, erzählt der Franzose, sei das Misstrauen gegen den *white guy* groß gewesen, ein halbes Jahr lang habe ihn fast niemand gegrüßt. Dann wussten die Nachbarn, dass nicht er die Polizei ruft, wenn nachts auf der Straße wieder eine Party läuft.

Und das gemeinschaftliche Misstrauen habe auch sein Gutes, meint Tournadre, es zeige, wie eng die Gemeinschaft geknüpft ist: „Hier kümmert sich die Nachbarschaft noch darum, wer ein- und auszieht, nicht wie in Downtown, wo das niemanden interessiert."

Shurland Jordan sieht es anders. Er spricht für viele hier, die befürchten, dass die *gentrification* ihnen die Heimat raubt. Die Gegenstimme zum optimistischen Programm von Butts und Pascal.

Für Jordan ist die *community* längst zerrüttet. „Ich hätte nichts dagegen, wenn man den ganzen Block wieder aufmischen würde. War einfach besser früher." Damals in seiner Kindheit, in den Tagen der großen Freiheit, als die Drogengangs den Block beherrschten. „Uns Kindern haben die nie etwas getan. Wenn es eine Schießerei gab, dann kam vorher ein Dealer auf die Straße und hat uns verscheucht."

Auch heute noch lungert Jordan, inzwischen 28 Jahre, verheiratet, zwei Kinder, mitunter auf der 129th Street herum. Doch sie ist ihm heute zu aufgeräumt, zu *clean*. „Jetzt dürfen wir noch nicht einmal mehr auf den Treppenstufen sitzen", beklagt sich der Arbeitslose, „und wenn wir eine Party feiern, dann rufen die Weißen gleich die Polizei." Früher sei die nicht mal gekommen, wenn ein Toter auf dem Pflaster gelegen habe, jetzt gebe es sogar eine Einheit, die sich ausschließlich um so etwas Absurdes wie *noise pollution* kümmere, Lärmbelästigung. „Erzähl mir nichts, aber das ist der Unterschied zwischen Weiß und Schwarz. Meine Heimat ist das nicht mehr."

Schwarz gegen Weiß. So haben die meisten Harlemites bislang den Rassenkonflikt gedeutet. Gegen die kulturelle Übermacht des weißen Amerika haben sie ein mythisches, großartiges Afrika beschworen, ihr Ursprungsland, aus dem die Ahnen verschleppt worden sind.

Unzählige Geschäfte offerieren so genannte Kente-Kleider im Afro-Look, die

Neuer Nachbar mit Signalwirkung: Ex-Präsident Bill Clinton verlagerte 2001 sein Büro nach Harlem

fliegenden Buchhändler auf der 125th Street stapeln Titel wie „Große Farbige Führer", mit Kapiteln über Martin Luther King, Ramses, Hannibal, Nelson Mandela, sowie Werke über „die spirituelle Wirkung" der schwarzen Haut, und natürlich heißt eine zentrale Straßenkreuzung in Harlem African Square.

Nicht einmal Geldautomaten werden von der Rassenfrage ausgespart. So hat die Carver Bank an der Lenox Avenue beim Umbau die Schalterhalle neu gestaltet, um „unser afrikanisches Erbe" auszudrücken. Herausgekommen ist ein Dekor, das an Büffelköpfe erinnern soll: „Wenn ich die sehe", sagt der Architekt, „dann fühle ich mich als Teil einer Herde."

Doch das mythische Afrika, einer der Grundpfeiler der afroamerikanischen Identität, hat viel von seiner Kraft verloren, seit die ersten „echten" Afrikaner ins Viertel gezogen sind. Denn plötzlich haben sich Gräben auch zwischen den Schwarzen geöffnet, genauer: zwischen den alteingesessenen Harlemites und den schwarzen Neubürgern.

Im Süden Harlems, entlang der 116th Street, schaffen sich seit mehr als zehn Jahren Einwanderer aus Senegal, Mali, Nigeria und der Elfenbeinküste ein neues Zuhause. Bereits ein Drittel der schwarzen Bevölkerung New Yorks wurde außerhalb der USA geboren, die 116th Street wird „Little Senegal" genannt.

Es ist Freitagmittag. Der Muezzin ruft, Gebetszeit. Vor der Masjid Salam, der Friedensmoschee, parken gelbe Taxis in Doppelreihe; die Afrikaner drängen derzeit ins das Taxi-Geschäft von New York, das noch Inder und Pakistaner dominieren. Das Gotteshaus erstreckt sich über ein entkerntes, grün gestrichenes Stockwerk, und ist viel zu klein für die schnell wachsende Gemeinde: „C'est full", sagt einer in schwerem *Frenglish*.

Also legen Gläubige ihre Gebetsteppiche auf den Gehweg, um darauf niederzuknien, wenn auch nicht Richtung Mekka, dann würden sie die Straße blockieren, sondern Richtung Spanish Harlem. *Allahu akbar* – Gott ist groß.

Schon George Washington schlief hier: das Morris-Jumel Mansion von 1765 an Harlems Nordgrenze

„Die Afroamerikaner fühlen sich nicht wohl mit uns", sagt Radji Youchaou aus Benin. Unter seinem olivfarbenen Trenchcoat trägt er eine hellblaue Dschalabija, das traditionelle Langgewand. Der 37-Jährige ist eigens aufgestanden für das Mittagsgebet, danach wird er wieder schlafen bis zu seiner Nachtschicht: Er fährt 72, zuweilen 80 Stunden lang Taxi in der Woche.

Andere Afrikaner gründen Export- und Import-Firmen, eröffnen Läden, starten Baufirmen – die typischen Einwanderer-Branchen. „Die schwarzen Amerikaner neiden unseren Erfolg. Sie halten sich für die besseren Afrikaner", schimpft Youchaou. Geschäftserfolg ist in der Tat ein heikles Thema, denn lange lebte Harlem mit dem Glauben, Aufschwung werde allein durch den Rassismus der Weißen blockiert. Und jetzt kommen Schwarze und erklären: „Verglichen mit den Chancen in Afrika ist Harlem ein Paradies. Wo ist hier die Benachteiligung?"

Auch deshalb gab es Streit in der Straße um den „Harlem Market", einer Art permanentem Flohmarkt für Kleinhändler. Afroamerikaner und Afrikaner warfen sich gegenseitig vor, die jeweils andere Gruppe hinauszudrängen, seither redet man nicht mehr miteinander. Und inzwischen gibt es eine Moschee für schwarze Amerikaner und eine andere für Afrikaner. „Wir können nicht miteinander leben, die kulturellen Unterschiede zwischen uns sind einfach zu groß", erklärt Youchaou – Sprache, Gepflogenheiten, Esskultur, „die Philosophie des Lebens".

Damit bringt Youchaou auch das Dilemma von Harlem auf den Punkt. In diesem Stadtteil, dem Herzen des schwarzen Amerika, weiß im Strudel der Erneuerung niemand, was werden wird, weil sich einfach zu große Unterschiede herausbilden: von Arm und Reich, von Alt und Neu, von Schwarz und Weiß und Schwarz und Schwarz. Die Seele Harlems schwanke, sagt eine Alteingesessene, sie schwanke zwischen *„promise and paranoia"*. Zwischen Verheißung und Verfolgungswahn. ■

GEO-Redakteur **Christoph Kucklick**, 39, hatte 1999 das letzte GEO Special „New York" redaktionell betreut und dafür auch in Harlem recherchiert. Schon damals zeichneten sich die Interessengegensätze innerhalb des Viertels ab, umso mehr reizte es ihn nun, sie freizulegen.

SAFARI ZU

Hobby-Forscher erkunden die

DEN WEISSEN

Unterwelt New Yorks, in der sich Kabel,

FLECKEN

Schächte und Mythen verknäulen

DER STADT

TEXT: VERENA LUEKEN

Als im Frühsommer 2002 die Bergungsarbeiten auf Ground Zero abgeschlossen waren, die Bauarbeiten für ein neues Zug- und U-Bahn-Drehkreuz aber noch nicht begonnen hatten, lag die Grube, aus der einst die Zwillingstürme ragten, in einer Tiefe von etwa sechs Stockwerken vollkommen ausgeräumt vor Augen. Für ein paar Tage konnten die New Yorker ins zentrale Nervensystem ihrer Stadt schauen. Aus den Betonwänden streckten sich abgebrochene Stahlgestänge ins Freie, daneben quollen mannsdicke Kabelknäuel aus den Wänden. Von den eingestürzten Tunneln der Untergrundbahn waren ein paar Schienenstränge geblieben, und Löcher in den Grubenwänden zeigten an, wo einst Rohre mit einem Durchmesser von mehreren Metern die Wasserversorgung garantierten.

Auch Dächer verfallener Gebäude, hier im Meatpacking District, sind Ziele der Expeditionen

Es war ein seltener Blick in die Eingeweide New Yorks, in das Labyrinth, das unterhalb des Asphalts die Versorgung der Stadt und den Transport von Menschen regelt. Breitbandkabel lagen neben 100 Jahre alten Stromleitungen, Fiberglasrohre über rostigen Schienen, Gas- und Dampfleitungen unmittelbar oberhalb von Abflussrohren; alles ein Drunter und Drüber aus alt und neu, funktionslos und aktiv.

Der Blick auf Ground Zero offenbarte die Größe des unterirdischen New York – einer Parallelstadt, zu der auch Orte gehören, die kaum jemand kennt. Verlassene U-Bahn-Stationen etwa, in denen prächtige Mosaiken die Wände zieren, so in einer Haltestelle unter dem Rathaus, die heute noch besichtigen kann, wer den Zug Nummer 6 an der Endstation nicht verlässt, sondern die Wendeschleife mitmacht. Oder der Geheimgang unterhalb des Grand Central Terminal, der das Hotel „Waldorf-Astoria" direkt mit dem Bahnhof verbindet und einst Franklin D. Roosevelt regelmäßig zur unauffälligen Zugbesteigung verholfen haben soll. Die „Mole People", Obdachlose, haben wiederum einen Tunnel unter dem Riverside Park in eine veritable Kleinstadt verwandelt, mit Küchen in den Wartungskammern und Hütten neben den Gleisen.

So unübersichtlich ist der Untergrund New Yorks, so unbekannt und jeder Kontrolle entzogen, dass sich nicht nur ungezählte Legenden um die verborgene Welt spinnen, sondern auch immer wieder Einzelne oder Gruppen verlockt werden, auf Entdeckungsreise zu gehen. Eine dieser Gruppen sind die „Urban Explorers". In Anzug und Cocktailkleid, ihre Augen stets hinter Sonnenbrillen verborgen, versuchen sie an Plätze zu gelangen, die „off limits" liegen, anschließend berichten sie darüber in ihrem Magazin „Jinx" und in Büchern.

Sie sind die Dandys einer Bewegung, die von herkömmlichen Archäologen vor allem eines unterscheidet: Ihre Leidenschaft gilt Gebieten, die sie als *last frontiers* bezeichnen, Grenzbereiche der Zivilisation an den Rändern der Metropole: aufgelassene Leitungssysteme der Wasserversorgung ebenso wie die Brückenaufhängungen und die Dächer der Wolkenkratzer. Sie steigen aus den gewundenen Innereien der Tunnel hinauf durch verlassene Gebäude bis zu den höchsten Außenposten New Yorks – und erreichen so, nach eigenem Bekunden, gleichsam von der Hölle (des Untergrunds) aus über das Purgatorium (verlassene Seuchenstationen und Hospitäler) das Paradies hoch über der Stadt.

Solche Expeditionen gelingen nicht immer, so scheiterte beispielsweise die erste „Begehung" des Croton Aqueduct in der Bronx. Ein Team von neun „Forschern" hatte sich nachts auf den Weg gemacht, um die erste zuverlässige Wasserleitung New Yorks auszukundschaften. Diese war 1842 eingeweiht worden und belieferte die Stadt mit Trinkwasser über eine 65 Kilometer lange Strecke, vom Croton-Stausee im Hinterland New Yorks bis zu einem großen Reservoir zwischen der 79th und 86th Street auf dem Gelände des späteren Central Park. Etwa auf halbem Weg zwischen Manhattan und der Bronx kehrte die Expedition um – das Wasser wurde zu tief, und die Fledermäuse, die auf sie herabstießen, förderten nicht ihr Vertrauen in die Situation.

Längst vergessene Tunnel

In den ersten Septembertagen 2001 schwangen die Urban Explorers auf dem höchsten Punkt der Queensboro Bridge die Flagge von „Jinx". Eine Übung, die sie wenige Tage später auf der George Washington Bridge wiederholten. Nach dem 11. September verordnete sich die Gruppe allerdings eine Pause. Angesichts der verstärkten Sicherheitsvorkehrungen erschien ihr das Risiko, einen Großalarm auszulösen, doch zu hoch.

Problemlos hingegen kann man der Fotografin Julia Solis virtuell in den Untergrund New Yorks folgen. Durch ein Gittertor mit der Aufschrift „Dark Passage" führt sie den Besucher ihrer Website (www.darkpassage.com) zum Beispiel vor ein Gemäuer, das Spuren von Generationen aufweist. Unter blätterndem Putz liegen schwammfleckige Ziegelsteine, über die Wand läuft ein geknicktes Rohr, davor liegt ein Objekt, von dem sich nicht mit Sicherheit sagen lässt, ob es ein Ast ist oder vielleicht doch ein großer Knochen.

Notausstieg: »Forscher« flüchten aus einem U-Bahn-Schacht, nachdem Wachmänner sie entdeckt haben

Einige der Aktionen, die Julia Solis veranstaltet, tragen theatralische Züge. So lädt sie zu Parties in verlassene U-Bahn-Tunnel ein, bei denen die Gäste in Abendrobe erscheinen. Über die Hinterlassenschaft einer solchen Veranstaltung – Hunderte von Kerzenstummeln – stolperten später die Urban Explorers bei einem ihrer Streifzüge.

Das Buch, das Julia Solis geschrieben hat („New York Underground, Anatomie einer Stadt", Ch. Links Verlag, Berlin 2002), kommt ohne Okkultismus aus. Vielmehr erzählt die Autorin nüchtern Geschichten aus der Vergangenheit New Yorks und illustriert sie mit eigenen und historischen Fotos. Diese zeigen etwa, wie im Zuge der Elektrifizierung New Yorks in den 1880er Jahren die Straßen zunächst mit Strommasten vollgestellt wurden, bevor einige Jahrzehnte später die Leitungen in den Untergrund verschwanden, auch dorthin, wo sie bei den Aufräumarbeiten an Ground Zero plötzlich hervorgequollen sind. Zuverlässige Pläne darüber, welche Hauptleitungen wo verlaufen, hat auch Julia Solis nicht ausfindig machen können.

Ihre Fotos zeigen aber auch den Hundekadaver, der den Abstieg in den „Freedom Tunnel" der „Mole People" bewacht. Ebenso den Eingang zu einem Passagensystem unterhalb der gefährlichsten Straßenkrümmung New Yorks, der Doyers Street in Chinatown, an der so viele Menschen ums Leben gekommen sind, dass sie als „Bloody Angle" in die Stadtgeschichte eingegangen ist. Die Katakomben von Five Points, die Martin Scorsese für seinen Film „Gangs of New York" in der römischen Cinecittà nachbauen ließ, müssen in dieser Gegend gelegen haben.

Anders als die selbsternannten Stadtentdecker arbeiten die Archäologen, die es in New York selbstverständlich ebenfalls gibt, meist bei Tage, meist legal und nie im Abendkleid. Zu ihren wichtigsten Funden zählt zum Beispiel ein Skelett, das auf Bitten des Papstes im Jahr 1990 bei einer Exhumierung auf dem Kirchhof von Old St. Patrick's in der Mott Street gesucht und auch gefunden worden ist. Papst Johannes Paul II. hatte einen Schwarzen heilig sprechen wollen, und die Wahl war auf den Sklaven und Friseur Pierre Toussaint gefallen. Toussaint hatte im frühen 19. Jahrhundert großzügig an die Kirche gespendet, und als er seine Freiheit für Geld hätte erhalten können, kaufte er statt sich selbst andere Sklaven frei. Er hinkte, so viel ist außerdem überliefert. Die Archäologen bargen tatsächlich ein Skelett, das Spuren von Arthritis trug. Toussaint, sollte er es sein, liegt seither in der Krypta in der St. Patrick's Cathedral auf der Fifth Avenue.

Den Erkundungen der Freizeit-Stadtentdecker wie der Archäologen bleibt ein weites Feld. Denn das unsichtbare New York ist noch lange nicht vermessen. Nur der Grund, auf dem einmal das World Trade Center stand, birgt keinerlei Geheimnisse mehr. ❙

und Kanäle durchziehen die Stadt – ein Abenteuerspielplatz für »Urban Explorers«

Kann man irgendwo schöner die Strahlen der Herbstsonne genießen? »Sheep Meadow«, die Schafweide, ist die größte Rasenfläche im Central Park

Das grüne Herz

Nach Dekaden des Verfalls blüht der Central Park wieder auf. Dafür sorgen reiche Mäzene – und bald auch Christo und Jeanne-Claude. Im Februar 2005 wollen die Verhüllungskünstler die Parkwege mit 7532 orangeroten Stoffbahnen einkleiden

TEXT: STEFAN SCHOMANN

»The Mall« ist die einzige gerade Straße im Park. Nirgendwo sonst in den USA reihen sich so viele Ulmen aneinander wie hier und entlang der Fifth Avenue

TO COMMEMORATE
THE LANDING OF THE
PILGRIM FATHERS
ON
PLYMOUTH ROCK
DECEMBER 21, 1620

Kaum etwas wurde bei der Gestaltung des Parks dem Zufall überlassen – oder gar der Natur. Jeder Baum ist gepflanzt, Wasserwerke speisen Seen und Bäche

An 49 Querstraßen entlang erstreckt sich der Central Park im Häusergebirge von Manhattan – in den 1850er Jahren vorausschauend am Reißbrett geplant

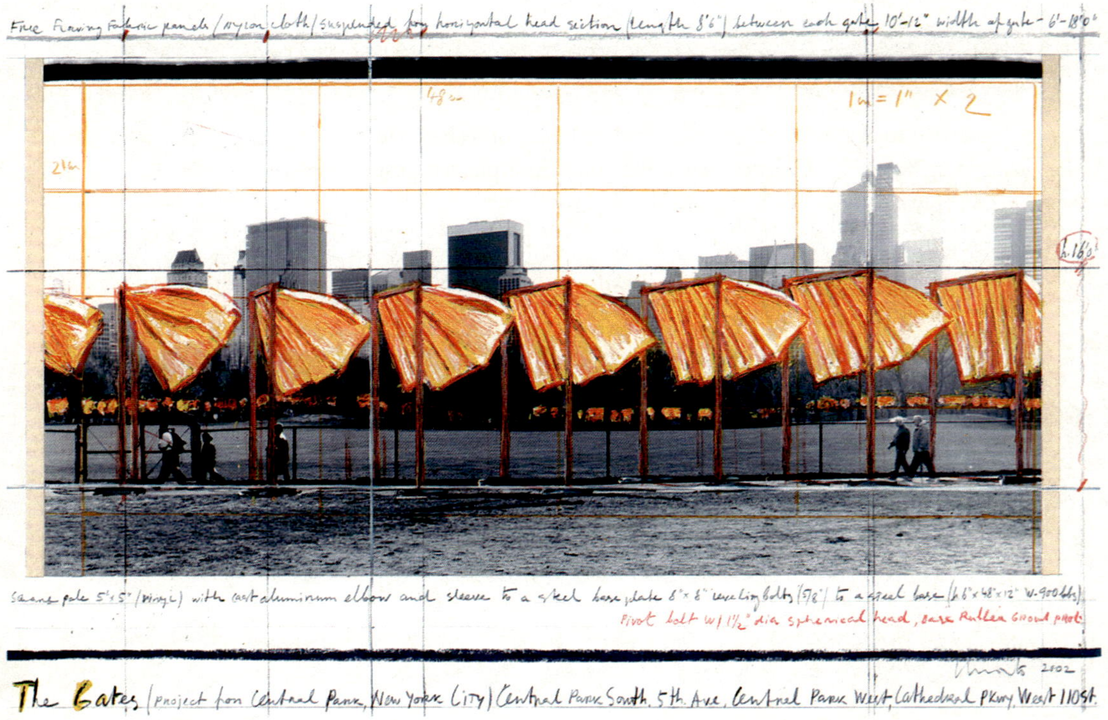

Noch sind es nur Entwürfe an den Atelierwänden von Christo und Jeanne-Claude, Studien im Cinemascope-Format: Vor dem Hintergrund der grauen Skyline New Yorks schlängelt sich eine endlose Kette orangerot leuchtender Stoffbahnen durch den Central Park. Ein Lauffeuer aus Nylon, ein begehbares Ereignis: „The Gates". An 7532 dicht aufeinander folgenden Kunststofftoren befestigt, sollen diese Fahnen auf 37 Kilometer Länge über den Gehwegen wehen. Sie werden in der Sonne leuchten, sich im Winde bauschen und bei Regen triefen. Sie werden New York und seine Besucher 16 Tage lang verlocken, verwirren und verwundern. Und sie werden dem Central Park erneut weltweite Aufmerksamkeit bescheren. Im Februar 2005 soll es so weit sein.

Poesie verlangt einen langen Atem. Schon vor einem Vierteljahrhundert hatten die Reichstagsverhüller Christo und Jeanne-Claude ihren ersten Antrag für The Gates bei der New Yorker Stadtverwaltung gestellt. Er wurde abgeschmettert. Erst Bürgermeister Michael Bloomberg erteilte im Januar 2003 offiziell die Genehmigung. Seitdem herrscht Hochbetrieb in jenem unansehnlichen Haus am Rande von SoHo, das den Künstlern seit 1964 als Atelier, Galerie, Hauptquartier und, sofern für so etwas Nebensächliches noch Zeit bleibt, auch als privates Domizil dient.

„The Gates ist das erste Projekt, bei dem wir keinen Jet-Lag haben", sagt Jeanne-Claude. Ein Heimspiel für das New Yorker Künstlerpaar, das, wie es sich für Immigranten gehört, einst per Schiff hier ankam. „Von Anfang an", erklärt Christo, „war ich von Manhattans Menschenströmen fasziniert. Seither wollte ich hier immer etwas mit Fußgängern machen." Umhüllte Bewegung also, umrahmte Passanten – wo ließe sich dergleichen besser in Szene setzen als im Central Park?

Wie Generationen von New Yorker Eltern vor ihnen gingen Jeanne-Claude und Christo damals mit ihrem kleinen Sohn Cyril regelmäßig in den Park. Und wie für Generationen von New Yorker Kindern war es auch für Cyril die erste und oft einzige Gelegenheit, barfuß zu laufen, Erde zu riechen oder einen Specht trommeln zu hören. Im Central Park setzt sich diese maßlose Stadt eine Grenze und hegt und pflegt, was sie sonst verneint: Natur. Der Park bildet die triumphale Ausnahme, welche die steinerne Regel bestätigt.

„Nur den Norden und Nordwesten haben wir damals gemieden", erinnert sich Jeanne-Claude, „dort war es nicht sicher." Nach dem Zweiten Weltkrieg hatten sich verstärkt Puertoricaner und Schwarze aus dem amerikanischen Süden an der Upper West Side und in Harlem angesiedelt, und die angrenzenden Parkbereiche hatten sich in grüne Ghettos verwandelt. Mitte der 1960er Jahre wurden die unsichtbaren Grenzen durchlässiger, und der Park diente als Bühne für die dramatischen Umbrüche in der amerikanischen Gesellschaft: Großveranstaltungen wie die Demonstrationen gegen den Vietnam-Krieg, Konzerte und provokante Hippietreffen waren im Central Park beinah an der Tagesordnung. Rockmusik, Marihuana und freie Liebe eroberten die Liegewiesen zwischen Sheep Meadow und Harlem-Meer. Spielplätze und Kunst-Happenings förderten eine stärkere soziale Vermischung ebenso wie die Sperrung der Ringstraße am Sonntag, wo seither statt Autos Schwärme von Rad- und Rollschuhfahrern den Park hinauf- und hinunterjagen.

20 000 Fässer Schießpulver halfen, aus Brachland einen Park zu formen

Statt wie in der Vergangenheit mit Verbotsschildern und Bußgeldern zu drohen, ermunterte die städtische Parkverwaltung das Publikum damals ausdrücklich, sich wie zu Hause zu fühlen. Zeichen der Zeit – und des Generationenwechsels in der Parkführung. Auf den autokratischen Stadtbaudirektor Robert Moses, der das Gelände mit Spiel- und Sportplätzen gespickt, weite Flächen versiegelt und die Seen in Becken eingemauert hatte, folgten 1966/67 die im Vergleich dazu fast antiautoritären Parkdirektoren Thomas Hoving und August Heckscher.

Dass freilich die Blumenkinder den Rasen zertrampelten, dass statt einer Promenaden- eine Protestkultur sich breit machte, dass Müll und Lärm und Unordnung sich mehrten, das ließ auf Dauer auch die größten Nonkonformisten nachdenklich werden. Und so gingen denn all diese Veränderungen mit lebhaften Diskussionen einher: Wem gehört der Central Park? Wofür soll er dienen, wofür nicht? Müsste mehr Freizügigkeit gewährt oder stärkere Kontrolle geübt werden? Fragen, die älter sind als die Anlage selbst und die sie seit 150 Jahren begleiten.

1853 hatte die werdende Großstadt beschlossen, sich einen Park zu leisten, wie die Neue Welt noch keinen gesehen hatte. Den Wettbewerb gewannen Frederick Law Olmsted und Calvert Vaux. Olmsted, der sich als Hobby-Landwirt und Publizist einen Namen gemacht hatte, sollte zum Vater der amerikanischen Landschaftsarchitektur werden und sich auch als visionärer Verkehrsplaner erweisen. Vaux, ein kunstsinniger englischer Baumeister mit Gespür für den viktorianischen Zeitgeist, erwies sich als passende Ergänzung. Gemeinsam machten sie sich daran, Natur in großem Stil herzustellen. Über 16 Jahre hinweg brach eine Armee von Hilfsarbeitern 340 Hektar Land um, modellierte mit Hilfe von 20 000 Fässern Schießpulver das Terrain und versetzte buchstäblich Berge: zehn Millionen Fuhren Erdreich, Steine und Pflanzen.

Damals bestand der Landstreifen zwischen Fifth und Eighth Avenue aus sumpfiger Brachflur, durchsetzt von kleinen Feldern und Siedlungen. Die zahlreich zu Tage tretenden Felsen hatten eine stärkere Bebauung verhindert. Heute bilden diese silbergrauen Kolosse den schönsten Schmuck des Parks – und sind das einzig Ursprüngliche daran. Alles andere ist Menschenwerk. Der erste Baum wurde 1858 gepflanzt, noch der vermeintliche Wildwuchs erweist sich als sorgfältig gesät, und all die Bäche und Seen werden nicht aus Quellen gespeist – sondern von den Wasserwerken.

Olmsted und Vaux waren angetreten, „demokratische Ideen in Bäume und Erde zu übersetzen". Die strapazierten Städter sollten „Weite, Ruhe und Erholung für die ›

Auf 37 Kilometer Länge, so planen Christo und Jeanne-Claude, sollen orangerote Fahnen über den Gehwegen wehen. Der Name des Projekts: »The Gates«

Im Mai 2003 trifft sich der New Yorker Geldadel zum

Seele" finden. Wenn auch die Anlage vor allem den Wünschen des gehobenen Bürgertums nach kultiviertem öffentlichem Raum entsprach, so hofften Olmsted und Vaux doch zugleich, auch die niederen Volksschichten zu läutern, dass die liebliche Natur sie zu „Höflichkeit, Selbstbeherrschung und Enthaltsamkeit" anregen würde.

Doch New York wäre nicht New York, hätten sich diese Ideale nicht von Anfang an wirtschaftlichen und politischen Interessen beugen müssen. Spekulanten wollten ihren Schnitt machen, Stadtverordnete ihre Klientel bedienen. Die Eliten sorgten sich um ihre Privilegien und die Reformer ums Wohl der Massen. Olmsted hatte ein amerikanisches Arkadien im Sinn gehabt, das den natürlichen, von den Eiszeiten modellierten Parklandschaften Neuenglands und der nahe gelegenen Adirondacks nachempfunden war. Doch noch zu seinen Lebzeiten machten sich Baseballfelder und Tennisplätze im Park breit, drängten Händler, Gastronomen und das Amüsiergewerbe hinein, und beinah jede Einwanderergruppe und jede Regierung wollte sich mit einem Denkmal an gut sichtbarer Stelle verewigen. Der Park verstädterte. Er war schlicht zu erfolgreich, als dass er nobel und beschaulich hätte bleiben können. Schon 1870 wurden fast elf Millionen Erholungssuchende gezählt, heute bildet der Central Park mit geschätzten 25 Millionen Besuchern jährlich die größte Attraktion der Stadt.

Über 20 Jahre mussten Christo und Jeanne-Claude um »The Gates« kämpfen

Als Christo und Jeanne-Claude sich Ende der 1970er Jahre an die Konzeption von The Gates machten, beriefen sie sich auf Olmsted als Kronzeugen. Hatte er doch den Park als Gesamtkunstwerk begriffen, dessen mannigfaltige Bestandteile sich zu einer höheren ästhetischen Einheit fügten. The Gates, erklärten die Christos, würde diese Einheit betonen. 15 000 Tore wollten sie über den ganzen Park verteilen und dabei Olmsteds geniales Wegenetz hervorheben, welches, von zwei Ausnahmen abgesehen, keine Geraden kennt und keine rechten Winkel, nur organisch geschwungene Linien. Wie ein orangeroter Lindwurm würden sich die Wandelgänge mit ihren flatternden Stoffen durchs Gelände winden.

Die Künstler starteten eine regelrechte Kampagne. Wie seinerzeit der Entwurf der beiden Gartenbaumeister, so musste sich auch ihr Projekt durch ein „Labyrinth aus Verhandlungen" kämpfen. Christo und Jeanne-Claude waren war zwar keine Unbekannten mehr, aber noch lange nicht die Weltstars von heute. Ihr Ansinnen wurde eher als Zumutung denn als Glücksfall empfunden. In 41 Hearings erläuterten sie alle Einzelheiten des Werkes vor Anwohnern, Politikern und Journalisten, Gönnern wie Kritikern. Drei von fünf zuständigen Bezirkskomitees sprachen sich schließlich zugunsten des Projektes aus. Doch die Behörden häuften Bedenken auf Bedenken.

Dass die Aktion dem Park mehr Besucher, mehr Aufmerksamkeit bescheren würde, erschien vielen Beamten wenig ratsam. Denn Mitte der 1970er Jahre war New Yorks gute Stube arg heruntergekommen. Die Wiesen waren kahl und hart wie Zement, die Laternen erloschen, die Bauten von Graffiti verunstaltet, und in den Teichen dümpelte der Müll. Der Stadt fehlte das Geld für den Unterhalt, erst recht für eine Sanierung. Da half es auch nicht, dass die Christos beteuerten, alle Kosten des Projektes selbst zu bestreiten – ihr Ansinnen kam zur falschen Zeit, mitten in einer jener tiefen Krisen, wie sie den Park im Laufe seiner Geschichte fast so zyklisch wie die Jahreszeiten ereilten.

Der Leidensdruck war schließlich derart stark, dass New Yorker Privatleute einen groß angelegten Rettungsversuch starteten. Ein, zwei Dutzend von ihnen, viele aus dem Geldadel im Umfeld der Fifth Avenue, taten sich zusammen, um die marode Anlage mit Spenden wieder aufzupäppeln. Sie gründeten die Central Park Conservancy, eine Art Bürgerinitiative von oben, die in der Folge auch weitgehend das Management des Parks übernahm. Die Conservancy nahm sich vor, das gesamte Areal binnen 15 Jahren nachhaltig instand zu setzen, die zahlreichen Bauwerke, Brücken und Denkmäler zu restaurieren und die Grünflächen komplett zu erneuern. Außerdem wollten die gemeinnützigen Kustoden eine Fülle von Bildungs- und Freizeitprogrammen starten und in großem Stil freiwillige Helfer mobilisieren. Vor allem aber versprachen sie, Geld, sehr viel Geld für den Park aufzutreiben.

Kaum war diese Partnerschaft zwischen der Stadt und den Mäzenen besiegelt, lehnte die Stadtverwaltung The Gates ab. Angesichts der schwankenden öffentlichen Meinung mochte niemand etwas riskieren. Und der Antrag kam der

Benefiz-Luncheon der Central Park Conservancy. Seit 1980 hat die Gesellschaft, eine private Initiative, über 300 Millionen Dollar für die Parkpflege gesammelt

neuen Administration insofern zupass, als sie sogleich ihre Autorität unter Beweis stellen konnte. Wo käme man denn sonst hin? Als nächstes, so formulierten sie es in einer Anhörung, wolle dann jemand „die Felsen rosa anmalen".

Dabei war es keineswegs die Kunst, die Anfang der 1980er Jahre die öffentliche Diskussion über den Park bestimmte, sondern die Verbrechensrate. Seit den 1950er Jahren hatte die Zahl der Gewalttaten im Park deutlich zugenommen, vor allem aber die Berichterstattung darüber. Im Schnitt ereigneten sich zwischen 1979 und 1986 etwa fünf Morde im Jahr. Relativ wenige also: Allein das nördlich an den Park grenzende Polizeirevier hatte pro Jahr etwa 90 Mordfälle zu lösen. Aber ein Mord im Park wirkte ungleich erschreckender als einer in Harlem. Und schürte immer schon vorhandene Urängste vorm dunklen Wald, in dem das Unbekannte lauert. Die Zeitungsberichte über Vergewaltigungen, Überfälle und Bandentreffen hielten freilich Millionen von Besuchern nicht davon ab, den Park weiterhin intensiv zu nutzen. Der Grund hierfür dürfte der gleiche sein, der fast 300 Vogelarten veranlasst, dem Park unverbrüchlich die Treue zu halten: Wo sollten sie sonst hin?

Heute strotzt der Central Park vor Leben wie vielleicht nie zuvor in seiner 150-jährigen Geschichte. Die Conservancy hat maßgeblich Anteil daran. Die reichen Mäzene machten mit ihrem öffentlichen Engagement den Park wieder schick. Niemand, der in New York etwas auf sich hielt, konnte sich den Spendenaufrufen und Benefiz-Abendessen der Conservancy entziehen: 300 Millionen Dollar brachte sie seit 1980 zusammen. Mittlerweile stellt die Stadt nur noch 15 Prozent des Budgets und bezahlt lediglich ein Viertel der rund 400 Parkangestellten, behält sich jedoch die Oberhoheit vor.

Dank intensiver Pflege erholte sich die Natur, und die historischen Bauten strahlen inzwischen in neuem Glanz. Schließlich strömte immer mehr Volk immer tiefer in diesen urbanen Garten Eden hinein und benahm sich dabei, wie es sich seit den 1990er Jahren einfach gehört, zunehmend gesittet und verantwortungsvoll. Jogger, Hundebesitzer und Scharen von Vogelfreunden durchstreiften ihn vor allem in den zuvor gefürchteten Tagesrandzeiten. Und je mehr der Park an Wert gewann und je mehr Besucher kamen, desto weniger Vandalismus, Müllprobleme und auch Straftaten gab es.

Das Gates-Projekt war 1981 in der Schublade verschwunden. Stattdessen umsäumten Christo und Jeanne-Claude ganze Inseln vor Florida, verhüllten den Pont Neuf in Paris und den Reichstag in Berlin. Dass ihr alter Herzenswunsch nun doch ein spätes Happy End findet, hat auch mit den Anschlägen vom 11. September 2001 zu tun. Der Tourismus kam danach beinahe zum Erliegen, die sonst unbeirrbare Selbstsicherheit der Stadt war gebrochen. Als im Jahr darauf Michael Bloomberg ins Rathaus einzog, war die politische Konstellation für das Projekt so günstig wie noch nie. Bloomberg war ein Fan der Christos und als einer der reichsten Männer der Stadt lange selbst in der Conservancy aktiv gewesen.

Die beiden Künstler überarbeiteten ihr Konzept. Das sah nun nur noch halb so viele Tore vor, die nicht mehr im Boden verankert, sondern mit schweren Sockeln direkt auf die Wege gestellt würden. Sie sicherten einen raschen, umweltschonenden Auf- und Abbau zu und größte Rücksicht auf die Tier- und Pflanzenwelt. Naturgemäß gab es in der Verwaltung auch diesmal noch einige Einwände, doch die Zustimmung überwog bei weitem.

Seither laufen die generalstabsmäßigen Vorbereitungen des Künstler-Teams auf vollen Touren. Es handelt sich um das größte Unterfangen seit Schaffung des Parks: 300 Wagenladungen Stahl für die Sockel, 100 000 Quadratmeter Stoff und ganze Hundertschaften von Helfern werden benötigt. Auch die Überzeugungsarbeit läuft weiter, obwohl sich in der Bevölkerung nur wenige Stimmen gegen das Projekt erhoben haben.

New York kann wieder mehr Beachtung gebrauchen, besonders in besucherarmen Monaten wie dem Februar. Wobei der Zeitpunkt nicht aus kommerziellen Erwägungen heraus gewählt wurde, sondern weil die Bäume dann keine Blätter tragen, sodass die Karawane der Banner und Tore weithin zu sehen sein wird. Eine Fata Morgana ohne Anfang und Ende, zart und monumental zugleich. Politisch erwünscht, touristisch attraktiv, ökologisch korrekt und ästhetisch reizvoll: Die Stunde für The Gates ist gekommen. Wieder einmal wird der Central Park sich als getreuer Spiegel erweisen – seiner Zeit wie seiner Stadt. ▮

Stefan Schomann, 41, GEO-Autor aus Berlin, war beeindruckt von dem Bürgersinn der New Yorker: Statt über den Verfall des Parks zu jammern, haben sie selbst angepackt – mit Geld, Gießkanne und unbeirrbarer Begeisterung.

GEO REISE-SERVICE

NEW YORK

DIE WICHTIGSTEN TIPPS UND ADRESSEN FÜR DIE REISE

Alles Käse: Im Artisanal, einem der vielen französischen Restaurants der Stadt, werden 250 Sorten serviert

Die Metropole als grandiose Kulisse: der abendliche Ausblick von der Terrasse des Chambers Hotel

INHALT

Der Name ist Programm: In der Szeneboutique Forward werden neue Modetrends geboren

Schon das Gebäude ist ein Kunstwerk: das Solomon R. Guggenheim Museum von Frank Lloyd Wright

Vergiss Manhattan! Am besten bei einem Ausflug ins Anwesen Montgomery Place im Tal des Hudson

SPICKZETTEL FÜR DIE WELTSTADT

Avenues verlaufen längs, Streets quer, alle paar Straßenecken fährt eine U-Bahn, und Taxis halten auf Handzeichen – der Moloch New York ist leichter zu bezwingen, als Sie glauben. Und das nächste Visitors Center nie weit entfernt

Information

ZUR REISEVORBEREITUNG: NYC & Company Sonnenstr. 9, 80331 München, Tel. 089/ 23 66 21 34 (Info-Band) oder 089/23 66 21 49, www.newyork.de, www.nycvisit.com. Die Repräsentanz des New Yorker Fremdenverkehrsbüros für den deutschsprachigen Raum versendet auf Anfrage den „Official NYC Guide" sowie einen Stadtplan und aktuelle Infos.

VOR ORT: Visitor Information Centers in Midtown: 810 Seventh Ave., zw. 52nd u. 53rd St., Tel. 212-484-2100 (Mo–Fr 8.30–18, Sa/So 9–17 Uhr); **in Downtown: Broadway, Ecke Park Row, am Südende des City Hall Park** (Mo–Fr 9–18, Sa/So 10–18 Uhr); **in Harlem: 163 W. 125th St., Ecke Adam Clayton Powell Jr. Blvd.** (Mo–Fr 9–18, Sa/So 10–18 Uhr). Die Filialen des New Yorker Fremdenverkehrsbüros bieten eine Menge praktischer Hinweise, auch in deutscher Sprache.

Times Square Visitors Center 1560 Broadway, zw. 46th u. 47th St., Tel. 212-869-1890, www.timessquarebid.org/ visitor (tgl. 8–20 Uhr). Mehrsprachige Stadtkundige stehen Ihnen mit Rat und Tat zur Seite und verteilen kostenlose Broschüren zu Stadtrundfahrten und Sehenswürdigkeiten; hier erhalten Sie außerdem Karten für alle Broadway-Shows.

Einreise

EU-Bürger und Schweizer benötigen für eine Urlaubs- oder Geschäftsreise von max. 90 Tagen in aller Regel kein Visum. Erforderlich ist aber ein maschinenlesbarer, bordeaux-farbener Reisepass, auch für Babys und Kinder, der bei Einreise noch mindestens drei Monate gültig sein muss.

Auskunft über das Prozedere bei Visumpflicht erteilen die US-Botschaften bzw. US-Generalkonsulate, auch auf ihren Websites (www.usembassy.de, www.usembassy.at, www.usembassy.ch) und telefonisch über den Visa-Informationsdienst: 0190-85 00 55 und 0190-85 00 58 00 (Bandansage); in Österreich: 0900-51 03 00, in der Schweiz: 0900-55 51 54.

Reisezeit

Ein Besuch lohnt sich zu jeder Jahreszeit. Am angenehmsten sind die Temperaturen im Mai/Juni und im September/Oktober (siehe Klimadiagramm S. 126). Der Sommer ist schwül und heiß, dafür locken im Juli und August eine Vielzahl von kostenlosen Freiluftkonzerten und Filmfestivals. Wer im kalten, schneereichen Winter reist, sollte wissen: In der Vorweihnachtszeit ist Hochsaison in New York, entsprechend teuer und rar sind Hotelzimmer.

Ankunft

Internationale Flüge landen auf dem John F. Kennedy International Airport (JFK) oder auf dem Newark International Airport im benachbarten New Jersey. Der wichtigste Flughafen für Inlandsflüge ist La Guardia Airport im New Yorker Stadtteil Queens.

VON JFK IN DIE STADT: Mit dem Taxi, den lizenzierten „yellow cabs", die man vor allen Terminals findet, dauert die Fahrt nach Midtown Manhattan je nach Verkehrslage eine knappe Stunde. Die Pauschale beträgt 35 $. Hinzu kommen Tunnelgebühren und ein Trinkgeld in Höhe von 15 Prozent.

Busse des **New York Airport Service** (Tel. 212-875-8200, www.nyairportservice.com) verkehren alle 20–30 Minuten zwischen dem Flughafen und zentralen Punkten in Manhattan: dem Port Authority Terminal, Grand Central Terminal und Pennsylvania Station. Von dort aus können Sie jeweils auf Taxi oder öffentliche Verkehrsmittel umsteigen. Die gut einstündige Fahrt kostet 13 $.

Die Vans und Limousinen von **SuperShuttle** bringen Sie direkt an Ihren Zielort in Manhattan. Dauer 45 Minuten, Kosten 15–22 $, Reservierung unter www.supershuttle.com oder Tel. 212-209-7000.

Am preiswertesten erreichen Sie Ihr Ziel mit der **Subway** – für ganze 2 $. Allerdings nur mit wenig Gepäck zu empfehlen. Folgen Sie in der Ankunftshalle den Hinweisschildern „Ground Transportation". Ein kostenloser Shuttle-Bus bringt Sie zu der U-Bahn-Station Howard Beach, von wo aus der „A Train" Richtung Manhattan abfährt. Dauer ca. 70 Minuten.

VON LA GUARDIA: Eine Pauschale für **Taxifahrten** nach Manhattan gibt es nicht. Je nach Zielort kostet die 30-minütige Fahrt um 25 $, zuzüglich Tunnelgebühr und 15 Prozent Trinkgeld.

Die Busse des **New York Airport Service** (siehe JFK) benötigen 30 Minuten für die Fahrt nach Manhattan, Preis 10 $. Mit dem **SuperShuttle** (siehe JFK) dauert der Transfer 30 Minuten. Kosten 15–20 $.

VON NEWARK: Rechnen Sie für den **Taxitransfer** je nach Zielort

Recht einfach zu überblicken: Manhattan, von der Südspitze gesehen

LITERATUR

Vis-à-Vis-Reiseführer New York Dorling Kindersley, München, aktual. Neuaufl. 2002, 20,90 €. Perfekt geeignet zur Einstimmung auf New York. In vielen Fotos, Detailabbildungen, Zeichnungen und Plänen werden die verschiedenen Viertel Manhattans lebendig dargestellt. Die übrigen Boroughs kommen allerdings nur am Rande vor.

Werner Skrentny: New York DuMont Reise-Taschenbuch, Köln 2003, 12 €. Erstbesucher werden kundig durch die New Yorker Stadtlandschaften geleitet und bekommen die wichtigsten Tipps und Adressen für Reisevorbereitung und Aufenthalt. Aktuell, knapp und schlüssig formuliert.

Time Out New York Penguin Books, 11. Aufl. 2003, 16,95 $. Die besten Adressen, die heißesten Tipps, zusammengestellt von der Redaktion des Stadtmagazins „Time Out New York": Sehenswürdigkeiten, Museen, Theater- und Kunstszene, Hotels, Restaurants, Shopping. Jährlich aktualisiert.

NFT Not for Tourists Guide to New York City 2003 Happy Mazza Media LLC, 14,95 $. Eigentlich für Einwohner gedacht, ein Führer im Pixibuch-Format. Erhältlich in Buchhandlungen oder unter www.notfortourists.com.

GEO EPOCHE: Amerikas Weg zur Weltmacht 1498 – 1898. Wie es zuging im New York von 1888, bei den Neureichen an der Fifth Avenue wie bei den Einwanderern in der Lower East Side – das ist detailliert nachzulesen in der neuen Ausgabe des Geschichtsmagazins GEO EPOCHE, in einem von insg. 18 Beiträgen (180 S., 8 €, erhältl. ab 15. 10. 2003)

Ric Burns, James Sanders, Lisa Ades: New York. Die illustrierte Geschichte von 1609 bis heute GEO und Frederking & Thaler, 2002, 616 S., 50 €. Ein faszinierender Bildband. Und riesig wie die Stadt, der er gewidmet ist. Geschichten, Kurzessays, Interviews und über 500 Fotos dokumentieren den Aufstieg New Yorks von einer kleinen holländischen Siedlung bis zur Stadt der Städte.

WEBSITES

www.newyorkmetro.com und **www.newyork.citysearch.com** Ob Sie eine preiswerte Unterkunft suchen, ein Restaurant, Einkaufsadressen oder einen Tipp für den Abend – die beiden Online-Stadtführer finden (fast) alles, meist sogar mit Lageplan

www.nytheatre.com Welches Musical wird im November gespielt? Welche Stars sind am Broadway zu sehen? Hier stehen die Antworten

www.bigapplejazz.com Künstler, Clubs, Festivals, kurz alles, was der Jazz-Liebhaber wissen muss

www.nytoday.com Infos zu fast jedem Aspekt des täglichen Lebens in New York, tagesaktuell von der New York Times

www.downtownny.com Geschichte und Gegenwart der Keimzelle New Yorks mit vielen Tipps für Besucher. Unter anderem lässt sich der Wiederaufbau nach dem 11. September 2001 verfolgen

www.nyc.gov Die offizielle Website der Stadt, mit aktuellen Nachrichten aus dem Büro von Bürgermeister Bloomberg

www.ticketmaster.com Tickets für Musicals, Theater, Konzerte und Sportveranstaltungen online kaufen

www.timeoutny.com Szene-News: Nightlife, Restaurants, Theater und Film

www.nytimes.com/yr/mo/day/jobmarket Stellenbörse der New York Times

mit 40–50 $, Dauer 45 Minuten. Hinzu kommen Brücken- und Tunnelgebühr sowie 15 Prozent Trinkgeld.

Der **Newark Airport Express** pendelt im 10- bis 15-Minutentakt zwischen Flughafen und Midtown Manhattan (Port Authority, Penn Station, Grand Central), nach Lower Manhattan und Chinatown alle 30 Minuten. Fahrpreis 16 $, Dauer 45 Minuten. Der **AirTrain Newark** bringt Sie in etwa 20 Minuten für 12 $ zur zentral gelegenen Penn Station in Midtown Manhattan. Folgen Sie in der Ankunftshalle den Hinweisschildern zum „Monorail/AirTrain Link".

Rückflug

Für den **Taxitransfer** von Manhattan zu den drei Flughäfen gelten keine Pauschalen. Je nach Route und Verkehrsaufkommen kostet die Fahrt 40–55 $. Neben Bussen und Bahnen (siehe Ankunft) empfiehlt sich ein **Carservice**, der Sie direkt vor Ihrem Hotel abholt. Festpreis zwischen 27–37 $, je nach Abflughafen. Reservieren Sie 1–2 Tage im voraus. Zwei der größten und zuverlässigsten Unternehmen: **Allstate** (Tel. 212-333-3333) und **Carmel** (Tel. 212-666-6666, www.carmelcarservice.com).

Unterwegs in New York

MIT DEM TAXI: Ein **Yellow Cab** stoppen Sie mit ausgestrecktem Arm am Straßenrand. Ist das Taxi frei, leuchtet eine Nummer auf dem Dach. Die Grundgebühr beträgt 2 $, jede weitere Fünftelmeile, ca. vier Straßenblocks, kostet 30 Cent. Bei Fahrten von Manhattan in andere Stadtteile kommen noch Brücken- und Tunnelgebühren hinzu. Lassen Sie sich immer eine Quittung geben. Darauf finden Sie die Lizenznummer des Fahrzeugs. Das ist hilfreich, wenn Sie etwas im Taxi verloren haben oder sich beschweren möchten.

MIT DER SUBWAY: Schnell, billig und sicher. Eine Fahrt kostet 2 $. Gezahlt wird allerdings nicht mit Bargeld, sondern mit der **MetroCard**, einer Magnetkarte, erhältlich an Schaltern und Automaten in allen U-Bahn-Stationen. Je nach Aufenthaltsdauer lohnt sich eine Zeitkarte für 1 Tag (7 $), für 7 Tage (21 $) oder 30 Tage (70 $), die unbegrenzte Fahrten erlaubt. Daneben gibt es die aufladbare „Pay-Per-Ride MetroCard", mit der Sie pro Fahrt zahlen.

Kostenlose Subway-Pläne gibt es in (fast) jeder Station oder vorab als Download unter **www.mta.info**. Die meisten U-Bahn-Linien verkehren in Manhattan in Nord-Süd-Richtung. Achten Sie beim Einsteigen auf die Zielrichtung. Uptown-Züge bringen Sie nach Norden, Richtung Bronx und Queens, Downtown-Züge in den Süden und nach Brooklyn. Express-Züge überspringen Haltestellen, „Local trains" halten an jeder Station.

MIT DEM BUS: Besonders für kürzere Strecken und „crosstown"-Fahrten empfiehlt es sich, den Bus zu nehmen, bietet eine Fahrt doch jede Menge Sightseeing. Busse verkehren in Nord-Süd-Richtung entlang der Avenues – Stopps alle zwei bis drei Straßen – und entlang der Hauptverkehrsadern wie 34th, 42nd, 57th, 79th und 96th Street. Halten Sie eine Metro Card bereit oder passendes Kleingeld in Höhe von 2 $.

DIE LETZTEN RAUCHER-RESERVATE

Es ist zum Abgewöhnen: Seit Juli 2003 gilt im ganzen Staate New York der **Smoke Ban**, der zu den striktesten Anti-Raucher-Gesetzen weltweit zählt. Mit Ausnahme einer Hand voll alteingesessener „Cigar Bars" wurden nun auch Kneipen, Bars und Nachtclubs zu **rauchfreien Zonen** erklärt. In öffentlichen Gebäuden, Hotels und Bahnhöfen darf man sich schon lange keine mehr anstecken, lediglich Privatwohnungen und die Straße bleiben die letzten Refugien zum Qualmen. Oder der **Nachbarstaat New Jersey**: Die Restaurants des als provinziell verschrieenen Bundesstaates sollen nach In-Kraft-Treten des Smoke Ban einen wahren Ansturm von New Yorker Rauchern erleben. Im Big Apple bleibt denen nur Ersatzbefriedigung mit der einzig noch legalen Rauchware – **Kräuterzigaretten**. Ebenfalls nicht verboten ist die Verwendung von Tabak als Gewürz: So versetzt das Restaurant Serafino Sandro in Manhattan Saucen, Gnocchi und Panna Cotta in geringer Dosierung mit Tabak.

Besucher, die vom Nikotin nicht lassen können, sollten in jedem Fall für genügend Vorrat sorgen: Eine Schachtel Zigaretten kostet in New York um 7,50 $.

Trinkgeld & Steuern

Trinkgeld zu geben ist in New York kein Ausdruck Ihrer Zufriedenheit oder Großzügigkeit, sondern Pflicht: Der Service ist in den Preisen nicht inbegriffen. Taxifahrer bekommen daher immer 15 Prozent und Restaurantpersonal 20 Prozent des Rechnungsbetrags, Gepäckträger 1 $ pro Gepäckstück, Zimmermädchen 2 $ pro Tag und Barkeeper 0,50–1 $ pro Drink.

Beim Einkauf (Schuhe und Kleidung über 110 $) und Restaurantbesuch kommen 8,25 Prozent **Verkaufssteuer** zum Rechnungsbetrag hinzu, im Hotel weitere 5 Prozent Hotelsteuer (insgesamt fallen im Hotel also 13,25 Prozent Steuern an) plus 2 $ Belegungsabgabe pro Nacht.

Telefonieren

Früher war es einfach, da hatten alle Rufnummern in Manhattan die Vorwahl 212. Um der Flut von Neuanschlüssen, Mobiltelefonen, Faxgeräten und Pagers

Auf Landgang: amerikanische Matrosen am Times Square

Herr zu werden, wurden weitere Vorwahlen für Manhattan geschaffen, dazu kommen jene für die anderen Stadtteile. Deshalb muss seit Anfang 2003 immer die Vorwahl mitgewählt werden. Egal wo Sie sich **in New York** befinden – Sie müssen eine elfstellige Nummer wählen: die Ziffer 1, dann die **Vorwahl**, anschließend die **Rufnummer**. Ortsgespräche von öffentlichen Telefonen kosten 25 Cent pro Minute. Sie benötigen 25-Cent-Münzen, eine Kreditkarte oder „prepaid phone cards" (ab 5 $), erhältlich in Postämtern, Delis oder an Kiosken.

Von allen öffentlichen Telefonen erreichen Sie unter **411** die kostenlose **Auskunft**, über die Sie neben Telefonnummer auch die Adresse des Teilnehmers erhalten. Um einen **Operator** zu sprechen, wählen Sie **0**.

Für **Auslandsgespräche** wählen Sie **011 + Landesvorwahl** (49 für Deutschland, 43 für Österreich, 41 für die Schweiz), dann die **Ortsvorwahl** (ohne die „0") **und die Rufnummer**. An öffentlichen Telefonen mit einem gelben Hörer können Sie für 1 $ drei Minuten lang ins Ausland telefonieren. Günstig sind Auslandsgespräche mit einer Prepaid Phone Card (siehe oben). **Notruf**: 911. Die **Landesvorwahl** für die USA und New York ist **001**.

Post & E-Mail

Postkarten nach Europa werden mit 70 Cent, Briefe mit 80 Cent frankiert. **Briefmarken** sind in Postämtern erhältlich – die Hauptpost an der 421 Eighth Avenue (zw. 30th und 31st St.) hat rund um die Uhr geöffnet –, außerdem an Kiosken und in Drogerien.

In den Visitor Information Centers (siehe oben) und in öffentlichen Büchereien stehen **Computer Terminals**, an denen man kostenlos im Internet surfen und E-Mails abrufen kann. Darüber hinaus gibt es eine Vielzahl von Internet-Cafés. Dort zahlt man 5–15 $ pro angefangene Stunde für die Nutzung der Computer.

Mehrere Orte in Manhattan bieten seit neuestem auch einen drahtlosen Internetzugang. Wer also den eigenen Laptop dabei hat, kann sich z. B. im Bryant Park, im City Hall Park, Rector oder Bowling Green Park einwählen. Einzige Voraussetzung ist ein „wireless network adapter" (Info: www.nycwireless.net).

Geld & Reisekasse

Währungseinheit ist der US-Dollar. 1 $ entspricht etwa 0,90 € (Stand: Anfang September 2003).

Es empfiehlt sich unbedingt, eine der gängigen **Kreditkarten** (MasterCard, Visa, American Express) mitzunehmen. Diese werden in den meisten Restaurants und Geschäften selbst für kleinste Beträge akzeptiert. Zudem werden sie bei telefonischer Vorbestellung von Kino- und Theaterkarten oder einer Mietwagenreservierung verlangt.

Ganz ohne **Bargeld** geht es allerdings nicht. Für Taxi, Zeitungen und den kleinen Imbiss sollten Sie immer einige Dollar dabeihaben. Mit Ihrer **EC-Karte** können Sie an allen Geldautomaten (Automatic Teller Machines, ATMs) mit dem „Maestro"-Zeichen Geld abheben. Dort funktioniert auch die Kreditkarte plus Geheimnummer, jedoch sind die Gebühren zum Teil beträchtlich.

Traveller Checks werden in den meisten Geschäften, Restaurants und vor allem Hotels problemlos akzeptiert, in Supermärkten oder kleineren Läden mitunter nicht. Große Banken wie Chase, Citibank oder American Express wechseln zum Tageskurs.

Sightseeing à la „card"

Für intensive Stadterkundungen lohnt sich der Kauf einer Vorzugskarte. Mit dem **New York CityPass** erhalten Sie Eintritt zum Empire State Building, Guggenheim Museum, Museum of Modern Art Queens, American Museum of Natural History und Intrepid Sea Air Space Museum sowie eine Schiffstour mit der Circle Line für insgesamt 45 $. Gültig an neun aufeinander folgenden Tagen und erhältlich an jeder der Sehenswürdigkeiten oder unter **www.citypass.com**.

Verbilligten Eintritt in über 60 Attraktionen, Museen, Zoos, Gärten und Discounts in vielen Restaurants, Kaufhäusern und bei Sightseeing-Touren bietet

Eine Eisbahn gibt's am Rockefeller Center – Menschen mit Stadtplan überall

Aufgeblasener Typ: eine der Comicfiguren bei der Macy's Parade Ende November

der **New York Pass**, gültig wahlweise für 1, 2, 3 oder 7 Tage. Zum Preis von 44–129 € (Nov./Dez. 41–121 €) können Sie den Pass unter **www.new-york-pass.de** bereits vor der Abreise nach New York bestellen. Eine MetroCard für die jeweilige Gültigkeitsdauer ist inbegriffen.

Stadtführungen

Im wöchentlichen Stadtmagazin „Time Out New York" sowie täglich in der „New York Times" finden sich immer zahlreiche, aktuelle Hinweise auf Stadtführungen. Auf der Website der Guides Association of New York City (www.ganyc.org) lässt sich gezielt nach sprachkundigen Führern und Special-Interest-Touren suchen. Eine kleine Auswahl:

PER BUS: Gray Line, Visitor Centers: 777 Eighth Ave. (zw. 47th u. 48th St.) und Eighth Ave., Ecke 42nd St. (Port Authority Terminal), Tel. 212-445-0848, www.grayline newyork.com
Zwei bis drei Stunden benötigt der rote Doppeldecker für seine „Classic New York"-Tour. Wer auf dem Rundkurs durch Downtown und Uptown mit einem Abstecher nach Brooklyn für Besichtigungen aussteigen will, hat an über 40 Haltestellen dazu Gelegenheit und kann sich dafür 48 Stunden Zeit nehmen; Preis 71 $. Sehr beliebt und nur von Gray Line angeboten: die ganztägige "Showbiz Insiders Tour", die hinter die Kulissen des historischen New Amsterdam Theatre führt, ins NBC-Fernsehstudio und in die Radio City Music Hall; Preis inkl. Lunch 89 $.

ZU FUSS: Big Onion Walking Tours, Tel. 212-439-1090, Fax 718-499-0023, www.big onion.com, Sept.–Mai Fr–So, im Sommer Mi–So, 12 $
Angeboten werden zweistündige Rundgänge durch alle Viertel Manhattans und zu so unterschiedlichen Themen wie „Jewish Lower East Side", „Gangs of New York" oder zur Rolle der Immigranten und der Arbeiterbewegung. Die Guides sind überwiegend studierte Historiker.

PER SCHIFF: NY Waterway, Tel. 201-902-8711, www.nywaterway.com
In 90 Minuten gemütlich um halb Manhattan schippern und dabei über kabellose Kopfhörer den Erklärungen in deutscher Sprache lauschen. Ein kostenloser Bus bringt Passagiere zur Abfahrt- und Anlegestelle an Pier 78, Höhe West 38th St., Preis 19 $.

PER SUBWAY: NY Like a Native, Tel. 718-393-7537, www.nylikeanative.com
„Wie Einheimische" lautet das Motto für die Ausflüge nach Brooklyn Heights, Williamsburg, Park Slope & Gowanus oder auch nach Coney Island. Alle „neighborhoods" werden per Subway oder Bus erreicht (MetroCard empfehlenswert) und unter kundiger Führung zu Fuß erforscht. Preis je nach Dauer ab 13 $.

PER FAHRRAD: Bike The Big Apple, www.bikethebig apple.com
Zwei Highlights aus dem interessanten Angebot: Die „Wealth and Poverty"-Tour beginnt in Manhattans reicher Upper East Side und führt durch Harlem bis hinauf nach Washington Heights (ca. 29 km), der Besuch eines Gospel-Gottesdienstes gehört dazu; jeden So ab 9.45 Uhr, 79 $. Und das „Night Owl Special" führt ca. drei Stunden durchs sonntagabendliche Midtown; ab 19 Uhr, 65 $. Alle Preise inkl. Leihrad, Helm und Führer.

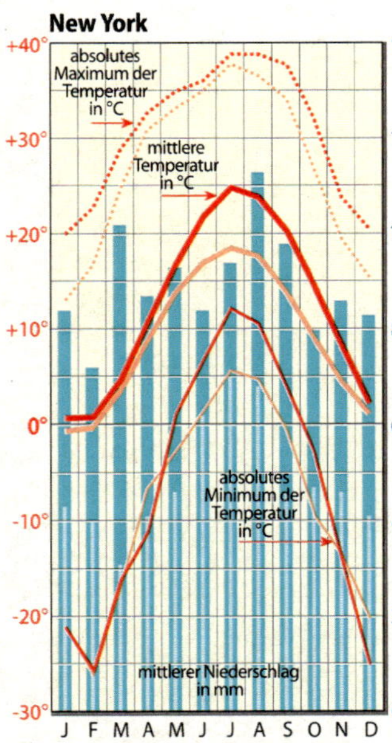

Zum Vergleich: Berlin (in helleren Farben)

Feiertage & Öffnungszeiten

Gesetzliche Feiertage sind: Neujahr, Martin Luther King Day (3. Montag im Januar), President's Day (3. Montag im Februar), Memorial Day (letzter Montag im Mai), Independance Day (4. Juli), Labor Day (1. Montag im September), Columbus Day (2. Montag im Oktober), Veterans Day (2. Montag im November), Thanksgiving (4. Donnerstag im November) und 25. Dezember. An diesen „public holidays" sind Banken, Postämter und Behörden geschlossen. Die meisten Geschäfte, Museen und Restaurants schließen hingegen nur am Independance Day, zu Thanksgiving und am 1. Weihnachtstag.

Festivals & Paraden

Rund ums Jahr sind New Yorks Straßen Schauplätze farbenfroher Happenings. Eine Auswahl:

Januar: Chinesisches Neujahrsfest Am ersten Vollmond nach dem 21. Januar zieht eine farbenfrohe Parade durch Chinatown und Mott Street, von 12 Uhr bis Sonnenuntergang.

Juni: Mermaid Parade Meerjungfrauen, Neptun und andere Wasserkreaturen feiern den Beginn des Sommers und die offizielle Eröffnung der Strandsaison mit einer bunten Parade entlang der Surf Avenue in Coney Island. Erster Samstag nach Sommeranfang, Tel. 718-392-1267.

September: German-American Steuben Parade Im Gedenken an den preußischen General von Steuben, der George Washington beim amerikanischen Unabhängigkeitskrieg zur Hilfe eilte, paradieren Ende September rund 12 000 Teilnehmer über die Fifth Avenue (zw. 63rd und 86th St.): „Soldaten" in historischen Kostümen, aber auch Miss German American und ihr Gefolge. Die größte deutsch-amerikanische Veranstaltung findet 2004 am 18. September statt. Info: Tel. 516-239-0741, www.germanparadenyc.org.

Oktober: Halloween Parade Schaurig-schönes Spektakel entlang der Sixth Avenue in Greenwich Village. Alljährlich am 31. Oktober.

November: NYC Marathon Rund 30 000 Läufer, davon 10 000 aus dem Ausland, sind am ersten Sonntag des Monats am Start. Anmeldung für den 7. 11. 2004 unter www.nycmara thon.org.

Macy's Thanksgiving Day Parade Inoffizieller Beginn der Weihnachtszeit: Am vierten Donnerstag des Monats werden meterhohe Comicfiguren als Ballons durch die Straßen manövriert. Start um 9 Uhr Central Park West, Höhe 77th Street.

Anuschka Tomat

Beliebtestes Restaurant für Heiratsanträge: River Café

elsässische Gerichte wie Kaninchen in Riesling mit Sauerkraut zu. Zu jeder Käsesorte gibt es auch den passenden Wein.

Blue Smoke
116 E. 27th St., zw. Park Ave. South und Lexington Ave., Tel. 212-447-7733, www.bluesmoke.com
Hauptgerichte um 20 $
Danny Meyer könnte man zwar den König der gehobenen amerikanischen Küche nennen, aber in seinem Herzen ist er ein Junge aus St. Louis geblieben. Ob „Salt'n'Pepper Ribs" nach Texas-Art, gegrillte Lammkoteletts oder Pfeffersteak – seine Fleischgerichte, über Hickory-Feuer gegart, sind immer köstlich und saftig. Dazu spielt die Jukebox Klassiker der Rock- und Jazz-Geschichte.

Sekku
343 Lexington Ave., zw. 39th u. 40th St., Tel. 212-697-9020
Sa geschlossen, Sushi-Menü um 20 $
In den umliegenden Neighborhoods Kips Bay und Murray Hill herrscht kein Mangel an japanischen Restaurants, aber nur dieses serviert untadelige Sushi. Fragen Sie nach den „Specials", und die aufmerksame Bedienung zieht die Tageskarte hervor. Falls es Jakobsmuscheln gibt, zugreifen! Die Vorspeise „Atsu-atsu", ein Krebs-Avocado-Gratin, ist mit 6,75 $ nicht einmal halb so teuer wie das identische Gericht im Nobu. An Sonntagen Live-Jazz.

Tabla
11 Madison Ave., Ecke 25th St., Tel. 212-889-0667
Prix fixe 54-88 $
Küchenchef Floyd Cardoz, in Bombay geboren und in Frankreich geschult, versteht es, das Beste beider Welten miteinander zu verschmelzen. Sogar Desserts geraten ihm multikulturell, etwa das Schokoladensoufflé mit Sauerkirschen und Zimt-Nelken-Eis. Das eher förmliche Restaurant im Obergeschoss wird von den New Yorker Gastro-Kritikern mit Lob überschüttet. Doch unten in der **Tabla Bread Bar** scheinen die Gäste fast mehr Spaß zu haben, etwa bei einem Tablatini-Cocktail mit Zitronengras, frisch gebackenem „Nan" aus dem Tandoor-Ofen und kleinen indischen Gerichter (Hauptgerichte um 16 $).

Union Square & Flatiron District

Chat 'n' Chew
10 E. 16th St., zw. Fifth Ave. und Union Square West., Tel. 212-243-1616, www.chatnchew.citysearch.com
Hauptgerichte um 10 $
Die Gäste sitzen an Bauerntischen, umgeben von antiken Küchengeräten, und lassen sich riesige Portionen dampfender Käsemakkaroni oder mit Honig glasierter Brathühnchen schmecken – echt amerikanisch. Sodawasser wird kostenlos nachgeschenkt. Der mächtigen Desserts wegen bleibt man gern länger.

Tamarind
41 E. 22nd St., zw. Broadway und Park Ave. South, Tel. 212-674-7400
Hauptgerichte um 22 $
Eines der besten indischen Restaurants der Stadt in modernen, hellen Räumlichkeiten. Ein Teil des Küchenbereichs ist verglast, so dass man den Köchen bei der Arbeit an den Tandoor-Öfen zuschauen kann, auf denen etwa das süchtig machende „Tamarind Nan" gebacken wird. Im **Tea Room** nebenan gibt es verschiedene Sandwiches (um 7 $), Vollweizenfladenbrot mit delikaten Füllungen wie Tandoori-Lachs oder mariniertem Lammfleisch, lockerleichte Backwaren und 14 Teesorten.

Midtown

Market Cafe
496 Ninth Ave., zw. 37th und 38th St., Tel. 212-564-7350
So geschlossen, Hauptgerichte um 12 $
Wenn nur jedes Viertel einen „real american diner" wie diesen hätte, wo man schnörkelloses Essen zu vernünftigen Preisen bekommt. Fashion People, New Yorker Cops und Besucher des nahen Javits-Kongresszentrums ringen zur Mittagszeit um einen der Barstühle an der Theke.

Noche
1604 Broadway, zw. 48th und 49th St., Tel. 212-541-7070
So geschlossen, Hauptgerichte um 21 $
Die „Dining Area" über vier Stockwerke, von einer enormen Lichtanlage in wechselnde Farben getaucht, ist spektakulär, die Küche lateinamerikanisch. Highlights auf der Karte sind „Ceviches" (marinierter Fisch), mit Honig glasiertes Rosmarin-Spanferkel und „Churros" (in Öl ausgebackene Kringel) zum Dessert. Dienstags und am Wochenende klingt der Abend mit Live-Musik und Tanz aus.

Pampano
209 E. 49th St., zw. Second und Third Ave., Tel. 212-751-4545, www.modernmexican.com/pampano
Hauptgerichte um 23 $
Das Restaurant im Hacienda-Stil, auf den Spitznamen seines Besitzers Plácido Domingo getauft, wechselte sein Küchenangebot so oft wie der Tenor seine Rollen. Unter dem neuen Chef Richard Sandoval stimmen Atmosphäre und gehobene mexikanische Kochkunst endlich überein.

Runde Sache: Sterneküche ohne Prätention im Butter

Solera
216 E. 53rd St., Ecke Third Ave., Tel. 212-644-1166, www.solerany.com
So geschlossen, Hauptgerichte um 29 $
Nach Büroschluss versammeln sich gut gelaunte Jungmanager in diesem Stadthaus an der Bar, schlürfen Sangria oder einen Sherry und kosten von den mehr als 20 verschiedenen Tapas. Hinten, im hübschen Speiseraum, lässt der Geräuschpegel nach, beugt sich die Kundschaft über hervorragend zubereitete iberische Köstlichkeiten. Spezialität des Hauses sind Fisch und Meeresfrüchte.

Upper East Side

Beyoglu
1431 Third Ave., Ecke 81st St., Tel. 212-650-0850
Hauptgerichte um 13 $
Der Gastronom Orhan Yegen hat schon eine ganze Reihe von türkischen Restaurants eröffnet. Zur Vorspeise isst man im Beyoglu kleine Gerichte wie „Hummus", gebratene Auberginen und Joghurtsuppe mit Minze. Als Hauptgericht sei Döner Kebap empfohlen mit knusprig gebratenen Lamm- und Rindfleischstreifen. Am Wochenende ist das Beyoglu gerammelt voll – auch ohne Yegen, der bereits ein neues Lokal gegründet hat.

Café Sabarsky
Neue Galerie New York, 1048 Fifth Ave., Ecke 86th St., Tel. 212-288-0665, www.wallserestaurant.com
Hauptgerichte um 14 $
Im Wiener Kaffeehaus Sabarsky herrscht mehr Trubel als in der Neuen Galerie, in der es sich befindet. Wohlsituierte ältere

Damen und Kulturhungrige kommen auf einen Kaffee mit Kuchen vorbei. Der Jahreszeit entsprechend werden auch Hauptgerichte wie Rindergulasch oder Spargel angeboten. Freitags lädt das Sabarsky gelegentlich zum Prix-fixe-Dinner mit Kabarett (95 $). Auch Ute Lemper ist hier aufgetreten.

Daniel

60 E. 65th St., zw. Madison und Park Ave., Tel. 212-288-0033, www.danielnyc.com

So geschlossen, Prix-fixe-Menü 85–160 $

Das Juwel unter Manhattans Haute-Cuisine-Restaurants. Hohe, verzierte Decken und Säulen aus Kalkstein rahmen den prächtigen, zweistöckigen Saal. Brokat, Samt und Damast verleihen ihm Opulenz. Die wahre Augenweide sind jedoch die kulinarischen Kunstwerke von Starkoch Daniel Boulud.

Upper West Side

Aix

2398 Broadway, Ecke 88th St., Tel. 212-874-7400

Hauptgerichte um 22 $

Britney Spears' kurzlebiges Restaurant hatte das Aix von seinem alten Platz verdrängt. Nun hat es Besitzer Didier Verot unter großem Beifall an anderer Stelle wiedereröffnet: Er verwandelte den verwinkelten, zwei Stockwerke hohen Restaurantbereich in ein farbenfrohes, holzgetäfeltes Zuhause für 160 Gäste, die seine provenzalische Kochkunst zu schätzen wissen.

Brooklyn

A Table

171 Lafayette Ave., Ecke Adelphi St., Fort Greene, Tel. 718-935-9121

Hauptgerichte um 17 $

„Zu Tisch!" bittet Besitzer Jean-Baptiste Caillet. Er setzt auf traditionelle französische Küche – etwa Muscheln und Lauch in Béchamel-Sauce – ohne Allüren eines Sternerestaurants. Das junge Publikum dankt es ihm. Zum Nachtisch besonders zu empfehlen: die Zitronen-Tarte.

Al di là

248 Fifth Ave., Ecke Carroll St., Park Slope, Tel. 718-783-4565, www.aldilatrattoria.com

Di geschlossen, Hauptgerichte um 15 $

Erstklassiges Essen, beschränktes Platzangebot und keine Möglichkeit zu reservieren – da muss man manchmal lange auf einen freien Tisch warten. Was sich aber lohnt: Das Ehepaar Emiliano Coppa und Anna Klinger hat jeden Tag andere norditalienische Gerichte auf der Speisekarte – und spätestens beim „gianduiotto", Schokoladeneis mit Haselnüssen und Sahne, schauen alle zufrieden in die Runde.

Chickenbone Café

177 South 4th St., zw. Driggs Ave. u. Roebling St., Williamsburg, Tel. 718-302-2663

Mo geschlossen, Hauptgerichte um 10 $

Die Einrichtung aus Zedernholz und Stahl und die hippe Klientel verleihen dem neuen, in einer ehemaligen Autowerkstatt eröffneten Restaurant die Atmosphäre einer coolen Berghütte. Mindestens ebenso viel Wert wie auf Design wird auf die Zubereitung so wagemutiger Kreationen wie Lachs mit Brunnenkresse und „Wasabi" auf Pumpernickel-Baguette gelegt.

The Grocery

288 Smith St., zw. Sackett und Union St., Carroll Gardens, Tel.718-596-3335

So geschlossen, Hauptgerichte um 21 $

Bunte, exotische Früchte zieren die Tische und verleihen dem schlichten, in Weiß und Grau gehaltenen Raum etwas Farbe. Trotz der exquisiten Gerichte und Manhattan-üblicher Preise besteht kein Zweifel, dass wir uns in Brooklyn befinden. Turnschuhe sind erlaubt, und die Inhaber findet man eher beim Reparieren wackliger Tische auf dem Boden kniend als in der Küche den Löffel schwingend.

I-Shebeen Madiba

195 DeKalb Ave., zw. Adelphi St. u. Carlton Ave., Fort Greene, Tel. 718-855-9190

Hauptgerichte um 13 $

Die All-Star-Shebeen Band verwandelt New Yorks einziges südafrikanisches Restaurant jeden Freitag in eine „House Party". Wegen des Essens lohnt sich ein Besuch natürlich auch. Die Gerichte sind eine bunte Mischung aus einheimischer Küche, gepaart mit asiatischen und europäischen Einflüssen.

Hohe elsässische Bistrokultur in Mid-Manhattan: Artisanal

Max Court

394 Court St., zw. Carroll St. und 1st Place, Carroll Gardens, Tel. 718-596-9797

Hauptgerichte um 11 $, keine Kreditkarten

Noch ein italienisches Restaurant auf Brooklyns Gourmetmeile in Carroll Gardens? Unbedingt, wenn es authentische süditalienische Küche zu erschwinglichen Preisen bietet. Mit seinem rustikalen, spärlich beleuchteten Gastraum, den charmanten, gut aussehenden italienischen Kellnern und einer Küche, die bis Mitternacht geöffnet ist, hat sich das Max Court zu einem der coolsten Treffs des Viertels entwickelt. Filialen in Manhattan: **Max** (51 Ave. B, zw. 3rd und 4th St., Tel. 212-539-0111) und **Max Soha** (1274 Amsterdam Ave., Ecke 123rd St., Tel. 212-531-2221).

Peter Luger

178 Broadway, Ecke Driggs Ave., Williamsburg, Tel. 718-387-7400, www.peterluger.com

Steak für zwei Personen 64,50 $, keine Kreditkarten

Das rustikale, schmucklose Restaurant gilt als eines der besten Steakhäuser in Amerika. Gegründet wurde es 1887 als deutsche Bierhalle, und auch heute geht es dort ähnlich gesellig und ausgelassen zu. Auf den Tisch kommen ausschließlich „Porterhouse Steaks": außen fast schwarz geröstet, innen zartrosa. Trotz notorischer Mängel wie schleppendem Service und barscher Bedienung – die Steaks sind 1A. Schließlich aß auch der langjährige Besitzer Sol Forman täglich eines (well-done), und er wurde 98 Jahre alt.

Planet Thailand

133 North 7th St., zw. Bedford Ave. und Berry St., Williamsburg, Tel. 718-599-5758

Hauptgerichte um 10 $, keine Kreditkarten

Ziegelwände und Betonfußböden stammen noch aus der Zeit, als das Gebäude industriell genutzt wurde. Heute bietet es sogar Platz für raumgreifende Kunstinstallationen. Die Küche ist nicht mehr rein thailändisch, auch Sushi und auf dem japanischen „hibachi" (Kohlebecken) zubereitete Gerichte werden angeboten. Filiale: **Thai Cafe** (429 Manhattan Ave., Ecke Kent St., Greenpoint, Brooklyn, Tel. 718-383-3562, Hauptgerichte um 8 $, keine Kreditkarten).

SEA Thai Restaurant and Bar

114 North 6th St., Ecke Berry St., Williamsburg, Tel. 718-384-8850

So geschlossen, Hauptgerichte um 9 $

Mit seiner Tanzmusik und einer kultigen Lounge, die im Stil der 1970er Jahre mit schaukelnden Kugelsesseln möbliert ist, könnte man das SEA für einen Nachtclub halten. Hat man erst seinen Tisch am Wasserbecken in der Mitte eingenommen, hält die Speisekarte die nächste Überraschung bereit. Für ein durchgestyltes Lokal wie dieses sind die Preise niedrig und die Thai-Gerichte von beachtlicher Qualität. Einzig die Desserts können nicht überzeugen. Aber wie wär's mit einem Granatapfel-Mojito zum Abschluss? **Filiale** in Manhattan: 75 Second Ave., zw. 4th und 5th St., Tel. 212-228-5505, Hauptgerichte um 10 $.

OASEN DER RUHE IN DER HEKTISCHEN STADT

Ob asketisch schlicht, barock verschnörkelt oder mit DJ-Beschallung in der Lobby – New York bietet für jeden Geschmack die richtige Unterkunft. Und wer clever bucht, kann beträchtlich sparen

Rund 70 000 Hotelzimmer gibt es in New York. Und doch ist es mitunter nicht einfach, ein Bett zu bekommen; speziell in der Vorweihnachtszeit und von Ostern bis zum Frühsommer ist New York ein begehrtes Ziel – und noch teurer als ohnehin schon. Wir haben bevorzugt Quartiere der mittleren Kategorie ausgewählt, die relativ günstig sind. Genannt werden jeweils die offiziellen Preise. Dazu addieren sich noch Steuern von 13,25 Prozent sowie eine Belegungsabgabe von 2 $ pro Nacht. Ein mit 150 $ ausgeschriebenes Hotelzimmer kommt so auf 172 $. Noch ein wichtiger Tipp: Fragen Sie nach Sondertarifen, Wochenendpauschalen, Familienrabatten. Irgendeine „Special rate" gilt immer!

Zimmerpreis: ab 300 $

Bryant Park Hotel

40 W. 40th St., Tel. 212-869-0100, Fax 212-869-4446, www.thebryantpark.net
DZ ab 325 $, Suite ab 450 $
Das Hotel, 2001 im historischen American Radiator Building eröffnet, einem der ersten Art-déco-Wolkenkratzer Manhattans am Rande des Bryant Park, setzt auf schnörkellosen Luxus. Selbstverständlich überwachen Personal Trainer den Workout im Fitness-Center.

Chambers

15 W. 56th St., zw. Fifth u. Sixth Ave., Tel. 212-974-5656, Fax 212-974-5657, gebührenfreies Tel. in Deutschland 0800-337-4683; www.chambersnyc.com, DZ ab 350 $
Designhotel an der Fifth Avenue, das nach dem Vorbild eines Künstlerlofts in SoHo gestaltet wurde. Über 500 Kunstwerke zieren die Räume, an den großen Schreibtischen liegt Zeichenpapier aus, und die Bäder sind begehbare Installationen aus Beton, Mosaiksteinen und Licht. Ein Tastendruck am Telefon, und den Gästen steht ein Personal Shopper im Edelkaufhaus Henri Bendel zur Verfügung.

Four Seasons

57 E. 57th St., zw. Park u. Madison Ave., Tel. 212-758-5700, Fax 212-758-5711, www.fourseasons.com
DZ ab 495 $
Als das Four Seasons 1993 öffnete, war es eine Sensation: keine plüschigen Kissenberge, vergoldeten Treppengeländer oder Louis-XIV.-Möbel, wie sie in den anderen Luxushotels üblich waren. Stattdessen eine Eingangshalle, so erhaben und schlicht wie ein klassischer Tempel, große Zimmer in hellem Platanenholz, die ihre High-Tech-Ausstattung verbergen: Ein Knopfdruck, und die Gardinen öffnen sich zum Panoramablick über den Central Park, die Wanne im Bad füllt sich in nur 60 Sekunden.
I. M. Pei, der Architekt der Louvre-Pyramide, hat dieses mit 52 Stockwerken höchste Hotel New Yorks entworfen, dessen Spitze gerade zu einer spektakulären Krone aus Licht und Glas umgebaut wurde. Die erste Wahl für alle, die das Geld dazu haben.

60 Thompson

60 Thompson St., zw. Broome u. Spring St., Tel. 212-431-0400, Fax 212-431-0200, www.60thompson.com
DZ ab 370 $
Durch das Café im Vorhof gelangt man in die Lobby der jüngsten Hotelattraktion in Downtown: trendy, aber nicht kühl, in ruhiger Lage im ansonsten turbulenten SoHo. Von der **A60**-Bar auf dem Dach bietet sich vom Frühling bis in die ersten Herbsttage ein einzigartiger Blick auf Manhattans Skyline. Das Restaurant **Thom** bietet ausgezeichnete europäisch-amerikanische Küche.

Abgehoben: die Lounge im Restaurant des Chambers Hotel

Außen Art déco, innen puristisch: das Bryant Park Hotel

CLEVER BUCHEN

Geld sparen lässt sich bei der Buchung im Internet, entweder über die Website des gewünschten Hotels oder über Reservierungsagenturen wie z. B. **www.hoteldiscount.com** oder **www.quikbook.com**. Auch über die Website des New Yorker Visitors Bureau **www.nycvisit.com** bzw. **www.newyork.de** lassen sich Hotels mit Sonderraten online buchen. Winters wie sommers können New-York-Besucher zudem bei Rabattaktionen des Fremdenverkehrsbüros sparen: „Paint the Town" (meist Jan. u. Feb.) und „Summer Break" (Juni–Anfang Sept.) heißen die Angebote, die Vergünstigungen bei Hotels, Restaurants, Shows bieten.

HOSTELS & HERBERGEN

Eine Übersicht über alle Jugendherbergen und Hostels in New York liefert die Website **www.hostels.com/us.ny.ny.html**. Hier zwei besonders empfehlenswerte Häuser:

HOSTELLING INTERNATIONAL NEW YORK 891 Amsterdam Ave., Ecke W. 103rd St., Tel. 212-932-2300, Fax 212-932-2574, www.hinewyork.org, Bett im Schlafsaal 29–34 $ (je nach Größe), für Nicht-Mitglieder 3 $ Aufschlag
Größtes Hostel der USA mit 624 Betten in 90 Schlafsälen. Schlichte, saubere Zimmer mit Klimaanlage; außerdem Fernsehraum, Gemeinschaftsküche, großer Garten und Sightseeing-Angebote. Höchstaufenthaltsdauer 14 Nächte.

JAZZ ON THE PARK 36 W. 106th St., zw. Central Park West u. Manhattan Ave., Tel. 212-932-1600, Fax 212-932-1700, www.jazzonthepark.com, DZ 130 $ (ohne Bad 80 $), Bett im Schlafsaal 23–32 $ (je nach Größe), inkl. Frühstück, Bettwäsche und Handtücher
Buntes, fröhliches Hostel nahe Columbia University und Central Park. Live-Jazz in der Club Lounge, BBQ auf der Dachterrasse und Internetzugang rund um die Uhr. Gerade drei Monate alt und ebenso günstig ist die Midtown-Depandance **JAZZ ON THE TOWN, 130 E. 57th St., Ecke Lexington Ave., Tel. 212-651-3260 (im Gebäude des Habitat Hotel).**

WOHNEN AUF ZEIT

AFFORDABLE NYC Tel. 212-533-4001, Fax 212-387-8732, www.affordablenewyorkcity.com
Die Agentur vermittelt Zimmer oder Apartments von 3 Tagen bis zu mehreren Wochen oder Monaten in ganz Manhattan. Zimmer ab 100 $, Apartments ab 140 $, Monatsraten ab 2400 $.

CITYSONNET Tel. 212-614-3034, Fax 425-920-2384, www.citysonnet.com, Zimmer ab 80 $, Apartment ab 135 $
Ein Künstlerehepaar führt die Agentur (früher unter dem Namen West Village Reservations bekannt), die vorwiegend Zimmer und Apartments in Chelsea, SoHo und Greenwich Village anbietet.

NEW YORK HABITAT Tel. 212-255-8018, Fax 212-627-1416, www.nyhabitat-vacation.com
Mitwohnzentrale, Wohnungsvermittlung und Bed & Breakfast-Service. Umfassendes Angebot an möblierten und unmöblierten Apartments für Aufenthalte ab 3 Tagen. Deutsch sprechende Mitarbeiter sind bei der Auswahl behilflich.

APARTMENTS INC. PETRA LOEWEN Tel. 718-855-8807, Fax 718-858-5140, www.aptpl.com
Dank der deutschen Inhaberin dieses Immobilienmaklerbüros ist das Buchen einfach. Petra Loewen bietet komplett möblierte Wohnungen in allen Stadtteilen, vom 1-Zimmer-Studio bis zum Luxus-Penthouse.

W New York Union Square
201 Park Ave. South, Ecke E. 17th St., Tel. 212-253-9119, Fax 212-253-9229, www.whotels.com
DZ ab 309 $
Direkt am Union Square eröffnete 2000 der modernste und eleganteste Ableger der edlen Hotelkette und hat sich schnell zum Treffpunkt der Reichen und Schönen entwickelt. Die **Underbar** mit ihren rot gepolsterten Séparées ist eine der ersten Flirt-Adressen der Stadt. Der 24-Stunden-Service lässt nichts unversucht, um auch die ausgefallensten Gästewünsche zu erfüllen.

Zimmerpreis: 150–300 $

Hotel Beacon
2130 Broadway, Ecke W. 75th St., Tel. 212-787-1100, Fax 212-724-0839, www.beaconhotel.com
DZ ab 149 $
Das ehrwürdige Haus auf der Upper West Side ist beliebt bei Musikkennern: Das Lincoln Center ist nur wenige Blocks entfernt, und Jazzmusiker der Spitzenklasse treten im Beacon Theatre gleich nebenan auf. Feine Delikatessengeschäfte wie Zabar's und Fairway in unmittelbarer Nähe animieren dazu, die Küchenzeilen zu nutzen, mit denen alle 200 Zimmer versehen sind.

Hotel Belleclaire
250 W. 77th St./Ecke Broadway, Tel. 212-362-7700, Fax 212-362-1004, www.hotelbelleclaire.com
DZ ab 170, ohne Bad 109 $
Preisgünstiges Hotel in einem Beaux-Arts-Gebäude auf der Upper West Side. Die komfortablen Betten in den geräumigen Zimmern wurden bereits mehrfach zu den besten in der Hotelkategorie unter 200 $ gewählt. Ideal für Familien sind die aneinander grenzenden Zimmer mit Verbindungstür.

Wo Götter am liebsten einchecken: Rezeption im Four Seasons Hotel

City Club Hotel
55 W. 44th St., zw. Fifth u. Sixth Ave., Tel. 212-921-5500, Fax 212-944-5544, www.cityclubhotel.com
DZ ab 275 $
Die Lobby ist so klein, dass man fast daran vorbeigeht – und das ist Absicht. Hotelier Jeff Klein setzt sich mit seiner „Antilobby" von anderen Designhotels der Stadt ab, in denen manchmal DJs auflegen und Partys bis spät in die Nacht gefeiert werden. Der City Club soll eine „Dekompressionskammer" sein: raus aus dem Stress der Stadt in die Ruhe moderner, gemütlicher Zimmer, die in warmen Schokoladen- und Wolltönen gehalten sind. Das Restaurant **DB Bistro Moderne** ist ein schicker, jüngerer Ableger des New Yorker Sterne-Restaurants von Daniel Boulud.

Doubletree Guest Suites
1568 Broadway, Times Square, Tel. 212-719-1600, Fax 212-921-5212, www.doubletree.com
Suite ab 209 $
Ideal für Familien ist das Apartment-Hotel direkt am Times Square. Die kindersicheren Suiten mit großem Wohnzimmer bieten ausreichend Platz. Im „Kids Club" gibt es Spielzeug sowie Computer und Video-Spiele. Babysitting-Service vorhanden.

Swissôtel New York – The Drake
440 Park Ave., Ecke 56th St., Tel. 212-421-0900, Fax 212-371-4190, www.swissotel.com
DZ ab 225 $
Das New Yorker Prunkstück der Luxus-Hotelkette zählt zu den schönsten und elegantesten Adressen an der Park Avenue und ist für seinen erstklassigen Service bekannt. Das hauseigene Spa & Fitness Center gehört zu den besten der Stadt.

Gramercy Park Hotel
2 Lexington Ave., Ecke 21st St., Tel. 212-475-4320, Fax 212-505-0535, www.gramercyparkhotel.com
DZ ab 170 $
Nostalgischer Charme in einem der schönsten und ruhigsten Viertel Manhattans. In der Lobby

Selbst die Lobby ist eine Bibliothek: das Library Hotel

mit ihren hohen Decken und Kronleuchtern aus den 1920er Jahren scheint die Zeit stillzustehen. Von einigen der für New Yorker Verhältnisse sehr großen Zimmer hat man einen herrlichen Blick auf den privaten Gramercy Park, zu dem nur Anwohner und Hotelgäste Zugang haben.

Holiday Inn Downtown
138 Lafayette St., zw. Canal u. Howard St., Tel. 212-966-8898, Fax 212-966-3933, www.holidayinn-nyc.com
DZ ab 199 $
Chinatown, Financial District, TriBeCa und SoHo erreicht man von hier ganz schnell. Die hellen, geräumigen Zimmer bieten allen Komfort, Internetzugang und Kabelfernsehen inklusive. Eine empfehlenswerte Alternative zu den Hotels in Midtown.

Hudson
356 W. 58th St., zw. Eighth u. Ninth Ave., Tel. 212-554-6000, Fax 212-554-6001, www.hudsonhotel.com
DZ ab 225 $
Die jüngste Kooperation von Hotelier Ian Schrager und Designer Philippe Starck. Die Zimmer sind selbst für New Yorker Standards winzig. Das stört die cool gestylte Klientel jedoch wenig. Der Dachgarten mit herrlichem Blick über Manhattan sowie der Wintergarten und die architektonisch raffinierte **Hudson Bar** bieten ausreichende Entschädigung.

Library Hotel
299 Madison Ave., Ecke 41st St., Tel. 212-983-4500, Fax 212-499-9099, www.libraryhotel.com
DZ ab 265 $
Ein Paradies für Bibliophile. Jede Etage ist einer Themenkategorie gewidmet, entsprechend wurde die Literaturauswahl für jedes der 60 Zimmer getroffen. Favorit ist der „Love Room" mit romantisch-erotischer Literatur und einer Terrasse, die einen einzigartigen Blick auf die New York Public Library bietet. Bücher umgeben den Gast überall im Haus: Im 2. Stock befindet sich der „Reading Room", der „Poetry Garden" mit Dachterrasse lädt im 14. Stock zum Schmökern ein.

Marriott Financial Center
85 West Street, Tel. 212-385-4900, Fax 212-227-8136, www.marriott.com
DZ ab 229 $
Nur wenige Monate nach den Anschlägen auf das World Trade Center wurde das Haus mit neuer Lobby und frisch renovierten Zimmern im Frühjahr 2002 wiedereröffnet. Viele der Zimmer haben einen herrlichen Ausblick auf den Hudson. Die Hotelkette betreibt in Manhattan weitere Häuser, darunter das Marriott Marquis (1535 Broadway, Tel. 212-398-1900) und das Marriott East Side (525 Lexington Avenue, Tel. 212-755-4000).

The Muse
130 W. 46th St., Tel. 212-485-2400, Fax 212-485-2900, www.themusehotel.com
DZ ab 229 $
Bar-Lounge-Atmosphäre im Theater District. Jazz als Untermalung, eine Rezeption, die aus zwei eleganten Schreibtischen mit Laptops besteht. Modisch in Schwarz gekleidete Doormen geleiten die Gäste auf die sehr großzügig geschnittenen, modern eingerichteten Zimmer in diesem ultraschicken Haus. Das **District**, eines der besten Restaurants am Times Square, serviert erstklassige neue amerikanische Küche.

On the Ave
2178 Broadway, Ecke 77th St., Tel. 212-362-1100, Fax 212-787-9521, www.ontheave-ny.com
DZ ab 159, Suite ab 300 $
Penthouse-Erlebnis auf der Upper West Side. Der gläserne Hotelturm beherbergt 23 elegante Suiten, von deren Balkonen sich ein atemraubender Blick auf den Hudson River oder den Central Park bietet. Gäste der gut 300 Standardzimmer können die großartige Aussicht von der mit Palmen und Sonnenstühlen ausgestatteten Dachterrasse im 16. Stock genießen.

Roger Williams Hotel
131 Madison Ave., Ecke 31st St., Tel. 212-448-7000, Fax 212-448-7007, www.rogerwilliamshotel.com
DZ ab 190 $
Ein Geniestreich des Architekten Rafael Viñoly. In der Lobby – gestaltet wie ein hohes, gläsernes Atrium – setzen helles Ahornholz, Kalkstein und zinkbeschichtete Säulen die Akzente. Die Liebe des Architekten für japanische Wohnkultur findet sich in vielen Details wieder. So sorgen beispielsweise Schiebetüren im Shoji-Stil in allen Räumen für angenehm warmes Licht.

The Westin New York at Times Square
270 W. 43rd St., Ecke Eighth Ave., Tel. 212-201-2700, Fax 212-201-2701, www.westinny.com
DZ ab 239 $
Das neueste Wahrzeichen des Times Square: Die 45 Stockwerke hohen, durch einen Licht-

Kitsch oder Avantgarde? Das Westin am Times Square (oben). Bei der Wahl der »sexiest bell boys« gewann das City Club Hotel

Erst im Schlafsaal übernachten, dann Limo fahren: Gershwin Hotel

bogen voneinander getrennten, bunt verglasten Prismen verbinden spektakulär Kunst und Architektur. An ihrem Fuß befindet sich der **E-Walk**, ein Komplex mit Restaurants und Geschäften.

Zimmerpreis: 90–150 $

Broadway Inn
264 W. 46th St., Tel. 212-997-9200, Fax 212-768-2807, www.broadwayinn.com
DZ ab 139 $ inkl. Frühstück
Bed & Breakfast wie in Neuengland. In der gemütlichen Lobby im zweiten Stock fühlt man sich gleich zu Hause, und das freundliche, sehr hilfsbereite Personal tut alles, damit das während des gesamten Aufenthaltes so bleibt.

Chelsea Inn
46 W. 17th St., zw. Fifth u. Sixth Ave., Tel. 212-645-8989, Fax 212-645-1903, www.chelseainn.com
DZ 159 $, ohne Bad 129 $
Die beiden liebevoll renovierten Stadthäuser aus dem 19. Jahrhundert sind besonders bei Reisenden mit knappem Budget und bei Langzeitgästen beliebt. Von einigen der geräumigen, mit Kochnischen ausgestatteten Zimmer und Suiten hat man einen Blick in den kleinen, von Efeu umrankten Hinterhof.

Minimalistischer Charme fürs reduzierte Budget: ein Zimmer im Marcel

Cosmopolitan
95 West Broadway, Ecke Chambers St., Tel. 212-566-1900, Fax 212-566-6909, www.cosmohotel.com
DZ ab 119 $
Selbst in einem der teuersten Viertel in Manhattan lässt sich für wenig Geld residieren. In TriBeCa zwischen SoHo und dem Financial District gelegen, bietet das kleine, ruhige Hotel einwandfreien Service und Komfort.

Gershwin Hotel
7 E. 27th St., Ecke Fifth Ave., Tel. 212-545-8000, Fax 212-684-5546, www.gershwinhotel.com
DZ ab 99 $, Bett in einem der 8-Bett-Schlafräume 30 $
Künstlerhotel im historischen Flatiron District. Pop-Art von Andy Warhol und Roy Lichtenstein schmückt die farbenfrohe Lobby, zeitgenössische Kunst ziert Zimmer, Flure und Fahrstühle. Eine Galerie im ersten Stock zeigt wechselnde Ausstellungen New Yorker Künstler. Im **Living Room** finden regelmäßig Jazzkonzerte und Lesungen statt.

Habitat
130 E. 57th St., Ecke Lexington Ave., Tel. 212-753-8841, Fax 212-838-4767, www.habitatny.com
DZ ab 135 $, ohne Bad ab 85 $
Die Lobby empfängt mit asketischem Chic, die Zimmer sind modern und stilsicher eingerichtet, die Bäder tadellos sauber. Neben der strategischen Lage nahe Central Park und den Museen und Geschäften in Midtown bilden die Preise das zweite große Plus. Mit dem Restaurant **Opia** befindet sich eine attraktive Lounge im Haus, mit vorzüglicher Küche französischer Prägung.

Herald Square Hotel
19 W. 31st St., zw. Fifth Ave. u. Broadway, Tel. 212-279-4017, Fax 212-643-9208, www.heraldsquarehotel.com
DZ mit Bad ab 99 $, EZ ohne Bad 65 $, Studentenermäßigung
Die berühmte Putte von Philip Martiny an der Fassade und gerahmte Original-Titel des „Life Magazine" entlang der Flure zeugen von der Vergangenheit dieses Jugendstilgebäudes. 1894 fertig gestellt, beherbergte es über Jahre die Redaktionsräume der legendären Zeitschrift. Die kleinen, hellen Zimmer in dem 1999 renovierten Hotel verfügen alle über Telefon, Kabelfernsehen und Safe.

Larchmont Hotel
27 W. 11th St., zw. Fifth u. Sixth Ave., Tel. 212-989-9333, Fax 212-989-9469, www.larchmonthotel.com
DZ ab 90 $ inkl. Frühstück
Geranientöpfe schmücken den Treppenaufgang zu dem frisch renovierten Stadthaus in einer von Bäumen gesäumten, ruhigen Wohnstraße in Greenwich Village. Die im französischen Kolonialstil mit Bambusmöbeln und Deckenventilatoren eingerichteten Zimmer sind ohne Bad. Je zwei Bäder sowie ein Küchentresen befinden sich auf jeder Etage.

The Lucerne
201 W. 79th St., Ecke Amsterdam Ave., Tel. 212-875-1000, Fax 212-721-1179, www.newyorkhotel.com/lucerne/lucerne.htm
DZ ab 140 $
Fünf-Sterne-Feeling für wenig Geld. Aufmerksames Personal, hervorragender Service und beste Lage nahe dem Central Park. Dazu ein Fitness Center mit herrlichem Blick auf den Hudson. Kinder werden von den Nintendo-Spielen begeistert sein, die in jedem Zimmer bereitstehen.

The Marcel
201 E. 24th St., Ecke Third Ave., Tel. 212-696-3800, Fax 212-696-0077, www.nychotels.com/marcel.html
DZ ab 115 $
Designhotel für wenig Geld. Das bei Trendsettern aus der Modeszene beliebte Haus besticht durch seinen minimalistischen Chic. Die von Gourmetkritikern hochgelobte Restaurant-Lounge **Spread** mit hervorragender Sushi Bar bietet Zimmerservice bis Mitternacht.

Olcott
27 W. 72nd St., zw. Central Park West u. Columbus Ave., Tel. 212-877-4200, Fax 212-580-0511, www.hotelolcott.com
Suite 130 $ pro Tag, 840 $ pro Woche, Mindestaufenthalt 3 Tage
Ein- und Zweizimmer-Apartments mit Küche. Reservierung nur gegen Anzahlung per Reisescheck oder Money Order.

Red Roof Inn
6 W. 32nd St., zw. Broadway u. Fifth Ave., Tel. 212-643-7100, Fax 212-643-7101, www.redroof.com
DZ ab 99 $ inkl. Frühstück
Manhattan-Ableger einer großen US-Hotelkette, nahe Empire State Building und Times Square gelegen. Die Gegend wird wegen der vielen koreanischen Restaurants auch „Koreatown" genannt. Kinder unter 18 Jahren übernachten im Zimmer der Eltern kostenlos.

ThirtyThirty
30 E. 30th St., zw. Madison u. Park Ave. South, Tel. 212-689-1900, Fax 212-689-0023, www.3030nyc.com
DZ ab 125 $
Nach gründlicher Renovierung residiert seit 2001 das hippe ThirtyThirty im früheren Martha Washington Hotel. Die legendäre Unterkunft, 1903 eröffnet, be-

Blumiger Empfang: ein Rezeptionist im Designhotel Habitat

Sofas, Stuck, Kronleuchter: Die pompöse Lobby des Hotel Wolcott

herbergte ausschließlich Frauen, viele von ihnen als Langzeitmieterinnen. Von den ursprünglichen Räumlichkeiten profitieren die Gäste auch heute. Die Zimmer sind geräumig, viele sogar mit Kochnischen ausgestattet.

Hotel 31
120 E. 31st St., zw. Lexington u. Park Ave., Tel. 212-685-3060, Fax 212-532-1232, www.hotel31.com
DZ ab 89 $
Elegantes, sehr preiswertes Hotel in Midtown. Jedes der 60 Zimmer ist individuell eingerichtet und tapeziert. Mit ein wenig Glück ergattert man eines der Zimmer mit Blick auf das nur wenige Blocks entfernte Empire State Building.

Union Square Inn
209 E. 14th St., Ecke Third Ave., Tel. 212-614-0500, Fax 212-614-0512, www.unionsquareinn.com
DZ mit Twinbed ab 99 $ inkl. Frühstück
Am nördlichen Rand des East Village, unweit des Union Square liegt das fünfstöckige, frisch renovierte Hotel. Die 41 Räume sind klein, aber alle mit eigenem, sehr geräumigen Bad. Kein Fahrstuhl.

Urban Jem Guest House
2005 Fifth Ave., Ecke 125th St., Tel. 212-831-6029, Fax 212-831-6940 www.urbanjem.com
DZ ab 120, ohne Bad ab 105 $
Eine der raren Übernachtungsmöglichkeiten in Harlem. Die einstige Managerin Jane Mendelson hat ein 125 Jahre altes Stadthaus in eine Bed & Breakfast-Pension mit vier Zimmern umgebaut, die für New Yorker Verhältnisse enorm geräumig sind und sogar über eigene Küchen verfügen. Es ist ruhig, familiär, und mit der U-Bahn ist man in 20 Minuten Downtown.

Washington Jefferson Hotel
318 W. 51st St., zw. Eighth u. Ninth Ave., Tel. 212-246-7550, Fax 212-246-7622, www.wjhotel.com
DZ ab 139 $
Ideal für alle Besucher, die zu moderaten Preisen und zentral wohnen möchten, ohne dabei auf Luxus und Komfort zu verzichten. Aufmerksames, hilfsbereites Personal.

Washington Square Hotel
103 Waverly Place, Tel. 212-777-9515, Fax 212-979-8373, www.wshotel.com
DZ ab 149 $ inkl. Frühstück
Charmantes, familiengeführtes Hotel in Greenwich Village. Die unmittelbare Nähe zur New York University macht das komfortable, unprätentiöse Haus zu einer beliebten Adresse bei jungen und jung gebliebenen

Gediegenes Ambiente für Partygänger in der Lower East Side: Off Soho Suites

Reisenden. In der angesagten Restaurant-Lounge **North Square** gibt es jeden Sonntag einen Jazz-Brunch.

Hotel Wolcott

4 W. 31st St., zw. Fifth Ave. u. Broadway, Tel. 212-268-2900, Fax 212-563-0096, www.wolcott.com

DZ ab 99 $

Ein Hauch von Versailles. Die Zimmer sind bei weitem nicht so pompös wie die reichlich mit Gold, Marmor und Spiegeln verzierte Lobby, jedoch komfortabel und vor allem preiswert. 24-Stunden-Concierge- und Reinigungsservice.

Zimmerpreis: unter 90 $

Carlton Arms Hotel

160 E. 25th St., Ecke Third Ave., Tel. 212-684-8337, Reservierung 212-679-0680, www.carltonarms.com

DZ mit 95 $ (80 $ ohne Bad) für ausländische Gäste und Studenten

Mitte der 1980er Jahre nahmen sich Avantgarde-Künstler der heruntergekommenen Bleibe an und machten daraus ein bewohnbares Museum. Jedes der 54 Zimmer ist unter einem Motto gestaltet, Wandgemälde und Skulpturen schmücken jeden einzelnen Zentimeter. In Raum 4C beispielsweise findet man sich im Bauch eines U-Bootes wieder, in 6C fühlt man sich wie in der Karibik, und in 8B sieht man rot. Die Zimmer haben weder Telefon noch Fernsehgeräte.

Off Soho Suites

11 Rivington St., zw. Chrystie St. u. Bowery, Tel. 212-979-9808, Fax 212-979-9801, www.offsoho.com

Suite für 2 Personen ab 79 $, für 4 ab 149 $

Geräumige Apartments mit ein oder zwei Zimmern, Küche und Bad. Eine preisgünstige Alternative für Langzeitbesucher und Partygänger in der Lower East Side. Das Club und Bar Hopping beginnt direkt vor der Haustür.

St. Mark's Hotel

2 St. Mark's Place, Ecke Third Ave., Tel. 212-674-0100, Fax 212-420-0854, www.stmarkshotel.qpg.com

DZ 80 $, mit zwei King-Size-Betten für vier Personen 120 $, keine Kreditkarten

Eine Bleibe für junge, budgetbewusste Reisende mitten im East Village. Die funktional-einfachen Zimmer verfügen alle über Bad und Kabelfernsehen.

Hotel 17

225 E. 17th St., zw. Second u. Third Ave., Tel. 212-475-2845, Fax 212-677-8178, www.hotel17ny.com

DZ ab 85 $, Wochenraten möglich

Hip, cool und unkonventionell. Woody Allen, Madonna und David Bowie nutzten die exzentrischen Räumlichkeiten schon für ihre Film-, Foto- und Videoaufnahmen. Mode-Shootings auf dem Dach sind keine Seltenheit.

SoHotel

341 Broome St., zw. Elizabeth St. und Bowery, Tel. 212-226-1482, Fax 212-226-3525, www.pioneerhotel.com

DZ ab 69 $ (ohne Bad 59 $)

Zugegeben, es gibt attraktivere Gegenden. Dafür bietet New Yorks ältestes Hotel, zwischen Chinatown und Little Italy gelegen, saubere Zimmer zu einem unschlagbar günstigen Preis. Luxus kann man dafür nicht erwarten.

Anuschka Tomat

Schnörkelloser Luxus im Theater District: Washington Jefferson Hotel

DIE TOP-KAUFHÄUSER

1846 eröffnete in New York das erste Kaufhaus Amerikas, der „Marmorpalast" – Prototyp für die Konsumtempel an Broadway und Fifth Avenue. Wenigstens einen der „Big Name Shops" sollten Sie sich ansehen.

MACY'S, 151 West 34th St., zw. Seventh Ave. und Broadway, Tel. 212-695-4400
Zu den wohl größten Kaufhäusern in der Welt gehört Macy's: ein ganzer Häuserblock, elf Etagen und unzählige Eingänge; reichlich verschachtelt ist besonders der ältere Teil mit den hölzernen Rolltreppen. Gründer Roland Macy hat übrigens die Weihnachtsmänner als Verkaufshilfen „erfunden". Sehenswert: die Feinkost-Abteilung im Basement; praktisch: der MoMA Gift Shop im Zwischengeschoss (1./2. Etage).

BLOOMINGDALE'S, 1000 Third Ave., Ecke 59th St., Tel. 212-705-2000
„Bloomie's" nennen die New Yorker zärtlich ihre mehr als 100 Jahre alte Institution mit 87 000 Quadratmetern und eigener U-Bahn-Haltestelle (59 Street). Designermode-Previews, Schönheits-Beratungen und Kochkurse locken Kundschaft in die riesigen Abteilungen.

SAKS FIFTH AVENUE, 611 Fifth Ave., zw. 49th u.50th St., Tel. 212-753-4000
Angeblich hat Saks die beste und exklusivste Parfümabteilung des Kontinents, ansonsten ist das Haus ziemlich übersichtlich, pflegt sein elegantes luxuriöses Ambiente, bietet namhafte Designermode, aber auch die bekannte und sehr bezahlbare „house brand": Saks Fifth Avenue. Wie bei vielen Nobelkaufhäusern gibt es einen Rundum-Service mit Personal Shoppers und Übersetzern.

BERGDORF GOODMAN, 754 Fifth Ave., zw. 57th u. 58th St., Tel. 212-753-7300
Luxusmode für drüber, drunter, Sport, Hochzeit, Auge, Fuß, dazu passendes Make-up und Coiffure; gegenüber auf der anderen Straßenseite: Bergdorf für Männer.

LORD & TAYLOR, 424 Fifth Ave., zw. 38th St. u. 39th St., Tel. 212-391-3344
Klassisch, snobby, konservativ – Wolle und Kaschmir für Banker und Broker und alle, die so aussehen (wollen). Unzweifelhaft die schönsten Weihnachtsschaufenster der Stadt; meist muss man sogar davor Schlange stehen wie im Museum.

TAKASHIMAYA, 693 Fifth Ave., zw. 54th u. 55th St., Tel. 212-350-0100
Eine sooo schöne Welt: minimalistisch und stylish bis ins Detail, ein „Mekka des guten Geschmacks"; unglaublich teuer, aber unbedingt einen Besuch wert, besonders wegen der Blumenkreationen des Pariser Starfloristen Christian Tortu und des japanisch-meditativen Ambientes im Tea Room.

TIPP:
Sollten Ihre Transportkapazitäten nicht ausreichen und Sie noch eine Tasche brauchen, dann das Original: **MANHATTAN PORTAGE**. Ob Kuriertasche oder schlichte Schultertasche, alles aus unverwüstlichem Nylon und seit mehr als 20 Jahren trendy, ergo klassisch. Info: www.manhattanportage.com. Verkauf: Manhattan Portage 333 East 9th St. (East Village) und 301 West Broadway (SoHo).

DIE BESTE WAHL OHNE QUAL

Die Vielfalt der Einkaufsmöglichkeiten in der Kapitale des Kommerz sprengt jedes Format. Doch keine Sorge: Für jeden Shopping-Typ gibt es detaillierte Führer mit guten Spartipps. Wir stellen die besten vor

Durchblick auf allen Ebenen: die Manhattan Mall

Shopping ist nicht nur Teil des American Way of Life – es ist auch eine Kunst. Schon Andy Warhol prophezeite: „Alle Kaufhäuser werden zu Museen werden und alle Museen zu Kaufhäusern." Und das New York des 21. Jahrhunderts ist der beste Beleg dafür. Ob Whitney, MoMA oder Guggenheim – die Museen leben heute von ihren Läden.
In den großen Kaufhäusern der Stadt wie Barneys oder Bergdorf Goodman hingegen wird jeder Schal, jeder Löffel so elegant präsentiert, als handele es sich dabei um ein Kunstwerk.
Eine umfassende Auswahl der schönsten, besten und günstigsten Geschäfte würde dieses GEO Special sprengen. Wir stellen Ihnen deshalb die hilfreichsten aktuellen **Wegweiser durch das Shopping-Paradies** vor.
Sie können alle empfohlenen Bücher in den Filialen von Barnes & Noble kaufen oder auch bei Internetbuchhandlungen.

Grundausstattung für alle

Im März 2003 erschienen, vom renommierten Zagat Verlag: **New York City Shopping.** Der „Guide Michelin" unter den Einkaufshilfen. Bewertet wurde allerdings nicht von elitären Testern, sondern von rund 7200 Käufern. Besonders gut: Der Index verweist auf Stadtviertel, „Store Types" oder Produkte – wer Sportartikel, Handtaschen oder Raucherbedarf sucht, findet flugs die richtige Adresse. Das Beste: Detailkarten mit genauer Lokalisierung der Geschäfte. Eine Fundgrube für zielstrebige Shopper. **New York City Shopping, Zagat Survey, New York, 14,95 $, www.zagat.com.** Tipp: Wer das vierteilige **Bigger Big Apple Pack** kauft – Shopping, Restaurants, Nightlife und Marketplace zu 43,90 $ –, spart fast zehn Dollar gegenüber dem Einzelpreis und erwirbt damit ein Rundum-Sorglos-Paket.
Shopping-Profi **Suzy Gershman** arbeitete 25 Jahre in der Modeindustrie, seit fast 20 Jahren teilt sie ihr Know-how mit den Lesern. Ihre Hinweise sind pragmatisch („The best 10 $ Gifts") und knapp erläutert (z. B. warum es ein „President's Day Sales" gibt und was dann besonders günstig ist), sie klärt auf über „Sales Taxes", widmet den Sonderangeboten ein ganzes Kapitel, stellt für Uptown und Downtown Adressen zusammen, ergänzt mit zehn Karten.

VIP-Treatment für Kunden: Doormen öffnen die Türen bei Barneys

Besondere Highlights sind die drei fix und fertigen Shopping-Touren. Eine gute Alternative zum Zagat. Born to Shop – New York, **Suzy Gershman, Hungry Minds, New York, 15,99 $, www.frommers.com.**

Für Fashionistas

Laut „Vogue" die neue Bibel: Where to Wear 2003. Herausgeberin Jill Fairchild hat für „GQ" und „Vogue" gearbeitet, und ihre Kompetenz ist unbestreitbar. 800 Modeadressen (von Women's Casual bis Men's Designer) und praktische Extras wie die Größentabelle zum Umrechnen. Herzstück ist das 230 Seiten starke „Store Directory", das selbst für einzelne Filialen genaue Öffnungszeiten angibt. **Where to Wear 2003 New York, Jill Fairchild & Gerri Gallagher, New York/London, 12,95 $, www.wheretowear.com.**

Für Geschichtsbewusste

Wer wollte nicht immer schon wissen, dass der legendäre Herrenausstatter Brooks Brothers für Abe Lincoln den Anzug schneiderte, in dem dieser 1865 erschossen wurde? Nach 350 Seiten Lektüre hat man seinen Wissenshorizont auf unterhaltsame Weise erweitert. The Historic Shops & Restaurants of New York, **Ellen Williams & Steve Radlauer, The Little Bookroom, New York, 14,95 $, www.littlebookroom.com.**

Für Intellektuelle

Mehr als 300 Architekten, Filmemacher, Dichter, Autoren, Designer schreiben über ihre Nachbarschaft. Michael Cunningham, Autor von „The Hours" und Pulitzer-Preisträger, beschreibt seinen Lieblingsbuchladen in Greenwich und wünscht sich, er könne eines Tages unter den Bodendielen in der Südwestecke des Ladens begraben werden – großartiger Lesestoff. Nach Stadtteilen geordnet; zu jedem Kapitel gibt es eine Karte. City Secrets New York City, **Robert Kahn, The Little Bookroom, New York, 24,95 $, www.citysecrets.com.**

Für Geizkragen

Donna Karan, Armani und „Versadschi" heißen die Zauberworte der Discount-Department-Stores, und schließlich: Wer kennt sie nicht, diese Lust auf Schnäppchen. Dann noch mitten in Manhattan das Doppelzimmer zu 99 $ die Nacht und den Lunch für weniger als 5 $. Mr. Cheap's New York machts möglich! **Mr. Cheap's New York, Michelle Roy Kelly & Jennifer M. Wood, Adams Media, Holbrook, 9,95 $, www.adamsmedia.com.**

Ohrringe für unter 150 Dollar? Bei Tiffany müssen Sie nur telefonisch einen Termin mit einem Personal Shopper ausmachen. Dann liegt schon eine Auswahl bereit, wenn Sie ins Geschäft treten. In ihrem „Führer für Geizhals-Millionäre auf Schnäppchenjagd" mischt die Autorin, seit sechs Jahren für die „New York Times" tätig, Informationen mit schönen Anekdoten. The Cheapskate Millionaire's Guide to Bargain Hunting in the Big Apple, **Tracie Rozhon, Three Rivers Press/Random House, New York, 15 $, www.randomhouse.com.**

Man kann in New York für 100 $ dinieren – oder für 15. Ob japanisch, kreolisch, polnisch oder amerikanisch: Marrelli und Dardick machen es möglich mit 100 Gramm Buch. Cheap Thrills New York, **Nancy Marrelli & Simon Dardick, Véhicule Press, Montréal, 8,95 $, www.cheapthrillsguides.com.**

Hohe Hallen für Stil-Asketen: das japanische Kaufhaus Takashimaya

Für hilflose Schnäppchenjäger

Für Unorganisierte oder Menschen mit wenig Zeit die schnelle Einkaufshilfe: Pamela Parisi findet Designerklamotten für wenig Geld. Ihre fünfstündige Shopping-Tour zu „Sample Sales" und „Warehouses" ist vom Feinsten und kostet 75 $ inkl. Lunch, Discounts und ihrem Buch Dress Like a Million Bucks ... (14,95 $); Voranmeldung unter **Tel. 631-841-2111 oder unter www.theeleganttightwad.com**

Irene Leipprand

VON WEGEN KLEIDER! KUNST AM KÖRPER

Die berühmten Modelabels präsentieren sich in New York mit wegweisenden Flagship Stores – inspirierend auch ohne Platinum Card. In kleinen Läden in Downtown gilt es, die Newcomer zu entdecken

Keine Sporttribüne, sondern Schuhauslage: Prada Flagship Store

Einen Trend voraus: Forward (oben) und der Alexander McQueen Shop (unten)

Welche ist die Modekapitale der Welt: Paris oder New York? Für New York spricht, dass hier die wohl einzige Tageszeitung für Mode, die „Women's Wear Daily", herausgegeben wird; und dass die Stadt ein unerschöpfliches Potenzial an talentiertem Nachwuchs zu bieten hat. Vor allem fernab der mit Nobelboutiquen gesäumten Madison und Fifth Avenue siedeln sich immer mehr junge, unabhängige Designer an: in SoHo, der Lower East Side, Brooklyn oder dem Meatpacking District. In ihren Läden wird der Kunde zum Entdecker. Und auch wer nichts kaufen mag, nimmt etwas mit nach Hause: viele gute Ideen fürs eigene Styling. Und die sind oft wichtiger als ein teures Outfit.

Trendsetter

Alexander McQueen

417 W. 14th St., Meatpacking District, Tel. 212-645-1797, www.alexandermcqueen.com

Mal lässt er seine Models wie Vampire ausschauen, mal schickt er sie in zerrissenen Kleidern über den Laufsteg. Trotzdem brachte es McQueen in nur wenigen Jahren vom Enfant terrible zum hochgelobten Haute-Couture-Designer. Er leitete mehr als vier Jahre lang das französische Modehaus Givenchy, machte sich dann mit seiner eigenen Linie selbstständig und eröffnete letztes Jahr seinen Flagship Store in New York. „Es soll aussehen wie im Weltraum, deswegen schwebt alles", erklärt McQueen seine eigenwillige Raumgestaltung: Die Wände sind ganz in Weiß gehalten, und es gibt weder Ecken noch Kanten.

Comme des Garçons

520 W. 22nd St., Chelsea, Tel. 212-604-9200, Mo geschlossen

Neben avantgardistisch durchlöcherten Pullovern oder Tuniken, die sich in Schals verwandeln lassen, entwirft die japanische Designerin Rei Kawakubo auch das Interieur ihrer Modehäuser. Ein Aluminiumtunnel führt ins Innere ihres Flagship Stores; Skulpturen und wundervoll arrangierte Textilien machen deutlich: Kawakubos Herz schlägt in erster Linie für die Kunst.

Marc Jacobs

163 Mercer St., SoHo, Tel. 212-343-1490, www.marcjacobs.com

Er ist der Star der New Yorker Modeszene: Als Chefdesigner von Louis Vuitton hat Jacobs das biedere Traditionshaus in ein Trendlabel verwandelt. Zu seinen Modenschauen kommen viele Prominente, und auf den Straßen Manhattans sind seine Entwürfe oft zu sehen. Mit seinem Geschäft **Marc by Marc Jacobs**, in dem seine günstigere Linie verkauft wird, war er der erste Modeschöpfer, der in die Bleecker Street in Greenwich Village zog (403/405 Bleecker St., Tel. 212-924-0026).

Prada

575 Broadway, SoHo, Tel. 212-334-8888, www.prada.com

Im ehemaligen Guggenheim SoHo hat der Architekt Rem Koolhaas die Träume seiner Auftraggeberin Miuccia Prada verwirklicht: meterhohe Decken, esoterische Gemälde und eine Schuhauslage, die Größe und Aussehen einer Halfpipe hat. Neben den aktuellen Kollektionen tragen Schaufensterpuppen Modelle aus vergangenen Prada-Epochen.

Stella McCartney

429 W. 14th St., Meatpacking District, Tel. 212-255-1556, www.stellamccartney.com

Vier Jahre lang leitete Stella McCartney das französische Modehaus Chloé, 2001 gründete sie ihre eigene Prêt-à-porter-Marke, vor einem Jahr eröffnete ihr erster Flagship Store in New York. In entspanntem Ambiente gibt es Kaschmirmäntel, handbestickte Korsagenkleider, lässige Hosenanzüge und eine ganze Reihe von Accessoires. Als bekennende Vegetarierin lehnt die 32-Jährige jegliche Verwendung von Tierhäuten ab. Doch als Standort für ihr Nobel-Geschäft hat sie sich ausgerechnet das Schlachthausviertel ausgesucht.

Department Stores

Barneys

660 Madison Ave., Upper East Side, Tel. 212-826-8900, www.barneys.com

Das edelste Kaufhaus der Stadt. Barneys hat ein Restaurant mit exzellenter Speisekarte, einen Maßschneider, der Herrenanzüge fertigt, und eine Fülle von Accessoires, Beauty-Produkten und Modeartikeln, die sonst nur schwer zu bekommen sind. Wie zum Beispiel die neuesten Kollektionen der Jungdesigner Zac Posen und Proenza Schouler.

Jeffrey New York

449 W. 14th St., Meatpacking District, Tel. 212-206-1272

Jeffrey Kalinsky war vor vier Jahren einer der ersten, der den Charme des Schlachthausviertels erkannte. In seinem „Multibrand Store" gibt es die hübschesten Teile aus den Kollektionen von Helmut Lang, Jil Sander, Narciso Rodriguez und Dior. Dazu sündhaft teure Schuhe.

Sneakers & Trainers

Alife Rivington Club

158 Rivington St., Lower East Side, Tel. 212-375-8128 Mo geschlossen

Nirgendwo sonst werden Turnschuhe mit solcher Ehrfurcht behandelt wie im Alife Rivington Club: Von einer italienischen Ledercouch aus kann man seine Traumschuhe in polierten Schaukästen aus Kirschbaum bewundern. Gewebte Nikes

Metallmorphose: »Comme des Garçons«-Geschäft mit Aluminiumtunnel

P.M.
P.M. Magazin
P.M. History
P.M. Perspektive
P.M. Fragen&Antworten
P.M. Trainer
Sind Sie neugierig veranlagt?
P.M. Magazin: jeden Monat geballtes Wissen.
Peter Moosleitners Magazin – Die moderne Welt des Wissens
P.M.
Private Autorennen
Riskant und illegal – die rasende Mutprobe
Gen-Food
Wie gefährlich ist es? Und können wir uns dagegen wehren?
Die neuen Technologien
Digitale Diener, denkende Maschinen und Toaster mit Internet-Anschluss
Indianer in Aufruhr: Ein Steinzeit-Mensch könnte beweisen, dass sie nicht die Ureinwohner Amerikas sind
Der Streit um den geheimnisvollen KENNEWICK MAN
Doppelgänger
Nicht alle sind aus Fleisch und Blut!
Neue Theorie
Die Chinesen waren die Entdecker der Kontinente
Elefanten
Die dicken Bettler von Bangkok
Betreten Sie jeden Monat wissenschaftliches Neuland. Seltene Phänomene und sensationelle Forschungsergebnisse – eine spannende und unterhaltsame Art, sich mit neuestem Wissen zu versorgen. Neugierig?
www.pm-magazin.de
Gut zu wissen.
TBWA\

oder mit Kristallen besetzte Adidas – meist handelt es sich bei den Modellen, die zwischen 55 und 800 $ kosten, um Einzelstücke. Der Eingang liegt etwas versteckt im Erdgeschoss eines Wohnhauses. Bitte klingeln.

Boutiquen

Forward

72 Orchard St., Lower East Side, Tel. 646-264-3233, www.forwardnyc.com

Der Name ist Konzept: Wer „fashion forward" ist, muss dem Trend einen Schritt voraus sein. Und trägt Mode von unbekannten Designern. Der „BID", ein Verein zur Förderung des Business-Standorts Lower East Side, sponsert jede Saison vier bis sechs Designer, die in dieser Boutique ihre Kollektionen fertigen, ausstellen und verkaufen können. Die Preise für die handgefertigten Einzelteile liegen zwischen 30 und 2000 $.

Isa

88 N. 6th St., Williamsburg, Brooklyn, Tel. 718-387-3363

In der geräumigen Modegalerie im Künstlerviertel Williamsburg genügt ein Blick über die Kleiderstangen, um zu wissen, welche Designer gerade angesagt sind. Der Besitzer Isa Saalabi hat ein Händchen für das richtige Sortiment aus internationalen und lokalen Designern.

Opening Ceremony

35 Howard St., SoHo, Tel. 212-219-2688

Hinter einem unscheinbaren Eingang, in einer Seitenstraße unweit des Broadway, verbirgt sich das neueste Shop-Konzept von New York: Einmal im Jahr lädt das Besitzerduo Humberto Leon und Carol Lim aufstrebende, talentierte Modeschöpfer aus einem anderen Land ein, ihre Kollektionen bei Opening Ceremony zu präsentieren. Vergangenen Herbst hingen neben Lokalmatadoren wie Benjamin Cho und Indigo People die Kreationen junger Designer aus

Avantgarde von der Stange: Seven New York zeigt Mode aus aller Welt

Hongkong. Demnächst sollen sich die New Yorker mit Modemachern aus Berlin messen.

Seven New York

180 Orchard St., Lower East Side, Tel. 646-654-0156

Avantgarde-Designer aus aller Welt – Jeremy Scott, Bernhard Wilhelm, Imitation of a Christ, Tess Giberson und As Four – zeigen hier ihre Modekreationen. Der Entdeckertrieb der Besitzer Joseph Quartana und John Demas ist unersättlich.

Discount & Secondhand

Century 21

22 Cortlandt St., Financial District, Tel. 212-227-9092, www.c21stores.com

Direkt gegenüber von Ground Zero liegt der Outlet Store für Designerware, so groß wie ein Kaufhaus. Wer hierher kommt, muss viel Zeit mitbringen. Die Regale sind mit Designerklamotten voll gestopft, und manch teures Teil liegt zerknittert auf dem Boden.

Tokio 7

64 E. 7th St., East Village, Tel. 212-353-8443

Der beste und hippste Secondhandladen in ganz Manhattan. Hier stimmen Auswahl, Zustand, Preise. Im Angebot: Mode von Paul Smith, Betsey Johnson, Diane von Furstenberg, Gaultier, Tocca und Theory.

Kerstin Moeser

Große Klappe: eine der Figuren aus dem New Victory Theater

SOOOOOOOOO HOHE HÄUSER

Mit Kindern nach New York? Sicher. Die Metropole hat auch für Familien einiges zu bieten: ausgefallene Spielplätze, familienfreundliche Restaurants, mehrere Zoos – und ein Barbie-Haus in Lebensgröße

Museen

Children's Museum of the Arts
182 Lafayette St., Little Italy, Tel. 212-941-9198, www.cmany.org
Mi–So 12–17, Do 12–18 Uhr, Eintritt $ 6
Probieren geht über Studieren. Auf zwei Stockwerken können Kinder von 1 bis 12 Jahren hier ihre eigenen Kunstwerke erschaffen. Mit Farbe, Pappe, Klebstoff und vielen anderen Materialien.

Children's Museum of Manhattan
212 W. 83rd St., Upper West Side, Tel. 212-721-1234, www.cmom.org
Mi–So (im Sommer Di–So) 10–17 Uhr, Eintritt 6 $, Kinder bis 6 Jahre 3 $
Besonders beliebt bei den Sechs- bis Zehnjährigen ist ein Besuch im „Time/Warner Media Center" – einem Fernsehstudio, in dem sie als Nachrichtensprecher das Wetter vorhersagen, hinter den Kulissen die Kamera führen oder Filme und Videos schneiden können. Die Kleinsten toben am liebsten im „Word-Play-Land". Daneben gibt es viele wechselnde Ausstellungen.

New York Hall of Science
47-01 111th St., Corona Park, Flushing Meadows, Queens, Tel. 718-699-0005, www.nyhallsci.org
Di–Do 9.30–13.30, Fr 9.30–17, Sa, So 12–17 Uhr, Juli/Aug. auch Mo geöffnet, Eintritt 9 $, Kinder (5–17 Jahre) 6 $
Auf dem „Science Playground", einem gigantischen Freiluft-Labor in New Yorks einzigem Museum für Naturwissenschaften und Technologie, können Kinder wie Erwachsene alles Wissenswerte über die Gesetze der Schwerkraft, Windenergie oder Tonlehre am eigenen Leib erfahren.

Sony Wonder Technology Lab
550 Madison Ave., zw. 55th und 56th St., Midtown, Tel. 212-833-8100, www.sonywondertechlab.com
Di–Sa 10–18, Do bis 20, So 12–18 Uhr, Eintritt frei, aber Tickets sollten telefonisch vorbestellt werden
Der sprechende Roboter b. b. Wonderbot begrüßt die Besucher in dieser Wunderwelt der neuesten Technologien. Mit dem gläsernen Fahrstuhl werden sie in den vierten Stock „gebeamt", wo jeder seine individuelle Keycard bekommt, mit der er Computer und Spiele aktivieren kann. Für den Blick in die Zukunft.

Spaß im Freien

Central Park Zoo
830 Fifth Ave., Höhe East 64th St., Tel. 212-861-6030, www.centralparkzoo.com
April–Okt. Mo–Fr 10–17, Sa/So 10–17.30 Uhr, Eintritt 6 $, Kinder (3–12 Jahre) 1 $, Nov.–März tgl. 10–16.30 Uhr, Eintritt 3,50 $, Kinder 0,50 $
Zweimal Zoo für einmal Eintritt: Der überschaubar angelegte Central Park Zoo ist ideal für Kinder. Kurze Wege zwischen den Gehegen verhindern vorzeitige Ermüdungserscheinungen. Sehenswert ist die Seelöwen- und Pinguinfütterung sowie ein Besuch bei den Eisbären in der „Arktis" und bei den Affen, Fröschen und Schlangen im „Tropischen Regenwald". Die Jüngsten können im fantasievollen **Tisch Children's Zoo** Ziegen und Schafe streicheln und füttern, über Teiche hüpfen, frei laufenden Enten hinterherjagen und Riesenschildkrötenpanzer erforschen.

Bronx Zoo/Wildlife Conservation Park
im Bronx Park, Fordham Road, Ecke Bronx River Parkway, Tel. 718-220-5100, www.bronxzoo.org
Nov.–April tgl. 10–16.30 Uhr,

Eintritt 8 $, Kinder (2–12 Jahre) 6 $, Mai–Okt. Mo–Fr 10–17, Sa/So 10–17.30 Uhr, Eintritt 11 $, Kinder 8 $
In diesem weitläufigen Park mit naturnahen Lebensräumen sind mehr als 4000 zum Teil seltene oder bedrohte Tierarten zu Hause. Die jüngste Attraktion ist der im Mai 2003 eröffnete, gut 12 000 Quadratmeter große „Tiger Mountain". Nur eine Glasscheibe trennt die Besucher von den imposanten sibirischen Raubkatzen. Weitere Highlights sind der „Congo Gorilla Forest" (3 $) und die „Welt der Dunkelheit", in der man nachtaktiven Tieren wie Fledermäusen oder Buschbabys begegnet. Mit dem „Bengali Express" (3 $, nur im Sommer) geht es auf einer 20-minütigen Fahrt in die Weiten Asiens.

Rockefeller Park
River Terrace, Höhe Chambers St., am Nordende des Battery Park, www.bpcparks.org
Für viele New Yorker der schönste Spielplatz der Stadt, idyllisch am Ufer des Hudson gelegen. Kinder lieben die ausgefallenen Klettergerüste wie das Riesenspinnennetz oder die waghalsigen Hängebrücken. Die große Grünfläche nebenan lädt zum Picknicken und Sonnenbaden ein und zu Ballspielen jeder Art, die Bälle können

Lollipop-Welt: Dylans Candy Bar bietet über 5000 Sorten Süßigkeiten

CENTRAL-PARK-ATTRAKTIONEN

Reiten: Reservierung über Claremont Stables, 175 W. 89th St., Tel. 212-724-5100, 50 $ pro Stunde, nur für erfahrene Reiter, Kinder nur in Begleitung
Swedish Cottage Marionette Theater: West Side, Höhe 79th St., Vorstellungen: Di–Fr 10.30 und 12, Sa 13 Uhr, Kinder 5 $, Erwachsene 6 $, Ticket-Reservierung: Tel. 212-988-9093
Carousel: nostalgisches Karussell, Höhe 64th St., Tel. 212-879-0244, Mo–Fr 10–18, Sa/So 10–19 Uhr, Nov.–April nur Sa/So 10–14.30 Uhr, 1 $ pro Fahrt
Fahrrad-Verleih: am Loeb Boathouse, Höhe 74th St., Tel. 212-517-2233, April–Okt. tgl. 10–17, Nov.–März Mo–Fr 9–16, Sa/So 11–15 Uhr, Kinderrad 6 $, Tandem 20 $ pro Stunde
Belvedere Castle: Schloss und Schildkrötenteich, Höhe 79th St., Tel. 212-772-0210, Di–So 10–17 Uhr, kostenloser Verleih von Ferngläsern zum Vogelschauen
Wollman Rink: Schlittschuhlaufen (Nov.–März) oder Rollerbladen vor grandioser Kulisse, East Side zw. 62nd und 63rd St., Tel. 212-439-6900, Ausrüstung zum Leihen, Eintritt ab 8,50 $ (im Sommer 15 $), Kinder (bis 12 Jahre) ab 4,25 $

LEKTÜRE-TIPP

Holly Hughes: New York City with Kids Frommer's, New York, 8. Aufl. 2003, 15,99 $. Die besten Tipps für Familien mit Kindern zwischen 2 und 14 Jahren: familienfreundliche Hotels und Restaurants, Stadtspaziergänge, Museen, Tiergärten und andere Sehenswürdigkeiten, Einkaufsparadiese, Theater, Konzerte, Festivals, Vorschläge für Regentage. Auf Englisch, mit Hinweisen für ausländische New-York-Besucher.

WEBSITE

www.gocitykids.com Englischsprachiger Stadtführer für Eltern. Dank ausgetüftelter Suchfunktion finden sie familientaugliche, kindgerechte Programme für drinnen und draußen, für jede Vorliebe, jedes Alter, jedes Stadtviertel. Dazu Shopping-Tipps, Unterkünfte, Restaurants.

Ein Wunderland, nicht nur für Kinder: der riesige Bronx Zoo

kostenlos vor Ort ausgeliehen werden.

Socrates Sculpture Park
Broadway, Ecke Vernon Blvd., Long Island City, Queens, Tel. 718-956-1819, www.socratessculpturepark.org
Wenn Sie es leid sind, Ihre Kinder im Museum ständig zu ermahnen, nur ja nichts anzufassen, dann kommen Sie ans Ufer des East River in Queens. Keine der Skulpturen auf diesem naturbelassenen Uferstreifen, der sich auch für ein Picknick eignet, ist tabu. Kinder dürfen und sollen die Figuren erklimmen, darauf herumturnen oder darum herumtoben.

Theater

New Victory Theater
209 W. 42nd St., Nähe Times Square, Midtown, Tel. 646-223-3020, www.newvictory.org
Broadway für die ganze Familie: Theater, Tanz, Zirkus, Comedy und Puppenspiel mit Darstellern aus aller Welt. All das bietet New Yorks einziges Theater für Kinder und Jugendliche. Auf den „Preperformance"-Work-Shops (ca. 10 $) kann man Ensemble-Mitglieder hinter die Kulissen begleiten und lernen, wie Theater gemacht wird.

Einkaufen

Toys„R"Us
1514 Broadway, zw. 44th und 45th St., Midtown
Das ultimative Spielzeugparadies auf drei Stockwerken und über 10 000 Quadratmetern. Ein lebensgroßer, computeranimierter Tyrannosaurus Rex begrüßt die Besucher lautstark, ein 18 Meter hohes Riesenrad lädt ein zu einer Tour durch die Wunderwelt des Spielzeugs, und wer schon immer wissen wollte, wie Barbie und Ken wohnen, der schlendert durch das zweistöckige Barbie-Haus.

Dylan's Candy Bar
1011 Third Ave., Ecke 60th St., Upper East Side, Tel. 646-735-0078, www.dylanscandybar.com
Auf zwei Etagen dreht sich hier alles um Süßigkeiten. Lollis in allen Farben, Größen und Preislagen konkurrieren mit über 5000 Artikeln und Spezialitäten aus aller Welt. Haribo-Fans werden die Treppe hinab in das untere Stockwerk zum Anbeißen finden.

Abracadabra
19 W. 21st St., zw. Fifth und Sixth Ave., Flatiron District, Tel. 212-627-5194, www.abracadabrasuperstore.com So geschlossen
Ein gigantischer Shop für Masken, Kostüme und skurrile Requisiten. Täglich geben Zauberer eine kostenlose Probe ihres Könnens.

Kinderfreundliche Restaurants

John's of Bleecker Street
278 Bleecker St., Ecke Jones St., Greenwich Village, Tel. 212-243-1680, keine Kreditkarten
Ein New Yorker Klassiker. Seit über 70 Jahren kommen hier die legendären, hauchdünnen Pizzas (ab 11 $) aus dem Steinofen. Kinder lieben es, den Pizzabäckern durch die offene Küche bei der Arbeit zuzuschauen.

Serendipity 3
225 E. 60th St., zw. Second und Third Ave., Upper East Side, Tel. 212-838-3531, www.serendipity3.com
Hier gibt es den besten, größten, aber auch teuersten Banana-Split der Stadt (15 $). Neben einem umwerfenden Dessert-Angebot verzeichnet die Karte auch Burger, Pasta und Salate. Der kleine Gift Shop am Eingang beschäftigt die Kleinen, solange man auf einen Platz wartet.

DT-UT
41 Avenue B, zw. 3rd u. 4th St., East Village, Tel. 212-477-1021, und 1626 Second Ave., zw. 84th u. 85th St., Upper East Side, Tel. 212-327-1327, www.dtut.com
Plüschig-bequeme Sessel und Sofas möblieren beide Downtown-Uptown Café-Lounges. Kinder lieben das Schokoladen- oder Karamellfondue. Favorit jedoch sind „S'mores", eine Mischung aus Keks, Schokoladensirup und Marshmallows, die man selbst am Tisch auf einem Minigrill röstet (10,50 $ für zwei Personen).

America
9 E. 18th St., Nähe Union Square, Tel. 212-505-2110
Regionale Spezialitäten – von „Buffalo Chicken Wings" bis „Philadelphia Cheese Steak" – werden in diesem gigantischen Loft im Flatiron District serviert. Am Wochenende zum Brunch von 12–16 Uhr gastieren Zauberer. Gerichte um 10 $.

Anuschka Tomat

OYSTER® BAR & RESTAURANT
GRAND CENTRAL TERMINAL
42. STRASSE - NEW YORK CITY
001-212-490-6650
www.oysterbarny.com

KÜNSTLERISCH BESONDERS WERTVOLL

Museen sind nur etwas für verregnete Tage? Von wegen! Allein die Kunststätten lohnen einen Besuch in New York. Kaum eine Stadt bietet eine solche Auswahl an Galerien und Museen – und manche haben sogar eine Sonnenterrasse

Star Wars oder Kunst? »Light Wing« von Tom Wiscombe vor dem P.S.1 Contemporary Art Center

New York, für viele die Kapitale des Kapitalismus, sieht sich gern auch als Welthauptstadt der Kunst. Tatsächlich zählen zahlreiche der etwa 150 Museen und gut 500 Galerien der Stadt zu den weltweit führenden. Ein Tipp: Schauen Sie nicht nur die Klassiker auf der Upper East Side an (siehe Randspalte). Kunstfreunde auf der Suche nach Neuem werden eher anderswo fündig: Einige der besten Kunststätten haben sich in Queens oder Harlem angesiedelt, sind Bestandteil der stetig wachsenden Kunstszene in Williamsburg, Brooklyn, oder liegen in Chelsea.

Chelsea

Ein kurzer Spaziergang über 22nd und 24th Street zwischen Tenth und Eleventh Avenue bietet Ihnen einen komprimierten Eindruck von der Vielfalt im Künstlerviertel. Fast alle genannten Galerien haben Di–Sa 10–18 Uhr geöffnet.

Marianne Boesky
535 W. 22nd St., 2. Stock, Tel. 212-680-9889, www.marianneboeskygallery.com
Die junge Galeristin präsentiert in strahlend weißen Räumen so Gegensätzliches wie die farbenfrohen Arbeiten des Japaners Takashi Murakami und die schicken Low-Tech-Skulpturen von Rachel Feinstein. Neu hinzugekommen ist eine Fotografie-Sammlung.

Mary Boone Gallery
541 W. 24th St.,
Tel. 212-752-2929,
www.maryboonegallery.com
Seit November 2000 hat die Galerie mit Hauptsitz an der Fifth Avenue hier eine Dependance und zeigt Damian Loeb, David Salle und Eric Fischl.

Dia: Chelsea
548 W. 22nd Street, Tel. 212-989-5566, www.diachelsea.org
Mi–So 12–18 Uhr, Eintritt 6 $
Ein Eckpfeiler der New Yorker Kunstwelt. Die gemeinnützige Organisation, in den 1970ern gegründet, besitzt eine der besten Sammlungen zeitgenössischer Kunst und präsentiert vorzugsweise in Einzelausstellungen Künstler wie Roni Horn und Gerhard Richter. Auf dem Dach des Gebäudes befindet sich die begehbare Park-Installation von Dan Graham mit einem Café.

Eyebeam
540 W. 21st St., Tel. 212-252-5193, www.eyebeam.org
Di–Sa 12–18 Uhr
Hinter einer unscheinbaren Tür tut sich ein riesiger Raum auf, in dem „New Media Art" zum Leuchten kommt. Ein spektakulärer Neubau, der 2008 an selber Adresse eröffnen soll, wird ein Museum für Kunst und Technologie, ein digitales Archiv

MUSEUMSMEILE – DIE KLASSIKER

Viele der bedeutendsten New Yorker Museen befinden sich auf der Upper East Side, der so genannten „Museum Mile":

THE METROPOLITAN MUSEUM OF ART 1000 Fifth Ave., Höhe 82nd St., Tel. 212-535-7710, www.metmuseum.org, tgl. außer Mo 9.30–17.30, Fr, Sa bis 21 Uhr, empfohlene Spende 12 $
Der imposante Museumspalast von 1880 beherbergt eine der weltweit größten kunsthistorischen Sammlungen: vom Neolithikum bis zur Neuzeit.

SOLOMON R. GUGGENHEIM MUSEUM 1071 Fifth Ave., Ecke 89th St., Tel. 212-423-3500, www.guggenheim.org, tgl. außer Do 10–17.45, Fr bis 20 Uhr, Eintritt 15 $
Kaum ein Museum bietet einen besseren Einblick in moderne Kunst als der eigenwillige Spiralbau von Frank Lloyd Wright.

WHITNEY MUSEUM OF AMERICAN ART 945 Madison Ave., Ecke 75th St., Tel. 212-570-3600, www.whitney.org, Mi, Do, Sa, So 11–18, Fr 13–21 Uhr, Eintritt 12 $, Fr 18–21 Uhr: „Zahle-was-Du-willst"
Mit etwa 14 000 Werken von mehr als 2500 Künstlern besitzt es die repräsentativste Sammlung amerikanischer Kunst des 20. und 21. Jahrhunderts.

THE FRICK COLLECTION 1 East 70th St., zw. Madison und Fifth Ave., Tel. 212-288-0700, www.frick.org, Di–Do u. Sa 10–18, Fr 10–21, So 13–18 Uhr, Eintritt 12 $
Europäische Kunst und Mobiliar des 13. bis 19. Jahrhunderts im Stadtpalais des Stahlmagnaten Henry Clay Frick.

COOPER-HEWITT NATIONAL DESIGN MUSEUM 2 East 91st St., Ecke Fifth Ave., Tel. 212-849-8400, http://ndm.si.edu, Di–Do 10–17, Fr 10–21, Sa 10–18, So 12–18 Uhr, Eintritt 8 $
Historisches und zeitgenössisches Design: von Einzelstücken bis zu Exemplaren der Serienfertigung, von Gebrauchsgegenständen über Textilien bis zu Tapetenmustern.

FOTOGRAFIE

Alle zwei Monate erscheint **Photograph**, ein Führer zu Fotogalerien in der Stadt, mit Hinweisen auf private Kunsthändler, Auktionen, Veranstaltungen und internationale Ausstellungen. Erhältlich in verschiedenen Galerien, Kunst- und Museumsbuchhandlungen zum Preis von 5 $ oder im Internet unter **www.photography-guide.com**.

Sprung in die Antike: Metropolitan Museum

sowie Studios für New-Media-Künstler beherbergen.

Gagosian Gallery Chelsea
555 W. 24th St., Tel. 212-741-1111, www.gagosian.com
Wer das Türschild nicht übersieht und sich durch das elegante Entree nicht einschüchtern lässt, wird reich belohnt: In makellosen Räumlichkeiten, mit rund 2400 Quadratmetern größer als manches Museum, zeigt Kunst-König Larry Gagosian großformatige Arbeiten von Stars wie Richard Serra, Damien Hirst und Francesco Clemente. Zu den Ausstellungseröffnungen eilen auch Prominente wie Salman Rushdie oder Elton John herbei.

Greene Naftali Gallery
526 W. 26th St., 8. Stock, Tel. 212-463-7770
Carol Greene liebt die Abwechslung. In ihrer Galerie sind „Mixed-Media"-Arbeiten junger, aufstrebender Künstler aus Europa und Amerika zu sehen. Angenehmes Ambiente.

Luhring Augustine
531 W. 24th St., Tel. 212-206-9100, www.luhringaugustine.com
Repräsentiert internationale zeitgenössische Künstler wie Pipilotti Rist, Paul McCarthy und Rachel Whiteread.

Matthew Marks Gallery
523 W. 24th St., Tel. 212-243-0200, www.matthewmarks.com
Der Chelsea-Pionier mit drei Galerien, einer der ganz Großen im Kunstgeschäft, handelt u. a. mit Werken von Willem de Kooning, Lucian Freud, Nan Goldin und Andreas Gursky.

Stux Gallery
529 W. 20th St., 9. Stock, Tel. 212-352-1600, www.stuxgallery.com
Hoch über der Industrielandschaft der 20th Street, in einem Gebäude, das etliche Galerien beherbergt, stellt der ungarische Galerist Stefan Stux ungewöhnliche Künstler aus. Etwa Thordis Adalsteinsdottir oder den israelischen Bildhauer Zigi Ben-Haim.

303 Gallery
525 W. 22nd St., Tel. 212-255-1121, www.303gallery.com
Die ornamentalen Gemälde von Inka Essenhigh waren hier ebenso zu sehen wie die irren Video-Installationen von Doug Aitken.

Harlem

The Project
427 W. 126th St., Tel. 212-662-8610, www.elproyecto.com
Mo–Fr 12–18 Uhr
Kunst-Aficionado Christian Haye, der die Galerie leitet, bietet eine breite Auswahl an erstklassigen Arbeiten von Kunstschaffenden aus aller Welt – etwa die explosiven, farbenfrohen Gemälde der gebürtigen Äthiopierin Julie Mehretu.

Triple Candie
461 W. 126th St., Tel. 212-865-0873, www.triplecandie.org
Do–So 12–17 Uhr, nur bei Ausstellungen
Die ehemalige Brauerei mit ihren rauen Ziegelwänden ist einer der besten Plätze der Stadt, um aufstrebende wie etablierte Künstler zu sehen, etwa David Hammons, Trenton Doyle Hancock oder Polly Apfelbaum.

Long Island City, Queens

Auch jenseits des East River herrscht kein Mangel an neuen und alten Kunstinstitutionen. Einige der wichtigsten lassen sich von Manhattan aus bequem mit der Subway-Linie 7 erreichen. Auf der Website des **Queens Council on the Arts** (www.queenscouncilarts.org)

»Hurricane Party« in Williamsburg: Installation in der Galerie Bellwether

Auge um Auge: Tony Ourslers Werke in der Galerie Metro Pictures in Chelsea

findet sich die „artMAP" mit einer Übersicht der Museen, Galerien, Veranstaltungszentren etc.

MoMA QNS
33 St., Ecke Queens Blvd., Tel. 212-708-9400, www.moma.org
Do–Mo 10–17, Fr bis 19.45 Uhr, Eintritt 12 $
Das Museum of Modern Art baut sich am angestammten Ort an der 53rd Street in Manhattan ein neues Gebäude, Fertigstellung Ende 2004/Anfang 2005. Während der Bauzeit zeigt das MoMA seine Sammlung in Queens: etwa 3500 Exponate der wichtigsten Künstler des 20. Jahrhunderts. Vor den sauberen Wänden der ehemaligen Fabrik wirken selbst oft gesehene Meisterwerke wie neu gerahmt.

P.S.1 Contemporary Art Center
22-25 Jackson Ave., Ecke 46th Ave., Tel. 718-784-2084, www.ps1.org
Do–Mo 12–18 Uhr, empfohlene Spende 5 $
Chefkurator Klaus Biesenbach, gleichzeitig künstlerischer Leiter der Kunst-Werke Berlin, gelingt es stets, aufregende, innovative Kunst in den Räumen und Fluren dieser einstigen Public School zu zeigen. Auch Keller, Treppenhäuser und Badezimmer des Gebäudes werden regelmäßig für standortspezifische Installationen genutzt. Vom Skulpturengarten auf dem Dach bietet sich ein fantastischer Blick auf die Skyline von Manhattan.

SculptureCenter
44-19 Purves St., Tel. 718-361-1750, www.sculpture-center.org
Do–Mo 11–18 Uhr, empfohlene Spende 5 $
Die 75 Jahre alte Organisation residiert seit Dezember 2002 an neuer Stätte: in einer alten, von Designerin Maya Lin umgestalteten Wartungshalle für Straßenbahnwaggons. Ausgestellt werden die Arbeiten zeitgenössischer Bildhauer.

Brooklyn

Brooklyn Museum of Art
200 Eastern Parkway, Park Slope, Tel. 718-638-5000, www.brooklynmuseum.org
Mi–Fr 10–17, Sa, So 11–18, erster Sa im Monat 11–23 Uhr, Eintritt 6 $
Der Monumentalbau mit exquisiten Kunstsammlungen galt als eines der bestgehüteten Geheimnisse New Yorks – bis 1999 Charles Saatchis Ausstellung „Sensation" eröffnet wurde: Die Werke zeitgenössischer britischer Künstler entfachten nicht nur den Zorn des damaligen Bürgermeisters Giuliani, sondern brachten auch viel Publicity. In dem großen Beaux-Arts-Gebäude am Rand des Prospect Park sind oft interessante Sonderausstellungen zu sehen. Nicht versäumen: die Rodin-Skulpturen.

Bellwether
335 Grand St., Williamsburg, Tel. 718-387-3701, www.bellwethergallery.com
Fr–Mo 12–18 Uhr
Die Direktorin Rebecca Smith, selbst Malerin, hat sich seit den Gründungstagen von Bellwether der Förderung aufstrebender Künstler verschrieben und veranstaltet liebevolle Vernissagen.

Pierogi
177 North 9th St., Williamsburg, Tel. 718-599-2144, www.pierogi2000.com
Fr–Mo 12–18 Uhr oder auf Anfrage
Ein Williamsburg-Pionier mit monatlich wechselndem Programm (siehe GEOplus „Williamsburg", S. 16). Die Ausstellungseröffnungen sind oft die besten Freitagabend-Veranstaltungen im ganzen Viertel.

SoHo

New Museum of Contemporary Art
583 Broadway, zw. Houston u. Prince St., Tel. 212-219-1222, www.newmuseum.org
Di–So 12–18, Do bis 20 Uhr, Eintritt 6 $
Seit 1977 werden hier in wechselnden Ausstellungen die Entwicklungen und Strömungen zeitgenössischer Kunst verfolgt. Die Zenith Media Lounge präsentiert digitale Kunst, experimentelle Videos und Klangobjekte. Doch das Museum ist längst zu klein. Baubeginn des Neubaus (235 Bowery St.) von den japanischen Avantgarde-Architekten Kazuyo Sejima und Ryue Nishizawa ist im Sommer 2004.

Downtown

Skyscraper Museum
39 Battery Place, Tel. 212-968-1961, www.skyscraper.org
Ende 2003 wird das Museum voraussichtlich sein neues Heim beziehen, in einem ebenso neuen Gebäudekomplex im Süden der Battery Park City. Die ständige Ausstellung soll über die Entwicklung der New Yorker Skyline informieren, Sonderausstellungen mit den höchsten Gebäuden der Erde bekannt machen. Bis dahin kann man auf der Website einen „Webwalk" durch die Hochhausschluchten in Downtown Manhattan unternehmen.

Upper East Side

Neue Galerie
1048 Fifth Ave., Ecke 86th St., Tel. 212-628-6200, www.neuegalerie.org
Sa, So, Mo 11–18, Fr 11–21 Uhr, Eintritt 10 $, Kinder unter 12 Jahren nicht erlaubt
Heimweh nach dem alten Europa? Dagegen hilft der jüngste Zuwachs auf der Museumsmeile, eröffnet im November 2001. In dem grandiosen Palais – einst die Residenz von Mrs. Cornelius Vanderbilt III., heute im Besitz des Unternehmers Ronald S. Lauder – hängen Gemälde berühmter deutscher und österreichischer Maler des frühen 20. Jahrhunderts wie Otto Dix, Egon Schiele, Gustav Klimt und Paul Klee. Das elegante Museumscafé Sabarsky zelebriert österreichische Kaffeehauskultur vom Feinsten, da steht man gern Schlange für einen freien Tisch.

Kimberly Bradley

Pop-Skulptur: Entwurf für den Neubau des Kunstzentrums Eyebeam

STADT-STRÄNDE

Mit der U-Bahn an den Strand? In New York kein Problem. Weniger als eine Stunde von Manhattan entfernt erstrecken sich kilometerlange, feinsandige Strände an der Atlantikküste und am Long Island Sound. Sie bieten nicht nur bei hochsommerlichen Temperaturen eine willkommene Abwechslung zur hektischen Metropole.

ORCHARD BEACH: Pelham Bay Park, Bronx, Subway 6 bis Pelham Bay Park, nur im Sommer weiter mit dem Bus Bx 12 bis Orchard Beach

Gut anderthalb Kilometer lang ist die sichelförmige Bucht im Osten der Bronx am Long Island Sound. In den 1930ern waren der Sandstrand und die Promenade samt angrenzendem Park eine beliebte Sommerfrische. „Bronx Riviera" wird der einzige Strand in diesem New Yorker Stadtteil auch genannt.

CONEY ISLAND: Brooklyn, www.coneyisland.com, Subway W bis Stillwell Avenue

Coney Island ist nicht irgendein Strand, Coney Island ist eine Sehenswürdigkeit, der Besuch wie eine Reise in die Vergangenheit. Die über fünf Kilometer lange Holzpromenade mit ihren zahlreichen Imbiss- und Spielbuden und der 60 Hektar große Erlebnispark mit der berühmten Achterbahn bieten Unterhaltung mit nostalgischem Charme. In den Sommermonaten jeden Freitag um 21.30 Uhr Feuerwerk.

ROCKAWAY BEACH: Queens, Subway A bis Rockaway Park-Beach 116 Street

Elf Kilometer feinster Sandstrand für Sonnenanbeter, Sandburgenbauer und Surfer. Ordentliche Wellen gibt es eben nicht nur in Kalifornien.

JONES BEACH: Long Island, www.visitjonesbeach.com, Long Island Railroad ab Penn Station bis Freeport, von dort Shuttle-Bus

Sommerparty und kein Ende. Der knapp 1000 Hektar große State Park vor den Toren New Yorks gilt als schönster Sandkasten der Stadt: ein zehn Kilometer langer Strand, Minigolf- und Basketballplätze, und im Sommer finden im Tommy-Hilfiger-Freilufttheater Rock- und Pop-Konzerte statt.

NEW YORK BY BIKE

Eine echte Alternative zu Bus, Bahn oder Taxi ist das Fahrrad. Räder kann man z. B. bei **River Bikes** leihen: an Pier 84/Höhe 42nd St. und an Pier 26/Höhe North Moore St., Tel. 212-967-5444; 1 Stunde 8–10 $, 24 Stunden 35–40 $ inkl. Helm. Mehrere Tage in New York? Dann lohnt sich der Kauf eines Drahtesels, etwa bei **Bikes by George** (413 E. 12th St., Tel. 212-533-0203; ab 65 $). Der Vorteil: George kauft es am Ende des Aufenthalts für etwa ein Viertel des Kaufpreises zurück. Rüstzeug für ausgedehnte Touren: die **NYC Cycling Map** mit allen empfohlenen Fahrradwegen. Kostenlos in einigen Fahrradläden und im Bookstore der Stadtverwaltung erhältlich (22 Reade St., Tel. 212-720-3667, Mo–Fr 10–16 Uhr) oder im Internet unter **www.nyc.gov/html/dcp/html/bike**.

LEKTÜRE-TIPP

David Howard: Urban Adventure New York City, Outside Books, W. W. Norton & Company, New York/London 2002, 19,95 $. Als wäre die Stadt nicht schon Abenteuer genug, finden Sportenthusiasten hier Anregungen, Reviere und Adressen, etwa für Paragliding, (Wind-)Surfing, Tauchen, Segeln, Kajakfahren, Radfahren, Free Climbing, Skilanglauf, aber auch für eher kontemplative Betätigungen wie Vogelbeobachtung oder Angeln.

INS LAND DER FARMER UND INDIANER

Genug von hohen Häusern und breiten Straßen? Einmal einen Tag in großartiger Natur ausspannen? Die Wälder der Catskill Mountains oder die Strände des Atlantik sind nur ein, zwei Stunden mit Bahn, Auto, Schiff oder Fahrrad entfernt

Auch im Winter mit Palme: der Strand von Coney Island

Spätestens wenn der Indian Summer die Landschaft in leuchtende Farben tunkt, gönnen sich die New Yorker auch mal Landluft. Wälder, Berge, Flüsse und Seen haben sie zur Genüge in ihrem Bundesstaat, der fast doppelt so groß ist wie die Benelux-Länder.

Für die Stadtflucht gilt: Wochentags gibt es weniger Ausflügler, außerdem sind Unterkünfte und Mietwagen nicht nur leichter zu bekommen, sondern auch deutlich preisgünstiger. Über die kostenlosen Telefonnummern bei **Avis (Tel. 1-800-331-1212)**, **Hertz (Tel. 1-800-654-3131)** und **Enterprise (Tel. 1-800-325-8007)** können Sie Niederlassungen erfragen und Wagen vorbestellen.

LONG ISLAND

Jenseits der von Prominenten überfluteten Südseite hat Long Island noch eine andere, nördliche Ecke – die **North Fork**. Friedlicher, ruhiger und unprätentiös, mit Farmern, die auf ihrer Veranda Kuchen verkaufen, Restaurants, die frische Muschelsuppe anbieten, und mit Stränden und Salzwiesen im Naturschutzgebiet auf Shelter Island. Der Weg zum nördlichen Zipfel führt vorbei am Geburtshaus des Lyrikers Walt Whitman südlich von **Huntington**. Zu seinen Lebzeiten sah die Insel so aus wie heute das Freilichtmuseum **Old Bethpage Village**: kleine Holzkirche, Dorfschule, Farmhäuser, ein Laden; dazu Schafe und Pferde auf den Wiesen. Den besten Apfelkuchen fürs Picknick gibt es in **Riverhead** auf der **Briermere Farm**: Bei Philip wird im Sommer jeden Tag gebacken. Wer damit inmitten von Weingärten sitzen will, fährt nach **Cutchogue** zum **Castello di Borghese** (www.castellodiborghese.com) oder probiert einen kühlen Chardonnay in der **Lenz Winery** (www.lenzwine.com) in **Peconic**.

Von Greenport aus braucht die Fähre nur wenige Minuten bis **Shelter Island**, wo Jay Damuck geführte Kajaktouren durch das Naturschutzgebiet anbietet (Tel. 631-749-1990).

Anfahrt

Mit dem **Mietwagen** über den Highway 495, Exit 40 auf die Route 110, weiter Route 25 bis Greenport. Die **Long Island Rail Road** (Tel. 718-217-5477, www.mta.info/lirr) fährt ab Penn Station nach Greenport in etwa 3 Stunden, Fahrpreis je nach Tageszeit 13–19 $. Die Busse von **Sunrise Coach Lines** brauchen 2 1/2 Stunden von Manhattan (nahe Grand Central) bis Greenport (Tel. 800-527-7709, www.sunrisecoach.com).

Restaurants

Ross' Rotisserie and Smokehouse, Southold, Tel. 631-765-9655

Muschelsuppe, Kürbisrisotto, dazu frisches Brot – was auf den Tisch kommt, ist „homemade".

Salamander's, Greenport, Tel. 631-477-3711

Im Garten sitzend isst man Brathühnchen und Doughnuts.

Über Nacht

Olde Country Inn, Shelter Island, Tel. 631-749-1633, Fax 631-749-1641, www.oldecountryinn.com, ab 155 $
Charmantes Landhotel im „Victorian Style" mit französischem Restaurant. In Strandnähe.

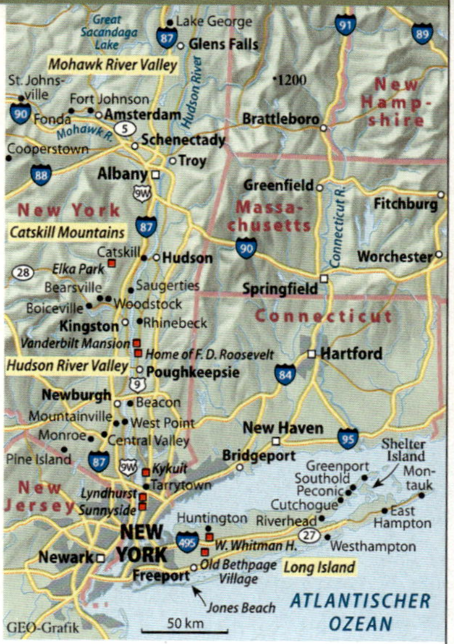

HUDSON VALLEY

Sanfte bewaldete Hügel, kleine weiße Farmhäuser mit Gärten, dazwischen Felder, Obstbäume und Weinberge – das Tal des Hudson ist eines der schönsten Ausflugziele. Die bequemste Variante ist eine Tageskreuzfahrt mit einem der Schiffe von **NY Waterway**, inkl. Bustransfer von der City zum Pier (Tel. 800-533-3779, www.nywaterway.com). Dann nur noch hinsetzen, relaxen und die Highlights des **Westchester County** genießen: zum Beispiel die Dichterklause von Washington Irving in **Tarrytown**. Oder **Kykuit**, das Anwesen der Rockefellers: Die „Rich and Famous" wussten eben, wo es am schönsten ist. Besonderes Juwel ist der Landschaftspark: Rosengarten, Aphroditetempel, Springbrunnen und allerschönste Blickwinkel auf malerische Flusslandschaften; die geführte „Garden Tour" ist zu empfehlen.
Die Sehenswürdigkeiten weiter nördlich im Hudsontal lassen sich besser auf eigene Faust erkunden. In **Beacon** steht ein neues Pilgerziel für Liebhaber moderner Kunst: das Museum der **DIA Foundation** (www.diabeacon.org; siehe S. 62).
Der Highway 9 führt auf der Ostseite des Hudson weiter gen Norden nach **Poughkeepsie**. Beim Tourist Office (Tel. 845-463-4000, www.dutchesstourism.com) gibt es Vorschläge für Touren per Auto oder Fahrrad. Wer sein Rad dabei hat, kann von hier aus am Fluss entlang bis Rhinebeck radeln und unterwegs Rast machen an einem der feudalen Landsitze (Tagestour). Highlight: Rundflug im offenen Doppeldecker-Flugzeug für 40 $ vom **Old Rhinebeck Aerodrome** (Tel. 845-752-3200).
Auf der anderen Flussseite führt Highway 9 West nach New York zurück. Stopp an der Militärakademie **West Point**, wo die alte „Commander" aus dem Jahr 1917 zur Flussschifffahrt startet (Tel. 845-534-7245).
Wer über den Highway 87 weiter Richtung **Monroe** fährt, kann im **Museum Village** eine Reise in die Zeit von Scarlett O'Hara machen, wo kostümierte Dorfbewohner in historischen Häusern und Werkstätten die Zeit vor 150 Jahren aufleben lassen (www.museumvillage.org).

Anfahrt

Die **Metro-North Railroad** (Hudson Line) fährt ab Grand Central Terminal das Flusstal aufwärts über Beacon bis Poughkeepsie, Fahrpreis pro Strecke 12–16,25 $, Fahrrad 5 $ (Tel. 212-532-4900, www.mta.info/mnr).

Restaurants

Painter's, Cornwall-on-Hudson, Tel. 845-534-2109, www.painters-restaurant.com
Bei Salvator und Peter trifft sich die Nachbarschaft auf einen Truthahn-Burger. Besucher können auch übernachten (DZ ab 80 $)

Postkarten-Sonnenuntergang inklusive: das Onteora Mountain House

und zum Frühstück French Toast mit Ahornsirup essen.

Über Nacht

The Storm King Lodge, Mountainville, Tel. 845-534-9421, Fax 845-534-9416, www.stormkinglodge.com, DZ ab 150 $
Kleines romantisches Inn mit Garten und vier gemütlichen Zimmern in einer Remise aus dem frühen 19. Jahrhundert.

CATSKILL MOUNTAINS

145 Kilometer nördlich der Metropole liegen die Berge der Catskills. Früher kamen die Sommergäste in Scharen, und es gab Hunderte großer Familienhotels. Dann wurde Camping modern, und die Blumenkinder feierten auf einem Acker bei **Woodstock**. Noch heute begeben sich die Touristen auf die Suche nach dem Geist der Flower-Power und den Überbleibseln jener legendären Party. Sie sollten lieber dem Trubel entfliehen, gemütlich auf den **Overlook Mountain** wandern (ca. 2½ Stunden) und den würzigen Kieferduft genießen. Und dann im Nachbarort **Bearsville** zum Dinner im **Bear Cafe** einkehren, das vor über 30 Jahren der Manager von Bob Dylan eröffnete.

Über Nacht

Onteora Mountain House, 96 Piney Point Rd., Boiceville, Tel./Fax 845-657-6233, www.onteora.com, DZ ab 165 $
Mitten im Wald, eine Meile von Boiceville entfernt, liegt das frühere Sommerrefugium von Mayonnaise-Mogul Richard Hellmann. Ein zauberhaftes Anwesen mit nur fünf Zimmern, einige mit offenem Kamin. Gefrühstückt wird auf der Veranda oder im Schatten der Bäume.
The Redcoat's Country Inn & Restaurant, 50 Dale Lane, Elka Park, Tel. 518-589-9858, Fax 518-589-0309, www.redcoatsonline.com, DZ ab 95 $
Wer es schlichter mag, logiert im historischen Landgasthof bei Steve und Carol, eine knappe halbe Autostunde von Saugerties entfernt.
Dai Bosatsu Zendo, 15 Beecher Lake Rd., Livingston Manor, Tel. 845-439-4566, Fax 845-439-3119, www.zenstudies.org
Unter der Obhut von Eido Shimano Roshi, einem berühmten japanischen Zen-Meister und Abt des Klosters, finden Ausgepowerte hier spirituelle Ruhe, weiße Wände, Holzfußböden, Futons und dazu vegetarisches Essen. Die „Einführung in Zen" gibt es für 175 $ pro Person und Wochenende.

MOHAWK RIVER

In der Wildnis zwischen den Großen Seen und dem Meer schlossen sich die Mohawk-Indianer mit ihren Nachbarn zur „Konföderation der fünf Ratsfeuer" zusammen. Das Waldland und die Flusstäler gehörten ihnen, bis die ersten Siedler kamen: Holländer, dann Engländer und Franzosen. Auch William Cooper ließ sich hier nieder, und sein Sohn James Fenimore Cooper machte diese Landschaft zur Kulisse seiner Lederstrumpf-Geschichten.
Die Spur der Mohawk beginnt in **Amsterdam** am Mohawk River. Das **Noteworthy Indian Museum** zeigt Gebrauchs- und Kultgegenstände dieses Volkes wie Werkzeuge, Pfeifen, Stickereien (Tel. 518-843-4761, www.greatturtle.net). Die Landstraße 5 führt am Fluss entlang zum zwei Kilometer entfernten **Fort Johnson**, 1749 von dem britischen Pelzhändler und späteren Indianerbeauftragten Sir William Johnson gebaut. Empfehlenswert ist die einstündige Führung (Tel. 518-843-0300, www.oldfortjohnson.org).
Weiter auf der Route 5, elf Kilometer hinter Fonda, lebt in **Kanatsiohareke** seit zehn Jahren wieder eine Mohawk-Gemeinde, betreibt Landwirtschaft, eine Pension und verkauft im „Craft Store" authentischen Schmuck, Decken, Flöten und Körbe (Tel. 518-673-2534, www.mohawkcommunity.com). Kurz vor **St. Johnsville** steht die kleine Pelzhandelsstation **Fort Klock** mit Schulhaus und Schmiede. Liebevoll restauriert und umgeben von Wiesen, bestens geeignet für ein Picknick (Tel. 518-568-7779, www.fortklock.com).
Südlich des Mohawk-Tals liegt **Cooperstown**, gegründet vom Vater des Schriftstellers James Fenimore Cooper, der hier aufwuchs und einige seiner berühmten Indianerromane schrieb. Im **Fenimore Art Museum** ist der Vertrag für den „Letzten Mohikaner" zu sehen, außerdem gibt es eine der schönsten Kollektionen indianischer Kunst (Tel. 607-547-1400, www.fenimoreartmuseum.org).

Über Nacht

Otesaga Resort Hotel, Cooperstown, Tel. 607-547-9931, Fax 607-547-9675, www.otesaga.com, DZ ab 354 $
Direkt am See. Hier heißt sogar der Golfplatz „Leatherstocking".

Irene Leipprand

Über den Fluss und in die Wälder: der Hyde Park am Hudson River

GEO-Grafik
1000 m
Hotels
1 Beacon
2 Belleclaire
3 Broadway Inn
4 Bryant Park
5 Carlton Arms
6 Chambers
7 Chelsea Inn
8 City Club
9 Cosmopolitan
10 Doubletree Guest Suites
11 Four Seasons
12 Gershwin
13 Gramercy Park
14 Habitat
15 Herald Square
16 Holiday Inn Downtown
17 Hostelling Internat. NY
18 Hotel 17
19 Hotel 31
20 Hudson
21 Jazz on the Park
22 Jazz on the Town
23 Larchmont
24 Library
25 Marriott Financial Center
26 Off Soho Suites
27 Olcott
28 On the Ave
29 Red Roof Inn
30 Roger Williams
31 60 Thompson
32 SoHotel
33 St. Mark's
34 Swissôtel-The Drake
35 The Lucerne
36 The Marcel
37 The Muse
38 The Westin at Times Sq.
39 ThirtyThirty
40 Union Square Inn
41 Urban Jem Guest House
42 Washington Jefferson
43 Washington Square
44 W New York Union Square
45 Wolcott
Wolkenkratzer
wichtige Gebäude
UPPER WEST SIDE
CENTRAL PARK
YORKVILLE
UPPER EAST SIDE
American Museum of Natural History
The Metropolitan Museum of Art
Guggenheim Museum
Cooper-Hewitt Nat. Design Mus.
Whitney Museum of American Art
The Frick Collection
Lincoln Center
Columbus Circle
Carnegie Hall
Museum of Modern Art
Rockefeller Center
St. Patrick's Cathedral
Waldorf-Astoria
THEATER DISTRICT
MIDTOWN
Times Square
Bryant Park
Grand Central Station/Terminal
Chrysler Bldg.
Empire State Bldg.
Madison Square Garden
Penn Station
Herald Square
MURRAY HILL
United Nations Headquaters
Intrepid Sea-Air-Space Museum
Circle Line Tour
Lincoln Tunnel
Queens Midtown Tunnel
Queensboro Bridge
Roosevelt Island
LONG ISLAND CITY
QUEENS
HUNTERS POINT
SUNNYSIDE
CHELSEA
MEAT-PACKING DISTRICT
Flatiron Bldg.
Madison Square Park
KIPS BAY
Bellevue Hospital Center
MANHATTAN
GRAMERCY PARK
Union Square Park
GREENWICH VILLAGE
WEST VILLAGE
Washington Square Park
N.Y. University
Stuyvesant Town
Tompkins Square Park
EAST VILLAGE
SOHO
NOLITA
LITTLE ITALY
CHINA-TOWN
LOWER EAST SIDE
TRIBECA
Holland Tunnel
HOBOKEN
HUDSON RIVER
EAST RIVER
GREENPOINT
BROOKLYN
WILLIAMSBURG
Williamsburg Bridge
Manhattan Bridge
Brooklyn Bridge
BATTERY PARK CITY
World Financial Center
GROUND ZERO (World Trade Center)
Woolworth Bldg.
City Hall
Civic Center
FINANCIAL DISTRICT
LOWER MANHATTAN
Ferry to Statue of Liberty & Ellis Island
Battery Park
Staten Island Ferry Terminal
Wallabout Bay
Navy Yard Basin
Brooklyn Navy Yard
BROOKLYN HEIGHTS
NEW YORK CITY
Bronx
Manhattan
Queens
Brooklyn
Staten Island
La Guardia Airport
John F. Kennedy Internat. Airport
Newark International Airport
Statue of Liberty
Upper Bay
Lower Bay
Coney Island Beach
Rockaway Beach
10 km
ATLANTISCHER OZEAN

GÖTTERGLEICHE GREMIEN

Vor den Komitees begehrter Wohnhäuser kuschen selbst Rockstars

Madonna blitzte ab, Mariah Carey ebenfalls, der U2-Sänger Bono wurde – unter Auflagen – akzeptiert: Wer in New York City bei einer der über 8000 „Co-ops“ genannten Eigentümergemeinschaften eine Wohnung erwerben will, muss zuvor beim Vorstellungsgespräch das jeweilige „Co-op Board“ überzeugen. Diese berüchtigten, von den Eigentümern gewählten Ausschüsse nehmen jeden Bewerber penibel unter die Lupe und regeln mit Vorschriften über den zulässigen Lärmpegel bis hin zur Größe von Haustieren das Zusammenleben. 2002 erließ das Co-op Board der Lincoln Towers in Manhattan sogar das erste Rauchverbot in Privatwohnungen.

Je feiner die Adresse, desto wählerischer sind die machtvollen Komitees, die seit einem Gerichtsentscheid im Mai 2003 missliebige Eigentümer sogar zum Auszug zwingen können. Den Gipfel der Exklusivität bilden zweifellos die berühmten San Remo Towers am Central Park, in denen Eigentümer wie Steven Spielberg und Demi Moore mehrere Etagen große Apartments besitzen. Der Neu-Mitbewohner Bono musste im Juli 2003 rund 15 Millionen Dollar für seine Wohnung berappen – und dem Co-op Board versichern, dass er sich im Haus nicht wie ein Rockstar benehmen werde.

Olymp der Stars: die exklusiven San Remo Towers

Illegaler Wildwuchs: ein »Community Garden« an der Ecke 6th Street und Avenue B

Die **Gartenguerilla**

In New Yorks Baulücken blüht eine ungewöhnliche Grünkultur

Am Anfang war Brachland: Tausende von verlassenen Grundstücken rotteten in den krisenhaften 1970er Jahren in New York City vor sich hin, von der bankrotten Stadt mit Stacheldraht eingezäunt und genutzt allenfalls als Drogenumschlagsplätze. Doch dann schlug 1973 die „Green Guerilla“ zu: Die von der Künstlerin Liz Christy gegründete Gruppe besetzte brachliegendes Gelände, bewarf es mit selbstgebastelten *seed bombs*, die eine Mischung aus Torf und Blumensamen enthielten – und legte an der Ecke von Bowery und Houston Street den ersten „Community Garden“ an. Was als Akt des zivilen Ungehorsams begann, trug im Laufe von 30 Jahren Früchte: Über 500 Gärten gedeihen heute in den Baulücken von New York City – von Gemüserabatten bis hin zu parkähnlichen Anlagen, je nach Stadtviertel mit chinesischer, puertoricanischer oder afrikanischer Prägung. Im Zuge der Stadterneuerung soll nun der Wildwuchs eingedämmt werden: Ein Teil der Gärten erhält Park-Status, andere müssen Neubauprojekten weichen.

NEW YORK IM KINO *Zwischen Hexenkessel und Idyll*

1933
King Kong und die weiße Frau
New York wird von einem archaischen Monster heimgesucht. Im Finale erklimmt King Kong das zwei Jahre zuvor fertig gestellte Empire State Building

King Kong über New York

1949
Heute gehn wir bummeln
New York als vergnügliches Labyrinth: Zur Musik von Leonard Bernstein machen Frank Sinatra und Gene Kelly als Matrosen auf Landgang die Stadt unsicher

Marilyn Monroe

1955
Das verflixte siebte Jahr
Marilyn Monroes berühmteste Filmszene (im Bild): Billy Wilder drehte die Szene zunächst an der Ecke Lexington Avenue/52nd Street, ließ sie jedoch später im Studio nachstellen

1961
Frühstück bei Tiffany / West Side Story
Audrey Hepburns Eskapaden in Manhattan und Leonard Bernsteins Romeo-und-Julia-Musical über Jugendgangs in Westend: New York zelebrierte 1961 seinen Upper-Class-Lifestyle ebenso wie dessen vitale Unterseite

1968
Rosemary's Baby
Das unheimliche New York: Polanskis satanischer Horror im 1884 fertig gestellten Dakota Building auf der Upper West Side

1972/74
Der Pate I + II
Hauptstadt des Verbrechens: In Francis Ford Coppolas Mafia-Saga ist New York Ausgangs- und Fluchtpunkt der gewalterfüllten Geschichte des Corleone-Clans

Robert De Niro als Taxifahrer

1973/76
Hexenkessel + Taxi Driver
Der junge Martin Scorsese zeigt das New York der Straße: In „Hexenkessel“ schlagen sich Robert De Niro und Harvey Keitel als Kleingangster in Little Italy durchs Leben, in „Taxi Driver“ brütet Robert De Niro als Taxifahrer Travis Bickle paranoide Gewaltfantasien aus

Going public

Weshalb es in New York kaum öffentliche »Örtchen« gibt

New York hat fast alles im Überfluss – nur keine öffentlichen Toiletten. Zwar ist die Einrichtung von *public restrooms* seit fast 20 Jahren beabsichtigt, doch angesichts wehrhafter Anwohner („nicht vor unserer Haustür") scheiterte sogar der durchsetzungsfähige Bürgermeister Rudolph Giuliani an dieser Aufgabe. Sein Nachfolger Michael Bloomberg plant nun den großen Wurf. Im Rahmen eines „Street Furniture"-Programms sollen alle Zeitungsstände, Bushaltestellen und Abfalleimer der Stadt ein modernes Design bekommen und mit Werbeflächen ausgestattet werden. Im gleichen Look sollen Toilettenhäuschen errichtet werden – wenn auch nur 20 Stück an touristischen Brennpunkten. Die Vereinigung der New Yorker Kioskbesitzer wehrt sich erbittert gegen Bloombergs Pläne. Der Grund: Die Zeitungsverkäufer sollen den 40 000 Dollar teuren Umbau ihrer Buden selbst zahlen, an den Werbeeinnahmen aber nicht beteiligt werden. Eine gewagte Rechnung – und wahrscheinlich genug Konfliktstoff für die nächsten 20 Jahre. So lang werden sich New Yorker wie Touristen mit Notlösungen abfinden müssen: mit Toiletten in Kaufhäusern, Hotels und in den omnipräsenten Starbucks-Filialen.

Nach 20 Jahren Kampf will die Stadt jetzt 20 öffentliche Toiletten aufstellen

DAS TEUERSTE APARTMENT DER WELT

Noch zu haben: das Penthouse in der 72. Etage des Trump World Tower

Kann ein einziges Apartment in New York mehr wert sein als das gesamte Empire State Building? Eine Rekordsumme von 58 Millionen Dollar verlangt der Immobilien-Tycoon Donald Trump für einen Luxuswohnsitz an der Spitze des höchsten New Yorker Wohngebäudes, des Trump World Tower. Das 1858 Quadratmeter große Penthouse mit Rundum-Panoramablick auf Manhattan hat über fünf Meter hohe Decken, mehrere Bibliotheken und Fitnessräume. Der Preis für das Empire State Building, das der Milliardär Anfang 2003 ebenfalls zum Verkauf anbot, lag bei nur 57,5 Millionen Dollar. Die Gründe für den vergleichsweise bescheidenen Preis: Trump ist zwar Eigentümer des New Yorker Wahrzeichens, der Löwenanteil der jährlich über 100 Millionen Dollar Büromieten fließt jedoch an eine Investorengruppe, die 1961 einen 114 Jahre laufenden Leasingvertrag abgeschlossen hat. Die beiden Angebote hatten unterschiedlichen Erfolg: Während das Empire State Building im April 2003 von der erwähnten Investorengruppe gekauft wurde, steht das teuerste Penthouse aller Zeiten noch leer.

58 Millionen Dollar kostet dieses Apartment im Trump World Tower (rechts: schwarzer Turm), inklusive grandiosem Ausblick

»Stadtneurotiker«

1977/79
Der Stadtneurotiker + Manhattan
Manhattan als Biotop der neurotischen Intelligenzia: Woody Allens romantisch-satirisch-nostalgische Komödien sind Hymnen auf das Leben in der großen Stadt

1981
Die Klapperschlange
Düstere, bizarre Science-Fiction-Fantasie: das Manhattan des Jahres 1997 als gigantisches, von der Außenwelt völlig abgeriegeltes Hochsicherheitsgefängnis

1989
Do the Right Thing
Rap, Pizza und Straßenschlachten: Spike Lees brillante Chronik eines heißen Tages lenkte den Blick von Manhattan ins multikulturelle Brooklyn

Spike Lee bringt Pizza

1990
Fegefeuer der Eitelkeiten
Intrigen, Korruption, Machtgier: Brian De Palmas Satire mit Tom Hanks und Bruce Willis verfolgt Aufstieg und Fall eines Möchtegern-Wall-Street-Magnaten

»Blue in the Face«

1995
Smoke + Blue in the Face
Mit philosophischem Touch erzählte Alltagsgeschichten um einen kleinen Tabakladen in Brooklyn. Paul Auster schrieb die Drehbücher

1998/99
Studio 54 + Last Days of Disco + Summer of Sam
New York City, Hauptstadt des Disco: Auf dem Gipfel des 70er-Jahre-Revivals warfen die Regisseure aller drei Filme einen Blick zurück in die Zeit, in der Sex, Drugs, Music and Crime die Stadt regierten

2002
Gangs of New York
Gewalt und Kriminalität als Triebkräfte der Entwicklung New Yorks: Martin Scorseses episches Historienstück mit Leonardo DiCaprio in der Hauptrolle schuf einen neuen Stadtmythos

CHINA SPECIAL (AUGUST/2003)

Es ist die erste Veröffentlichung, die sich wirklich mit dem neuen China beschäftigt. Man sollte sie allen empfehlen, die in China arbeiten wollen.

H.-J. Ingendahl, per E-Mail

Ein Heft über China ist für mich lückenhaft, wenn nicht auch über die Menschenrechts-Katastrophe in Tibet berichtet wird. Mich würden die Gründe interessieren, weshalb die GEO-Redaktion offensichtlich bewusst dieses Thema ausgeklammert hat. Sollte es hier eine wirtschaftliche oder politische Verquickung geben?

Dietrich Deisenroth, per E-Mail

Anm. der Red.: Nein, gibt es nicht. Die Situation in Tibet haben wir ausführlich im GEO Special „Himalaya" (August 2002) dokumentiert. Dass wir es dort, und nicht in einer China-Ausgabe, getan haben, kann, wer möchte, auch als politische Aussage verstehen.

Ein großes Kompliment. Da mein Sohn in Shanghai lebt, war ich oft in diesem wunderbaren Land. Sie haben es wirklich gut getroffen.

Waltraud Jaehndel, per E-Mail

NORWEGEN-SPECIAL (JUNI 2003)

Nach fast 20 Jahren in Deutschland erlebe ich meine eigene Heimat immer mehr durch „deutsche Augen". Was in Ihrem Heft vielleicht ein wenig zu kurz kommt: wie freundlich und hilfsbereit die Menschen in Oslo sind, wie horrend hoch die Preise, und wie grottenschlecht Fleischgerichte im Vergleich mit bayerischem Essen schmecken.

Björn Brothen, per E-Mail

Einen Monat lang sind wir mit dem Wohnmobil durch Norwegen gereist, Ihre Ausgabe ist uns dabei eine wertvolle Informationsquelle gewesen. Und am äußersten Punkt unserer Reise, in Grense Jacobselv, haben wir sogar die von Ihnen erwähnten Soldaten getroffen. All das, was Sie über deren harten Dienst an der norwegisch-russischen Grenze schrieben, fanden wir bestätigt.

Klaus Neumann, Cuxhaven

GEO Special

Gruner + Jahr AG & Co KG, Druck- und Verlagshaus, Am Baumwall 11, 20459 Hamburg.
Postanschrift für Verlag und Redaktion:
20444 Hamburg, Telefon (040) 3703-0. Telefax (040) 3703-5648.
E-Mail: briefe@geo.de; GEO-Explorer: http://www.geo.de/

CHEFREDAKTEUR: Peter-Matthias Gaede

STELLVER. CHEFREDAKTEUR: Michael Schaper

GESCHÄFTSFÜHRENDE REDAKTEURE: Andreas Wolfers (Text), Ruth Eichhorn (Bild)

ART DIRECTOR: Katja Schwirkmann

TEXTREDAKTION: Florian Hanig, Brigitte Gajser (Reise-Service)

BILDREDAKTION: Elisabeth Trautnitz

REDAKTIONSASSISTENZ: Elke Rehländer-Stöhr, Hella Strepp

KARTOGRAPHIE: Günther Edelmann

DOKUMENTATION: Dr. Anja Herold (freie Mitarbeit); Mathias Unger, Peter Flak

SCHLUSSREDAKTION: Hinnerk Seelhoff; Assistenz: Hannelore Koehl

HONORARE/SPESEN: Angelika Györffy

MITARBEITER DIESER AUSGABE: Kimberly Bradley, Marc Deckert, Marieke Degen, Silvia Feist, Marc Goergen, Tobias Goerke, Adam Gopnik, Julia Hipp, Mario Kaiser, Christoph Kucklick, Irene Leipprand, Verena Lueken, Kerstin Moeser, Karen Paule, Marc Pitzke, Stefan Schomann, Olaf Tarmas, Gerhard Waldherr – Übersetzung: Barbara Baumgartner (S. 64–68)

GEO-BILDARCHIV: Bettina Behrens, Gunda Lerche, Gudrun Lüdemann, Peter Müller

VERANTWORTLICH FÜR DEN REDAKTIONELLEN INHALT: Peter-Matthias Gaede

REDAKTIONSBÜRO NEW YORK: Nadja Masri; Brigitte Barkley, Wilma Simon, Anuschka Tomat
375 Lexington Avenue, New York, NY 10017-5514,
Tel.(212)499-8100, Fax (212) 499-8105,
E-Mail: geo@geo-ny.com

VERLAGSLEITUNG: Dr. Gerd Brüne, Dr. Bernd Buchholz

ANZEIGENLEITERIN: Anke Wiegel

VERTRIEBSLEITER: Markus Böhler

MARKETINGLEITER: Florian Wagner

HERSTELLER: Oliver Fehling

GEO SPECIAL-Kundenservice
für Bestellungen von Abonnements, Einzelheften GEO-Bücher, GEO-Kalender, Schuber, etc.

Deutschland: Abonnements, Einzelhefte: Gruner + Jahr AG & Co KG, GEO SPECIAL-Kundenservice, 20080 Hamburg; Neubestellungen: Tel.: 040/37 03 38 03; Kundenservice: Tel.: 040/ 3703 40 41; Ältere Ausgaben: E-Mail: Heft-Service@guj.de, Fax: 040/37 03 56 57, E-Mail: GeoSpecial-Service@guj.de; Jahres-Abonnements-Preis: € 39,90
GEO-Bücher, GEO-Kalender, Schuber, etc.: GEO Special-Versand-Service, Werner-Haas-Str. 5, 74172 Neckarsulm; Tel.: 0180-506 2000 (0,062 €/30 Sek.), Fax: 040 - 3703 5657 (0,062 €/30 Sek.)

Schweiz: Abonnements: GEO SPECIAL-Kundenservice, Postfach, 6002 Luzern, Tel.: 041 / 329 22 20, Fax: 041 / 329 22 04, E-Mail: geo@leserservice.ch, Jahres-Abonnements-Preis: Sfr 78,00; Einzelhefte, GEO-Bücher, GEO-Kalender, Schuber, etc.: GEO SPECIAL-Versand-Service 50/001, Postfach 1002, 1240 Genf 42, Tel.: +49-1805062000, Fax: +49 - 1805082000, E-Mail: service@guj.com

Österreich: Abonnements: GEO SPECIAL-Kundenservice, Postfach 5, A-6960 Wolfurt, Tel.: 0820-00 10 85, Fax: 0820-00 10 86, E-Mail: guj@abo-service.at

Übriges Ausland: Abonnements: GEO SPECIAL-Kundenservice, DPV Hamburg, Postfach 101602, D-20010 Hamburg, Tel.: ++49 40/ 37 03 39 89, Fax: ++49 40 / 37 03 56 25, E-Mail: abo-service@guj.de, Preise auf Anfrage
Einzelhefte, GEO-Bücher, GEO-Kalender, Schuber, etc.: GEO-Versand-Service, Werner-Haas-Str. 5, 74172 Neckarsulm; Tel.: 0180 - 506 2000, Fax: +49 - 1805082000, E-Mail: service@guj.com, Preise auf Anfrage

ISBN-Nr. 3-570-19399-3

ISSN-Nr.: 0723-5194

ANZEIGENABTEILUNG
Anzeigenverkauf: Korinna Koschek,
Tel. (040) 3703 2248, Fax (040) 3703 5773
Anzeigendisposition: Marco Schütze,
Tel. (040) 3703 3824, Fax (040) 3703 5773
Es gilt die Anzeigenpreisliste Nr. 30 vom 1. 1. 2003
Bankverbindung: Deutsche Bank AG Hamburg,
Konto 0322800, BLZ 200 700 00

Druck: Gruner+Jahr AG & Co KG
Druck- und Verlagshaus, Itzehoe/Holstein

GEO ist auf Papier gedruckt, das aus einem Drittel – ausschließlich chlorfrei gebleichtem – Zellstoff, aus einem Drittel Durchforstungsholz und einem Drittel Altpapier hergestellt ist
Printed in Germany

Fotovermerke nach Seiten. Anordnung im Layout: l. = links, r.= rechts, o. = oben, m. = Mitte, u. = unten
Titel: Johannes Kroemer/Visum

Seite 3: Nadja Masri: l. o.; Charly Kurz/Lookat: r. o.; Markus Seewald: m.

Seite 4: Sara Cedar Miller aus dem Buch „Central Park. An American Masterpiece, Harry N. Abrams, Inc.: l. o.; Charly Kurz/Lookat: l. m.; Jonathan Torgovnik: l. u.; Giovanni Del Brenna/Grazia Neri: r. u.

Seite 4/5: Jon Ortner

Seite. 5: Katharina Bosse/laif: r. o.; Robert Polidori: m. o.; Jeffrey Henson Scales: m. u.; Christoph Bangert: u.

HABITAT
www.theboyfromoz.com: 6 l. o.; Intertopics/Globe: 6 l. u.; Marc Renaud: 6 m. o.; Mila Pavan: 6 m. u.; Nadja Masri: 6 r. o.; Michael Rhoades: 6 r. u.; www.avenueq.com: 7 l. o. (2); Intertopics/Landov: 7 r. o.; Christoph Bangert: 7 l. u. und r. u.; David Ames: 7 m. u.; Yves Gellie/Agentur Focus: 8 o.; Helayne Seidman: 8 m.; Ed Eckstein/Corbis: 8 u.

NICHT KLEINZUKRIEGEN
Peter Gebhard/laif: 10/11; David Zimmerman/Corbis: 12/13; Jason Schmidt: 14/15; Jon Ortner: 16/17, 18/19, 22/23; Richard Berenholtz: 20/21

LIEBER HÖHER!
© archimation: 25; George Steinmetz/Agentur Focus: 26 l. o., 26 r. u.; Studio Daniel Libeskind: 26 r. o.; Nadja Masri: 27; Avery Architecture Library, Columbia University: 28 l. o.; Walter Kilham, Jr./Avery Architecture Library, Columbia University: 28 r. o.

SIX IN THE CITY
Katharina Bosse/laif: 30–38 o.; Gunter Klötzer: 38 m.; privat: 38 u.

HOHER PREIS DER SICHERHEIT
ap Photo/Stephen Chernin: 40; Charly Kurz/Lookat: 41

AN DER TRENDFRONT
Jonathan Torgovnik: 42–50 o., 50 u.; privat: 50 m.

FUNDSTELLEN DER SCHÖNSTEN ART
Robert Polidori: 52–62

MEIN LEBEN MIT MR. RAVIOLI
Bernard Schoenbaum/The New Yorker Magazine, Inc.: 65; Jack Ziegler/The New Yorker Magazine, Inc.: 66; Robert Weber/The New Yorker Magazine, Inc.: 68

DIE SPÜRHUNDE
Charly Kurz/Lookat: 72–80 o.; Nadja Masri: 80 u.

NEW YORK IST PLEITE – WIEDER EINMAL
E-lance Media: 82; Charles Ommanney/Contact Press Images/Agentur Focus: 83

DER KÄFIG
Giovanni Del Brenna/Grazia Neri: 84–90 m.; privat: 90 u.

DIESE STADT IST EIN GESCHENK
Charly Kurz/Lookat: 92/93, 96–101; George Steinmetz/Agentur Focus: 94, 95

SCHÖNER WERDEN, SCHWARZ BLEIBEN?
Jeffrey Henson Scales: 102, 105 l. o., 106, 108, 109 o. ; George Steinmetz/ Agentur Focus: 104; Philip Greenberg: 105 r. o.; Robert Polidori: 105 l. u.; Bernd Auers: 105 r. u.; Eli Reed/Magnum/Agentur Focus: 107; Kai Burmester: 109 u.

SAFARI ZU DEN WEISSEN FLECKEN DER STADT
Jonas Bendiksen: 110–111

DAS GRÜNE HERZ
Sara Cedar Miller, aus dem Buch „Central Park. An American Masterpiece", Harry N. Abrams, Inc.: 112/113, 115, 116 (4), 117 r. m. und r. u.; Michael Sofronski/Polaris: 114; Poul Hans Lange: 116r. m.; Alan Schein/Corbis: 116 r. u.; Bernd Jonkmanns/laif: 117r. o.; Yann Arthus-Bertrand/Altitude: 118 o.; © Christo 2002, Foto: Wolfgang Volz/Bilderberg: 118 u.; Mark Peterson/Redux Pictures: 120 l. und r., 121 o. (3); Ted Hardin: 120 m.; Stefan Schomann: 121 u.

INFOTEIL
Courtesy Artisanal: 122 o.; www.designhotels.com: 122 m. o., 133 o; Courtesy Forward: 122 m., 142 l. o.; Bernd Auers: 122 m. u.; Courtesy Dutchess County Tourism: 122 u.; Yann Arthus-Bertrand/Altitude: 123; Shannon Stapleton/ Gamma: 125 o.; Kelly/Mooney/Corbis: 125 m.; Philipp Hympendahl/Das Fotoarchiv: 125 u.; Charly Kurz/Lookat: 126, 154 o.; Courtesy Neue Galerie: 128 o.; Courtesy 66: 128 u.; Ofer Wolberger: 129, 131 o., 140 o., 148/149 o.; Thomas Dallal: 130; Courtesy Butter: 131 u.; Courtesy Capitale: 132; Raimund Koch: 133 u., 134 o., 135 o.; Courtesy Library Hotel: 134 u.; Karen Pearson: 135 u.; Bernd Jonkmanns/laif: 136 o.; Courtesy Hotel Marcel: 136 l. u.; Josephine Meckseper: 136 r. u., 138 r. o.; Courtesy Wolcott Hotel: 138 l. o.; Courtesy Washington Jefferson Hotel: 139; Christian Heeb/Hémisphères 140 u.; Jeffrey Markowitz/Corbis/Sygma: 141; Robert Polidori: 142 r. o.; www.alexandermcqueen.com: 142 l. u.; Todd Eberle/ Courtesy Comme des Garçons: 142 r. u.; Courtesy Seven New York: 144; Yves Lacombe/New Victory Theater: 148 l.; Courtesy Dylan's Candy Bar: 149 u.; Courtesy P. S. 1 Contemporary Art Center: 150 o.; Andrea Artz/laif: 150 u.; Courtesy Bellwether Gallery: 151; George Steinmetz/Agentur Focus: 152; Courtesy Eyebeam/Diller Scofidio: 153; Charly Kurz/Lookat: 154 o.; Courtesy Noteworthy Indian Museum: 156 o.; Ted Spiegel: 156 u.

STADT LAND FLUSS
Yann Arthus-Bertrand/Altitude: 160 l.; Steve Winter/Das Fotoarchiv: 160 r.; Achim Multhaupt/laif: 161 l.; Jon Ortner: 161 m.; Nadja Masri: 161 r.

New York im Kino: IFTN: 160–161 u. (7)

VORSCHAU
Roger Ressmeyer/Corbis: 163 o.; Harrison H. Schmitt/NASA: 163 l. m.; Lindsay Hebberd/Corbis: 163 r. m.

INTERVIEW
John Cassidy: 164

KARTEN UND DIAGRAMME
Günther Edelmann: 50, 107, 126, 155, 156

Vorschau

Ein Vollmond hängt über Kubas Küste – ist er wirklich schuld an mehr Geburten, Unfällen und Schlaflosigkeit?

Apollo 11: Von Hand gesteuerter Triumph

Verschwörungsthesen: Alles nur geblufft?

Mond-Geologie: Archiv der Erde

Literatur: Karriere eines Nachtbegleiters

Vision: Zu Hause im Mare Imbrium

Galileis Entdeckungen

Magie im Alltag: Mondgläubige

Tourismus: Pläne und erste Projekte

Eis und Schwefel: Auf anderen Monden

Reisetipps: Die fünf besten Mondrouten

DER MOND

Ein Wüstenreich, viermal so groß wie die Sahara, kreuzt in der Nacht am Himmel auf: mit Bergen, höher als die Alpen, und Temperaturen zwischen -230 und +120 Grad. Der Mond. Ihm und seinem Einfluss auf die Erde widmet GEO Special sein erstes außerirdisches Heft – das von einer Welt erzählt, die 400 000 Kilometer weit entfernt ist und dennoch Astronauten und Schamanen, frühe Kartographen und moderne Tourismusmanager, Esoteriker, visionäre Architekten und auch ganz normale Menschen unweigerlich in ihren Bann zieht

Eugene A. Cernan, Apollo 17, erlebte den Mond als Staubwüste. Als Zeichen der Fruchtbarkeit gilt er beim Holi-Fest in Indien, gefeiert im Frühjahr, am Tag des Vollmonds im indischen Monat Phalguna

Die zuletzt erschienenen Ausgaben:

München Nr. 2/2003

Norwegen Nr. 3/2003

China Nr. 4/2003

Die folgenden Ausgaben:

VENEDIG

DEUTSCHE OSTSEE

ENGLAND UND WALES

GEO Special DER MOND
erscheint am 3. 12. 2003

… Meerjungfrau in Manhattan?

Julie Atlas Muz, 30, teilt sich ihren Arbeitsplatz in einem Nachtclub in Chelsea mit echten Seefischen. Zweimal die Woche schwebt sie durch 34 000 Liter Salzwasser. Frau Muz hat für ihren Job studiert: Filme wie »Splash – Jungfrau am Haken« und Dokumentationen über Otter und Seelöwen

Wie beginnt Ihr Arbeitstag?

Ich steige zu Hause unter die Dusche, dabei kommt alles Make-up runter, den Fischen zuliebe. Um 22.30 Uhr tauche ich dann zum ersten Mal in mein Aquarium im „Coral Room".

Wie gefällt es Ihnen unter Wasser?

Wunderbar, vor allem seit ich mich im ganzen Bassin schwerelos bewegen kann.

Sind Sie anfangs auf Grund gegangen?

Im Gegenteil, es war schwer, nach unten zu kommen. Ich hatte immer zu viel Luft in der Lunge gehabt, damit treibt man dauernd an die Oberfläche.

Jetzt schweben Sie entspannt in der Mitte.

So muss das sein. Die Gäste sollen eine Meerjungfrau sehen, die ganz selbstverständlich im Wasser lebt. Der erste Trick ist, seinen Atem genau zu kontrollieren. Und der zweite, sich abzulenken, wenn man unten ist. Inzwischen kann ich sogar Salti drehen, ohne die Orientierung zu verlieren.

Wie lange können Sie denn unten bleiben?

Das habe ich nie gestoppt. Ich gehe alle halbe Stunde für fünf bis sieben Minuten ins Wasser und tauche dabei einige Male auf. Im Bassin probiere ich jedes Mal eine kleine Vorführung; so werfe ich seit kurzem eine Perlenkette zu einem Reif, durch den ich schwimme.

Gehören türkisblaue Zehennägel mit korallenroten Streifen zum Nixenkostüm?

Da haben wohl die Wände im „Coral Room" meine Farbwahl beeinflusst. Die Füße verschwinden bei jedem zweiten Auftritt in einem Fischschwanz. Davon habe ich mehrere, in leuchtendem Orange, in Rot, Gelb und Silberstretch, dazu ein Bikinioberteil – das ist meine Arbeitskleidung. Außerdem nutze ich allerlei Accessoires, wie Ketten und Seidenschals, alles, was schön fließt unter Wasser. Gerade habe ich ein Medusenhaupt entworfen, da ringeln sich Schlangen um meinen Kopf.

Wie reagieren die Gäste auf Sie?

Die meisten finden es Klasse. Das sagen sie auch, wenn ich nach meinem Auftritt im Bikini durch den Nachtclub laufe, um mit einem Netz Trinkgeld einzufangen. Manchmal landet eine Hand auf meinem Hintern. *Well*, solange die Kerle mir dabei zehn Dollar zustecken. Ich komme von der Burlesque, da gehört das dazu.

Burlesque, die erotische Tanzshow vom Beginn des 20. Jahrhunderts?

Genau. Damals stand irgendwann immer eine nackte Lady auf der Bühne, trotzdem war Burlesque kein Striptanz. Die Shows sind bis heute sehr parodistisch, oft auch politisch. Vom alten Feminismus, der BHs verbrannte, zum neuen Feminismus, der die BHs auspolstert.

Wie wird man Unter-Wasser-Tänzerin?

Ich habe Tanz studiert und Geschichte, Letzteres aber nur, weil meine Eltern wollten, dass ich was Reelles mache. Und jetzt verdiene ich mein Geld doch tanzend.

Entschwindet die Nixe bei Tagesanbruch?

Um halb vier in der Früh steig' ich zum letzten Mal ins Becken. Danach wird's sehr menschlich: Ich schleppe meine Tasche nach Hause – dreimal so schwer wie zuvor, weil alles klitschnass ist –, spüle die Fischschwänze und Tücher aus und versuche, alles so über der Badewanne aufzuhängen, dass mein Mann morgens duschen kann.

Der ist der Wassermann?

Nein, Leonel ist ganz erdverbunden. Er ist Bühnenbildner. Und vom Sternzeichen Löwe.

Interview: Silvia Feist

Erotik mit Tiefgang: Julie Atlas Muz als Nixe im Aquarium des »Coral Room«

Geschenk gratis – Lieblingstitel mit Ersparnis!

Lesen Sie Ihren Lieblingstitel und wählen Sie ein wertvolles Geschenk: die praktische Reisekosmetiktasche, die original Kienzle-Uhr oder den faszinierenden 3D-Schlüsselanhänger mit Beleuchtung – gratis!

GEO-Familie Vorteilskarte

Ja, ich bestelle die angekreuzten Zeitschriften zum Selberlesen bzw. Verschenken. Mein Dankeschön erhalte ich gratis nach Zahlungseingang. Nach Erhalt der letzten Ausgabe kann ich jederzeit kündigen – mit Geld-zurück-Garantie für zuviel bezahlte Hefte. **Ich erhalte das von mir angekreuzte Geschenk gratis (bitte nur ein Kreuz):**

☐ **Reisekosmetiktasche** ☐ **Kienzle-Uhr** ☐ **Schlüsselanhänger NY**

Meine Adresse:

Name

Vorname — Geburtsdatum 1,9

Straße/Nr.

PLZ — Wohnort

Ich zahle bequem per Bankeinzug (Nähere Hinweise beim Heftangebot rechts).

Bankleitzahl — Kontonummer

Geldinstitut

Datum — X Unterschrift

GEO 6 x für mich Bestell-Nr. ☐ **234721**, 12 x als Geschenk ☐ **234720**
Zahlung: 1/4-jährlich zum Preis von zzt. € 5,05 pro Heft (13 % gespart).

GEO SAISON 10 x für mich Bestell-Nr. ☐ **234717**, 10 x als Geschenk ☐ **234716**
Zahlung: 1/2-jährlich zum Preis von zzt. € 4,- pro Heft (13 % gespart).

GEO Special 6 x für mich Bestell-Nr. ☐ **234723**, 6 x als Geschenk ☐ **234722**
Zahlung: 1/2-jährlich zum Preis von zzt. € 6,65 pro Heft (14 % gespart).

GEO WISSEN 4 x für mich Bestell-Nr. ☐ **234713**, 4 x als Geschenk ☐ **234712**
Zahlung: jährlich zum Preis von zzt. € 6,90 pro Heft (13 % gespart).

GEO EPOCHE 4 X für mich Bestell-Nr. ☐ **234715**, 4 x als Geschenk ☐ **234714**
Zahlung: jährlich zum Preis von zzt. € 6,90 pro Heft (13 % gespart).

GEOlino 12 x für mich Bestell-Nr. ☐ **234719**, 12 x als Geschenk ☐ **234718**
Zahlung: 1/2-jährlich zum Preis von zzt. € 2,55 pro Heft (15 % gespart).

Anschrift des Geschenkempfängers:

Name, Vorname

Straße/Nr.

PLZ — Wohnort

GEO Special
Das Porto zahlen wir für Sie.

Antwort

GEO Special
Kundenservice

20080 Hamburg

Reisekosmetiktasche
Aufhängen und alles ist griffbereit! 5 Fächer mit Reißverschluss, 3 offene Fächer, strapazierfähiges Material. Zusammenrollbar!

Original Kienzle-Uhr
Mit Präzisions-Quartzwerk. Schwarzes Zifferblatt mit hellen Ziffern, Sekundenzeiger, Datumsanzeige, braunes Lederarmband.

Schlüsselanhänger NY
Die Freiheitsstatue mit 100.000 Laserpunkten 3-dimensional in einen Block aus optischem Kristallglas eingebracht. Mit Beleuchtung!

Ihre Abo-Vorteile

- **Wunschgeschenk gratis!**
- **Bis zu 15 % sparen!**
- **Lieferung frei Haus**
- **Nach der letzten Ausgabe jederzeit kündbar**
- **Geld-Zurück-Garantie für zuviel bezahlte Hefte**

GEO Special / GEO erscheint im Verlag Gruner+Jahr AG & Co KG, Am Baumwall 11, 20459 Hamburg

Ausfüllen und abschicken, oder bestellen Sie Ihr Abo einfach unter:

Telefon: **040-37 03 38 03**
FAX: **040-37 03 56 57**
INTERNET: **Geo-Service@guj.de**

Schön, schwarz, wieder sicher

Das dunkle Herz der Stadt hat sich spektakulär gewandelt: von einer drogen- und gewalt-infizierten No-Go-Area zum beschaulichen Dorf

Jazz in satten Farbtönen: Die Jamsessions in der Lenox Lounge sind legendär

Harlem ist ein Dorf, zumindest verglichen mit dem Rest Manhattans: ruhig, gemütlich, verkehrsarm. Und es hat auch so etwas wie eine Dorfstraße, an der sich nahezu das ganze Leben abspielt, die **125th Street**, auch Martin Luther King Jr. Boulevard genannt. Man muss auf ihr nur einmal von der St. Nicholas Avenue bis herüber ins hispanische East Harlem laufen, und man erhält einen komprimierten Eindruck des Viertels. Die beeindruckendste Architektur Harlems findet sich allerdings nicht an der 125th Street. Dafür sollte man südlich in den **Mount Morris Park Historic District** schlendern, nördlich in den **St. Nicholas Historic District** (138th und 139th St.), oder ganz im Norden ins Viertel **Hamilton Heights** (West 125th–155th St.).

Die »Townhouses« werden herausgeputzt – als Domizile für den neuen Mittelstand

Restaurants

Settepani ❶
196 Lenox Ave., Tel. 917-492-4806
Italienisches Café, das höchsten Ansprüchen genügt. Auf jeden Fall probieren: die Schokoladen-Haselnuss-Mousse sowie die Pekannuss-Torte.

Jimmy's Uptown ❷
2207 Adam Clayton Powell Jr. Blvd., Tel. 212-491-4000
Feiner – und teurer – geht's nicht in Harlem. Die Qualität der Speisen variiert leider stark, immer gut ist der Catfish (Wels). Für ein Menü pro Person mindestens 50 $ mitbringen, oder sich an die exzellenten Cocktails halten – und die schönen Gäste bestaunen.

African ❸
247 W. 116th St., Tel. 212-666-9400
Keine Kreditkarten
Auf das Essen muss man mindestens eine Stunde warten, aber dann schmeckt es hinreißend und original senegalesisch. Und riesig sind die Gerichte auch, eines reicht für zwei Besucher. Menü 10–15 $.

Bayou ❹
308 Lenox Ave., Tel. 212-426-3800, www.bayouinharlem.com
Kreolische Küche, die ursprünglich in den Südstaaten aus afrikanischen und karibischen Zutaten gemixt wurde – und im Bayou besonders gut schmeckt. Mittags trifft sich hier die Machtelite Harlems, Politiker und Geschäftsleute, zum Lunch.

Shopping

Harlemade ❺
174 Lenox Ave., Tel. 212-987-2500, www.harlemade.com, Mo geschlossen
Die hippsten Souvenirs des Viertels – vom T-Shirt mit Harlem-Aufdrucken bis zu Videokassetten von den besten Filmen, die in Harlem spielen.

Hue-Man Bookstore ❻
2319 Frederick Douglass Blvd., Tel. 212-665-7400, www.huemanbookstore.com

Den Apfel im Griff

Sich in der Acht-Millionen-Stadt zurechtzufinden, ist erstaunlich einfach – dank U-Bahn, Straßenraster und vieler Besucherzentren

Information

Die offiziellen **Visitor Information Centers** von NYC & Company, dem Fremdenverkehrsbüro New York, bieten viele praktische Tipps und Hinweise, auch in deutscher Sprache. Es gibt Filialen **in Midtown:** **810 Seventh Ave., zw. 52nd u. 53rd St., Tel. 212-484-1222** (Mo–Fr 8.30–18, Sa/So 9–17 Uhr); **in Downtown:** **Broadway, Ecke Park Row, am Südende des City Hall Park** (Mo–Fr 9–18, Sa/So 10–18 Uhr); **in Harlem:** **163 W. 125th St., Ecke Adam Clayton Powell Jr. Blvd.** (Mo–Fr 9–18, Sa/So 10–18 Uhr).
Das **Times Square Visitors Center** steht mehrsprachig mit Rat und Tat und kostenlosen Broschüren zur Verfügung: **1560 Broadway, zw. 46th u. 47th St., Tel. 212-869-1890** (tgl. 8–20 Uhr).

Was? Wann? Wo?

Theater-Spielpläne und -Kritiken sind täglich in der renommierten **New York Times** (1 $, So 3,50 $), freitags mit „Weekend"-Beilage, zu lesen und jeden Mittwoch in der **Village Voice** (kostenlos). Über Clublife, Party-Events, Konzerte, Restaurants informiert das Stadtmagazin **Time Out New York** (jeden Mi, 2,99 $). Der **New Yorker**, berühmt für seine legendären Essays, berichtet jeden Montag detailliert über die Kulturszene (3,95 $).

Broadway-Tickets

Karten für alle Broadway- und Off-Broadway-Shows sind im **Broadway Ticket Center** erhältlich: **im Times Square Visitors Center, Tel. 212-302-4111** (Mo–Sa 9–19, So 10–18 Uhr).

Discount-Tickets

Restkarten für Veranstaltungen am selben und für Matinees am folgenden Tag verkauft **TKTS** mit Preisnachlässen bis zu 50 Prozent: **am Times Square, Broadway, Ecke 47th St.**, und in Lower Manhattan **im South Street Seaport, Front St., Ecke John St.** Für welche Vorstellungen Tickets erhältlich sind, ist außen an den Kiosken angeschlagen.

Mit Subway & Bus

Die New Yorker **Subway** fährt Sie schnell, billig und sicher ans Ziel. Kostenlose Subway-Pläne gibt es in fast jeder Station. Achten Sie beim Einsteigen auf die Zielrichtung: Uptown-Züge bringen Sie nach Norden, Richtung Bronx und Queens, Downtown-Züge in den Süden und nach Brooklyn. Express-Züge überspringen Stopps und halten überwiegend an den großen Umsteigebahnhöfen, „Local trains" halten an jeder Station.
Eine Fahrt kostet 2 $. Gezahlt wird mit der **MetroCard**, erhältlich an Schaltern und Automaten in allen U-Bahn-Stationen. Je nach Aufenthaltsdauer empfiehlt sich eine aufladbare „Pay-Per-Ride MetroCard". Oder „Unlimited Ride"-Zeitkarten für einen Tag (4 $), sieben (21 $) oder 30 Tage (70 $).
Die Streckenführung der meisten **Busse** folgt entweder dem Verlauf der Avenues (in Nord-Süd-Richtung) oder dem der großen Straßen („crosstown"). Für kürzere Strecken empfehlenswert, während der Rush-Hour genügend Zeit einplanen. Halten Sie Ihre MetroCard oder passendes Kleingeld in Höhe von 2 $ bereit. Express-Busse kosten 4 $.

TELEFONIEREN

Seit Anfang 2003 muss für alle Gespräche **innerhalb** der Stadt die Ziffer „1" und dann der dreistellige „area code" (z. B. „212") mitgewählt werden. Unabhängig von welcher Nummer in New York Sie anrufen bzw. wo Sie sich dort befinden, gilt also: **1 + area code +** (siebenstellige) **Teilnehmernummer**. Bei Anrufen aus dem Ausland wählen Sie statt der **1** die **001.**

WICHTIGE RUFNUMMERN

Notruf 911
Deutsches Generalkonsulat 212-610-9700
Österreichisches Generalkonsulat 212-737-6400
Schweizer Generalkonsulat 212-599-5700

Inbegriff New Yorker Mobilität: 12 000 Taxis patrouillieren die Straßen

Urbaner Höhepunkt

Zwischen 30th und 59th Street wächst Manhattan über sich hinaus, hier stehen die schönsten und höchsten Wolkenkratzer

Wieder das herausragendste Haus der Stadt: das 381 Meter hohe Empire State Building

Noch Anfang der 1990er Jahre war die Gegend rund um den Times Square das Zentrum der Drogenszene und der Prostitution. Dann wurde Rudolph Giuliani Bürgermeister, und er hatte eine Vision für das Herz Manhattans: Hier sollten sich wie früher die New Yorker und die Touristen mit ihren Familien amüsieren können. Viele der 38 Broadway-Theater wurden seither saniert, und in Midtown entstanden und entstehen etliche neue Hochhäuser, einige entworfen von Stararchitekten wie Renzo Piano oder Sir Norman Foster. Den Klassikern der New Yorker Hochhaus-Architektur können sie jedoch keine Konkurrenz machen: Das Empire State Building, das Rockefeller Center, das Chrysler Building bleiben in ihrer Eleganz unerreicht.

Stars on Stage

Auf den Bühnen des **Theater District** werden nicht nur Musicals aufgeführt. Hier gibt es auch große Schauspielkunst zu sehen. Filmstars, die Sie nur aus dem Kino kennen, treten hier Abend für Abend live auf. Im Juni 2003 spielten zum Beispiel die Oscar-Gewinner Vanessa Redgrave, Helen Hunt, Marisa Tomei und Al Pacino am Broadway. Tickets gibt es im **Times Square Visitors Center** ❶ (1560 Broadway, zw. 46th u. 47th St., Tel. 212-302-4111). Oder verbilligt für denselben Tag am **TKTS**-Kiosk gegenüber (Broadway, Ecke 47th St., Tel. 212-221-0013, www.tdf.org).

Sehenswert

United Nations Headquarters ❷

First Ave., Info-Tel. 212-963-1234, www.un.org

Das Gebäude der Vereinten Nationen am East River, u. a. von Le Corbusier und Oscar Niemeyer entworfen, ragt am East River aus einer Parklandschaft mit Pflanzen aus aller Welt auf. Beim Mittagsbuffet in der „Kantine" der Delegierten können Sie die Diplomaten belauschen (Reservierung: Tel. 212-963-7626, Jackettpflicht). Bei einer Führung durchs Haus (10 $) lernen Sie das Innenleben der Organisation kennen und sehen auch die Sammlung der Staatsgeschenke an die UNO.

Empire State Building ❸

350 Fifth Avenue, Tel. 212-736-3100, www.esbnyc.com, Aussichtsplattform im 86. Stockwerk, tgl. 9.30–24, letzter Aufzug 23.15 Uhr, 11 $

Das 62 Jahre alte Wahrzeichen der Stadt rangiert derzeit auf Platz drei der höchsten Häuser der Erde. Nur die Petronas Towers in Kuala Lumpur und der Sears Tower in Chicago sind höher. Jüngste Besucherattraktion ist eine **Audio Tour**, erhältlich auch auf Deutsch (5 $), bei der Tony, ein fiktiver New Yorker Taxifahrer, den Besuchern auf witzige Weise die Aussicht erklärt.

Chrysler Building ❹

405 Lexington Ave., Tel. 212-682-3070, Lobby während der Bürozeiten geöffnet

Für viele der schönste Wolkenkratzer der Welt – wegen seiner prunkvollen Spitze aus Stahl, deren dreieckige Fenster bei Nacht über der Stadt leuchten. Mit ihr krönte der Architekt William van Alen im Jahr 1929 den schlanken Turm – ein Denkmal der amerikanischen Straßenkreuzer-Kultur. Betreten Sie die Lobby

»Where's the beef?« Bei Smith&Wollensky keine Frage. Hier gibt es Steak satt

Ein Ghetto für die Reichen und Hübschen mitten in Harlem: Jimmy's Uptown

Eine Rarität in New York City: Hue-Man bietet die beste Auswahl „schwarzer" Romane, Sach- und Kunstbücher; was man hier nicht zu afroamerikanischen Themen findet, das gibt es nicht.

Djema Imports ❼
70 W. 125th St., Tel. 212-289-3842, www.djemaimports.com
Hier versorgt sich das Afrika-verrückte Harlem mit den entsprechenden Zutaten – von „Mudcloth"-Jacken aus westafrikanischen Stoffen über Masken bis zu afroinspiriertem Schmuck.

Sole Kitchen ❽
236 W. 135th St., Tel. 212-862-3757

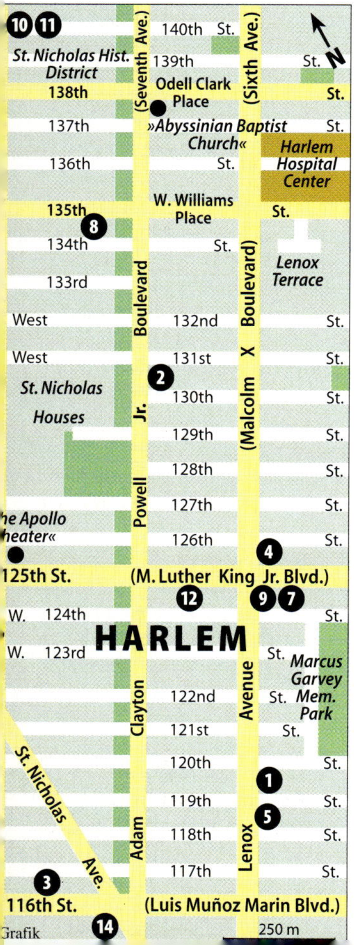

Die Designer erobern Manhattans Norden. Einer der ersten war Etu Evans, dessen Schuhe so wolkig wie präzise zu charakterisieren sind: als scharfe Treter. Muss man sich selber anschauen.

Musik

Lenox Lounge ❾
288 Lenox Ave., Tel. 212-427-0253, www.lenoxlounge.com
Seitdem der „Zebra Room" zu alter Art-déco-Pracht renoviert wurde, ist es in dem berühmtesten Jazzcafé Harlems wieder richtig gemütlich. Die Zeiten, als hier die wichtigsten Jazzmusiker auftraten, sind zwar lange vorbei, dennoch muss man die Lounge einmal am Montag ab 22 Uhr zur Jamsession erlebt haben (5 $ Eintritt, 2 Getränke Minimum).

St. Nick's Pub ❿
773 St. Nicholas Ave., Tel. 212-283-9728, keine Kreditkarten
Zugegeben, die Kneipe könnte mal wieder einen Anstrich gebrauchen, auch sitzt man eng. Dafür gibt es allnächtlich (außer Di) exzellenten Mainstream-Jazz zum unschlagbaren Eintrittspreis: 3 $; bester Abend: Montag, ab 24 Uhr. Das Essen holt man aus dem Imbiss um die Ecke.

Sugar Hill Bistro ⓫
458 W. 145th St., Tel. 212-491-5505, www.sugarhillbistro.com
Restaurant, Kunstgalerie und Jazzclub in einem, bietet das Bistro einen gediegenen Rahmen für klassischen Jazz und am Sonntag für einen „Gospel Brunch", bei dem man so viel essen (und singen) kann, wie man vermag. Beides hat das Bistro zum populärsten Jazzclub des Viertels gemacht, und zuweilen spielt unangekündigt Wynton Marsalis.

Christoph Kucklick

KUNST & THEATER

Studio Museum in Harlem ⓬
144 W. 125th St., Tel. 212-864-4500, www.studiomuseum.org
Mi–Fr u. So 12–18, Sa 10–18 Uhr, Eintritt 7 $
Das einst verschlafene Haus wurde durch eine neue Direktorin wiedererweckt und profiliert sich jetzt als junges, mutiges Museum für alles, was schwarze Kunst war und ist: von den Klassikern der Harlem Renaissance zu den „post-black"-Virtuosen der Gegenwart. Guter Museumsshop.

George Faison's Firehouse Theater ⓭
6 Hancock Place (124th St./St. Nicholas Ave.), Tel. 212-531-3185
Der Broadway-Choreograf und Tänzer George Faison hat diese ehemalige Feuerwehrstation zu einem Theaterkomplex umgebaut, in dem ab Herbst 2003 die unterschiedlichsten Shows laufen sollen: Stücke, die lokale Jugendliche geschrieben haben, Shakespeare-Dramen, Tanzperformances.

P.C.O.G. Gallery ⓮
1902 Adam Clayton Powell Jr. Blvd., Tel. 212-932-9669, Di–Sa 12–19 Uhr, So nach Vereinbarung
Musik spielt, man sitzt in Sofas, zuweilen wird ein Kaffee offeriert – dies ist definitiv nicht das übliche, kühle Galerie-Ambiente. Das widerspräche auch dem Konzept von Paula Coleman und Ousmane Gueye: P.C.O.G. arbeitet vor allem mit Künstlern aus Harlem zusammen.

4

East Village

Alles so schön bunt hier

Tätowierstudios, preiswerte Restaurants, Kräuterläden: Im East Village zeigt sich das meist schicke Manhattan von seiner schrillen Seite

Vitamine im Bund: Frischobst und Gemüse auf dem Markt am Union Square

Künstler und Schriftsteller wie Jean-Michel Basquiat, Allen Ginsberg und Jack Kerouac haben dieses Glasscherbenviertel berühmt gemacht, das Deutsche oft an Kreuzberg erinnert. Doch erst in den letzten Jahren wurde das East Village von den jungen, gut verdienenden „Professionals" entdeckt. Gerade am östlichen Rand des Viertels entlang der A, B, C und D Avenues, auch Alphabet City genannt, lässt sich der Wandel am besten beobachten. Wo noch bis Mitte der 1990er Jahre heruntergekommene Straßenzüge und Hausbesetzer das Bild prägten, eröffnen heute fast wöchentlich neue Clubs und Bars. Die nördliche Grenze des Viertels bildet die 14th Street bis zum **Union Square**, einem weitläufigen Platz, um den sich viele Restaurants, Cafés, Theater und Geschäfte reihen. Viermal wöchentlich findet hier der **Farmers Market** statt (Mo, Mi, Fr, Sa), auf dem die New Yorker gern frisches Obst, Gemüse, Blumen und Kuchen einkaufen.

Restaurants, Cafés, Bars

B Bar and Grill ❶
40 E. 4th St., Tel. 212-475-2220, www.bbarandgrill.com
Weitläufiger Society-Treff (die frühere Bowery Bar), beliebt bei New Yorkern aus der Mode- und Medienbranche. Im Sommer schöner, großer Garten mit Lampions über den Tischen. Sehr zu empfehlen ist der Brunch am Wochenende, zwei Getränke sind inklusive, zu wählen aus Säften, Champagner oder Bloody Mary.

Zen Palate ❷
34 Union Square East, Ecke 16th St., Tel. 212-614-9291, www.zenpalate.com
Eins der besten vegetarischen Restaurants der Stadt und preiswert dazu. Direkt am Union Square gelegen, mit großen Fenstern, niedrigen Holztischen und flinkem Service.

Holy Basil ❸
149 Second Ave., Tel. 212-460-5557
Thai-Restaurant mit dunkelrot gestrichenen Wänden, gedämpfter Beleuchtung und zuvorkommender Bedienung. Sehr zu empfehlen: die scharfen Kokosmilch-Curries. Hauptgerichte ab 8,50 $.

Veselka ❹
144 Second Ave., Tel. 212-228-9682

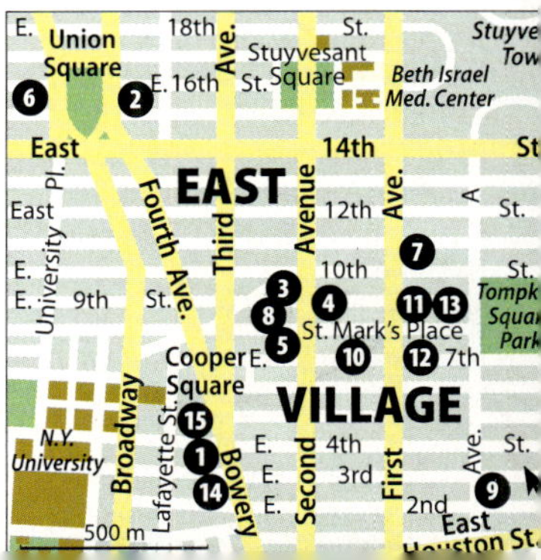

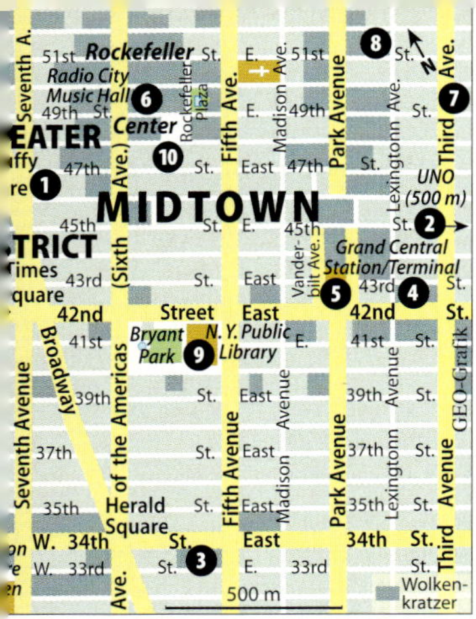

von der Lexington Avenue aus. Diese ehemalige Präsentationshalle für Automobile ist wohl der angeberischste Art-déco-Raum der Stadt.

Grand Central Terminal ❺

42nd St., www.grandcentralterminal.com, Fahrplan-Info: 212-532-4900

Von den Marmorstufen des Eingangs an der Vanderbilt Avenue aus betrachtet, wirkt die Wandelhalle wie das Foyer eines gigantischen Luxushotels. Dass dies ein Bahnhof ist, erkennt man nur an den Fahrkartenschaltern. Und an den vielen tausend Menschen, die durch den Saal hetzen. In den Kellergewölben des Bahnhofs befindet sich die **Oyster Bar**, eines der besten New Yorker Fischrestaurants mit einer hervorragend frischen Auswahl an Muscheln, Schnecken und Krabben (Tel. 212-490-6650, www.oysterbarny.com, tgl. außer So).

Restaurants, Bars, Cafés

Rainbow Grill ❻

30 Rockefeller Plaza, Tel. 212-632-5100

1934 eröffnete im 65. Stockwerk des Rockefeller Center die Promenade Bar. Inzwischen heißt sie Rainbow Grill. Zwar stehen die Preise in keinem Verhältnis zur Qualität des Essens (Drei-Gänge-Menü 150 $), doch egal: Besonders bei Nacht hat man von den Fensterplätzen aus einen atemraubenden Blick über die Stadt. Und wenigstens die Drinks sind ihr Geld wert.

Smith & Wollensky ❼

797 Third Ave., Tel. 212-753-1530, www.smithandwollensky.com

Wer New York besucht, ohne ein Steak bei Smith & Wollensky gegessen zu haben, hat selber Schuld. Saftiger und knuspriger kann Fleisch nicht sein. Die Kellner tragen ihre Uniformen mit Stolz (pro fünf Jahre bei S&W gibt es einen Stern auf die Brusttasche) und sind stets für ein Schwätzchen zu haben. Die Desserts (Schokoladenkuchen, Apfelstrudel) machen acht Personen satt.

Zum Abfahren schön: Die Beaux-Arts-Haupthalle des Grand Central Terminal

Broadway Diner ❽

590 Lexington Ave., Tel. 212-486-8838

Keine Kreditkarten

Der Laden ist eingerichtet wie die Kulisse eines Elvis-Presley-Films. Die Salate knackig, die Sandwiches frisch und die Burger, wie sie sein sollen: riesig, saftig, herzhaft.

Lars Jensen

LESE-LUST

New York Public Library ❾

42nd St., Ecke Fifth Ave., Tel. 212-930-0800, www.nypl.org

kostenlose Führung Di–Sa 11 und 14 Uhr

Die 7,2 Millionen Bücher der Bibliothek im Bryant Park sind nicht zum Ausleihen. Dieses wunderbare Gebäude betreten die Menschen, um zu studieren und zu recherchieren – oder um die Zeitung aus dem Heimatland zu lesen. Die Lobby und die Lesesäle sind einzigartige Beispiele der Beaux-Arts-Architektur. Aufwendige Renovierungen versetzten die prunkvollen Decken und Böden und die Glaskuppel wieder in ihren Originalzustand.

Gotham Book Mart ❿

41 W. 47th St., Tel. 212-719-4448

So geschlossen

Seit 1920 versorgt dieser kleine Laden die New Yorker Literatenszene mit Lesestoff. Hier kauften Tennessee Williams und Arthur Miller, Eugene O'Neill und J. D. Salinger. John Updike sagt: „Mein liebster Buchladen in Amerika." Frances Steloff, die Gründerin, machte sich einen Namen, indem sie als erste die Werke von James Joyce und Henry Miller in den USA vertrieb. Eine Fundgrube für die Liebhaber seltener Erstausgaben und ein Treffpunkt des literarischen Lebens in New York.

5

Nolita

Erholung nach anstrengendem Handtaschen-Sichten: im Straßencafé Gitane

Pumps und Zitroneneis

Fashionistas schätzen Nolita als Alternative zum nahen SoHo. Denn das Viertel ist überschaubar – auch von den Preisen her

Estrich und Metallrahmen als Bühne für günstiges Schuhkunstwerk: Sigerson Morrison

Nur zwei Blocks entfernt von der Hektik des Broadway in Lower Manhattan tauchen Spaziergänger ein in die Ruhe und Gemächlichkeit der Gegend **No**rth of **Li**ttle **Ita**ly. Das gut zwölf Blocks umfassende Gebiet zwischen Lafayette und Elizabeth Street südlich der Houston Street ist traditionelle Heimat irischer und vor allem italienischer Einwanderer. Noch vor wenigen Jahren fand man hier lediglich vereinzelte Geschäfte. Doch seit Anfang der 1990er Jahre, als viele Designer vor horrenden Mietpreisen aus SoHo und TriBeCa nach Nolita flohen, hat sich das beschauliche Viertel zu einem Modezentrum der Stadt entwickelt. Dennoch hat Nolita den Charme früherer Tage bewahrt. Fußgänger schlendern durch die schmalen, von niedrigen Wohnhäusern gesäumten, sonnendurchfluteten Straßen. Und Touristenströme oder große Ladenketten blieben bislang aus.

Shopping: Mode

Language ❶
238 Mulberry St., Tel. 212-431-5566,
www.language-nyc.com
Scheinwerfer, Betonfußboden, hohe Decken. Der Trendsetter unter Nolitas Boutiquen gleicht eher einer Galerie. Neben Designermode von Stella McCartney, Bella Freud und John Bartlett gibt es auch ausgewählte Dekorationsartikel fürs schöne Heim.

Calypso ❷
280 Mott St., Tel. 212-965-0990
Den femininen, bunten Kollektionen verdankt die zumeist Schwarz tragende New Yorkerin ein wenig Farbe in ihrer Garderobe. Geliebt für die extravaganten Strand-Kollektionen, die es sommers wie winters gibt.

The Market NYC ❸
268 Mulberry St., Tel. 212-580-8995,
www.themarketnyc.com
jeden Sa 11–19 Uhr
Was wie ein Kleiderflohmarkt daherkommt, ist vielmehr Trendbasar für neue, junge Designer, die hier ihre Kollektionen präsentieren und verkaufen – unkonventionelle und avantgardistische Unikate.

Schuhe & Accessoires

Blue Bag ❹
266 Elizabeth St., Tel. 212-966-8566
Der großzügige, helle Shop ist ein wahres Handtaschen-Paradies. Unzählige trendi-

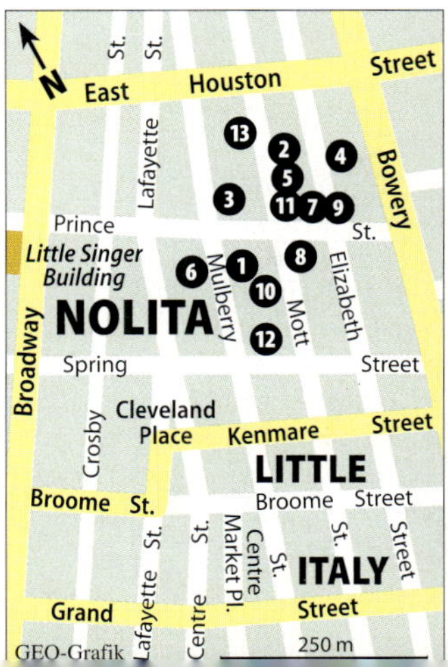

Hier setzen sich Film- und Medienleute im Schummerlicht in Szene: B Bar and Grill

Deftige osteuropäische Küche wie Borschtsch, Piroggen und Blinis in kantinenartigen Räumlichkeiten. Spezialitäten um 10 $. 24 Stunden geöffnet.

Pommes Frites ❺
123 Second Ave., Tel. 212-674-1234
Von Hand geschnitzt, knusprig golden fritiert und immer heiß und frisch. Der kleine Imbiss offeriert die besten Pommes, original nach belgischem Rezept. Kleine Portion 3,75 $, große 5,75 $. Ketchup, Mayo, Senf oder eine von 30 weiteren Saucen sind inklusive, darunter Köstlichkeiten wie Pesto Mayo, Satay Peanut oder Sweet Chili.

Coffee Shop ❻
29 Union Square West, Ecke 16th St., Tel. 212-243-7969
Eine geschwungene Bar und Jalousien an den Fenstern wie in alten amerikanischen Filmen. Ein junges, trend-bewusstes Publikum trifft sich hier gern auf einen schnellen Drink vor dem Theater.

De Robertis ❼
176 First Ave., Tel. 212-674-7137, www.derobertiscaffe.com
Italienische „Pasticceria" von 1904. Bester Stopp im East Village für einen Cappuccino oder Espresso. Dazu hausgemachte Biscotti, Kuchen, Eiscreme und Desserts.

Decibel ❽
240 E. 9th St., Tel. 212-979-2733
Treffpunkt für hippe, junge New Yorker Asiaten, die hier bis spät abends japanische Snacks bekommen, vor allem aber gepflegt trinken können. Die Karte verzeichnet allein 60 Sakes. Trendige Musik.

Mode & Accessoires

Anna ❾
150 E. 3rd St., Tel. 212-358-0195
Berühmt ist Inhaberin und Designerin Kathy Kemp für ihre Kollektion ausgefallener, raffiniert geschnittener Oberteile. Keines der Modelle kostet über 250 $.

FAB 208 NYC ❿
75 E. 7th St., Tel. 212-673-7581, www.fab208nyc.com, Mo geschlossen
Kunterbunter Laden für Schmuck, Schuhe und Mode-Unikate, zum Teil aus Secondhandkleidern geschneidert.

Yona Lee ⓫
412 E. 9th St., Tel. 212-253-2121
Psychedelischer Secondhandladen mit dem Flair der 1960er, 1970er Jahre.

Souvenirs

Penny's and Son Herb Company and General Store ⓬
97 1/2 7th St., Tel. 212-614-0716, www.pennysherbco.com, Mo geschlossen
All die aromatischen Essenzen und Tinkturen, Öle und Salben bei Penny werden aus wild gewachsenen oder biologisch angebauten Kräutern hergestellt.

Michanna ⓭
109 St. Mark's Place, Tel. 212-979-1650
Verträumter, winziger Laden mit den erlesensten Tee- und Kaffeesorten, auch tassenweise zum Ausprobieren.

Bowery Tattoo ⓮
334 Bowery, Tel. 212-253-7899, www.bowerytattoo.com
Das modernste und größte Tätowierstudio New Yorks. Dazu exotischer Schmuck und Bücher zum Thema.

Josephine Meckseper

Der Modeladen FAB 208: So hieß schon ein Teen-Magazin in den 1960er Jahren

GESCHICHTE

Merchant's House Museum ⓯
29 E. 4th St., Tel. 212-777-1089, www.merchantshouse.com
Do–Mo 13–17 Uhr, Eintritt 6 $
Das ehemalige Heim einer angesehenen New Yorker Familie, erbaut 1832, liefert einen wunderbaren Einblick in das bürgerliche Leben im 19. Jahrhundert, als die Betten noch Baldachine trugen und Dienstboten auf Abruf bereitstanden.

TIPP 1

Die vielen Cafés, Secondhand- und Plattenläden verleiten dazu, ganze Nachmittage im East Village zu verbummeln. Wer weniger Zeit hat, sollte für einen kurzen, konzentrierten Eindruck vom Viertel den **St. Mark's Place zwischen der Second und Third Avenue** entlangschlendern.

TIPP 2

Jeden Samstag um 14 Uhr gibt es eine **kostenlose Walking Tour** durch die Straßen rund um den Union Square. Treffpunkt an der Lincoln-Statue.

WEBSITE

www.unionsquarenyc.org Informiert über Sehenswertes und aktuelle Ereignisse rund um den Platz. Mit Karte und Adressen.

Jüdische Spezialitäten seit knapp 90 Jahren: bei Russ & Daughters

Cool – und koscher

Osteuropäische Juden haben die Gegend geprägt. Die letzte Immigrantenwelle: Mietflüchtlinge aus dem benachbarten East Village

Kochen, wohnen, schlafen – alles in einem Raum: Das Tenement Museum zeugt von einst hartem Leben

Seit mehr als einem Jahrhundert ist das Viertel das Tor zur Neuen Welt für Millionen von Immigranten. Um 1900 stellten osteuropäische Juden die größte Bevölkerungsgruppe in der Lower East Side. Heute dominieren Einwanderer aus China und Puerto Rico. Angelockt durch niedrige Mieten haben sich in den letzten Jahren zahlreiche Designer in der Lower East Side angesiedelt und das Gesicht des Viertels erheblich verändert. Denn mit ihnen kamen die Begründer vieler Bars und Restaurants, die inzwischen zu den angesagtesten der Stadt zählen.

Sehenswert

Lower East Side Tenement Museum ❶
90 Orchard St., www.tenement.org Besichtigung nur im Rahmen einer Führung (9 $), Tickets unter www.ticketweb.com oder Tel. 800-965-4827

Laufsteg zum Stöbern: In der Orchard Street wird Mode in großem Stil verramscht

Mehrere Ausstellungen erinnern an die Geschichte der Immigranten. In authentisch rekonstruierten Räumen erlebt man, unter welchen Bedingungen die Einwanderer um 1900 lebten.

Eldridge Street Synagogue ❷
12 Eldridge St., Tel. 212-978-8800 oder 212-219-0888, www.eldridgestreet.org Besichtigung So 11–16, Di und Do 11.30 und14.30 Uhr, Eintritt 5 $
Die erste von jüdischen Immigranten aus Osteuropa erbaute Synagoge, 1887 fertig gestellt. Seit 1996 unter Denkmalschutz.

Essex Street Market ❸
120 Essex St., Tel. 212-388-0449, www.essexstreetmarket, tgl. 8–18 Uhr
Früher blockierten Straßenverkäufer mit ihren Handkarren die schmalen Gassen der Lower East Side. Um diese für Polizei und Feuerwehr passierbar zu halten, mussten viele Händler Mitte der 1930er Jahre in große Hallen umziehen. In einer davon floriert seit 60 Jahren der Essex Street Market.

Shopping: Delikates

Russ & Daughters ❹
179 E. Houston St., Tel. 212-475-4880, www.russanddaughters.com
In vierter Generation werden hier geräucherter Fisch, Bagels und getrocknete Früchte verkauft. Der von Joel Russ 1914 eröffnete Laden gehört zu den ältesten in der Lower East Side.

Guss' Pickles ❺
85 Orchard St., Tel. 516-642-2634, Sa geschlossen
Genau wie zu Großvaters Zeiten werden Essiggurken, Perlzwiebeln und Sauerkraut frisch aus dem Fass angeboten.

ge, tragbare Modelle reihen sich farblich sortiert auf antiken Regalen vor roten Ziegelsteinwänden.

Jamin Puech ❺
252 Mott St., Tel. 212-334-9730, www.jamin-puech.com
Handgearbeitete Taschen und Portemonnaies in großer Auswahl. Stickereien, Perlen und Pailletten schmücken die in Form und Farbe ausgefallenen, kunstvoll verarbeiteten Modelle des französischen Designer-Teams, das auch Kleider, Schmuck und Schuhe anbietet.

Amy Chan ❻
247 Mulberry St., Tel. 212-966-3417
Ungewöhnliche Materialien sind das Markenzeichen von Amy Chans Kollektionen. Von Samt bis Acetatseide. Mit Abendtaschen hat alles angefangen. Heute präsentiert Amy Chan die Kreationen von 45 Mode- und Schmuckdesignern.

Lunettes et Chocolat ❼
25 Prince St., Tel. 212-334-8484
Coole Designer-Sonnenbrillen von Selima Salaun, Gucci oder Dior und edelste Schokolade von MarieBelle. Eine ausgefallene Kombination, aber verführerisch. Die raffinierte Präsentation lässt die Pralinen so glamourös wie Accessoires erscheinen.

Sigerson Morrison ❽
28 Prince St., Tel. 212-219-3893, www.sigersonmorrison.com
Junge und vergleichsweise preiswerte Alternativen zu den Schuhmodellen von Manolo Blahnik oder Jimmy Choo.

Restaurants

Cafe Habana ❾
17 Prince St., Tel. 212-625-2002
Das preiswerte, kubanisch-mexikanische Lokal ist derzeit der populärste Treffpunkt des Viertels. Keine Sorge, falls Sie partout keinen Platz bekommen: Ein Imbiss-Ableger befindet sich gleich nebenan, und bei gutem Wetter wird der Bürgersteig kurzerhand zum Straßencafé umfunktioniert. Hauptgerichte um 12 $.

Rice ❿
227 Mott St., Tel. 212-226-5775, www.riceny.com, keine Kreditkarten
Das trendige, kleine Lokal offeriert fantastische Reisgerichte zu günstigen Preisen. Wählen Sie aus zehn Sorten – von schwarzem Reis aus Thailand bis zu rotem aus Bhutan – und einer köstlichen Palette an asiatischen Saucen und Beilagen. Gerichte um 9 $.

Cafe Gitane ⓫
242 Mott St., Tel. 212-334-9552
Keine Kreditkarten
Frankophiler In-Treff. Haben Sie einen der begehrten Tische auf dem Gehsteig ergattert, lässt sich bei Croissants und Café au lait genüsslich das Treiben im Viertel betrachten. Hauptgerichte um 10 $.

Rice to Riches ⓬
37 Spring St., Tel. 212-274-0008, www.ricetoriches.com
Wer keinen Reispudding mag, ist fehl am Platz, denn nur den gibt es hier. Dafür allerdings in 21 Variationen mit so verführerischen Namen wie „Understanding Vanilla" oder „Stubborn Banana" (ca. 4,50 $).

Ciao Bella ⓭
285 Mott St., Tel. 212-431-3591, www.ciaobellagelato.com
Was wäre ein Viertel mit italienischer Geschichte ohne Eisdiele? Zum Glück gibt es Ciao Bella mit einer schwindelerregenden Auswahl an fruchtigen Sorbets und sahnigen Eiscremes. Drinnen nur Stehplätze, dafür Bänke auf dem Gehsteig.
Anuschka Tomat

Wer hier mit dem Kaffee in der Hand hastet, gehört nicht nach Nolita

Smalltown America – Minuten vom Broadway: das Cafe Habana in der Prince Street

7

Downtown und TriBeCa

Auferstanden aus der Asche

Zwei Jahre nach dem Anschlag quirlt das Leben wieder im Südzipfel Manhattans – dank Wiederaufbau-Geldern und der sturen Widerstandskraft der Anwohner

Erhebend: der Blick vom Pavillon Pier 17 am East River auf die Skyline

Lower Manhattan, schrieb kürzlich eine Lokalzeitung, „stinkt vor Erfolg". Eine überraschende Aussage für ein Stadtviertel, das am 11. September 2001 nicht nur teilweise in Schutt und Asche versank, sondern hernach auch in einer Existenzkrise. Unternehmen zogen fort, Geschäften und Restaurants blieben die Kunden weg, mittendrin klaffte das tiefe Loch von Ground Zero. Doch die New Yorker sind bekannt für ihre sture Widerstandskraft. Allen voran auch Filmgrößen wie Robert De Niro, dessen Tribeca Film Festival es unter anderem zu verdanken ist, dass TriBeCa (**Tri**angle **be**low **Ca**nal Street) und Downtown bald wieder auflebten.

Restaurants

Tribeca Grill ❶
375 Greenwich St., Tel. 212-941-3900
Auf zwei Etagen einer ehemaligen Kaffeefabrik schuf De Niro in Partnerschaft mit dem etablierten Gastronomen Drew Nieporent 1990 ein Restaurant, das inzwischen ein Wahrzeichen und Anker des ganzen Viertels ist: Einkehr für Touristen und Bummler – und abends natürlich immer gut fürs diskrete VIP-Gucken.

The Odeon ❷
145 West Broadway, Tel. 212-233-0507
Brasserie für Nachtschwärmer, die nach Mitternacht noch Hunger haben. Die kunterbunte Speisekarte bietet Hamburger, vegetarisches Chili, Sandwiches, aber auch Steaks, Chicken und Lammkeule.

Einkaufen

South Street Seaport ❸
Fulton und South Street am East River, Tel. 212-732-7678, www.southstreetseaport.com
Manhattans einziges Einkaufszentrum im Stil einer Hafen-Mall mit über 100 Einzelhandelsläden und Modeketten. Restaurants und Veranstaltungsflächen bieten einen fantastischen Blick, wahlweise auf die Skyline des Finanzviertels oder die Brooklyn Bridge. Das benachbarte **Museum** erinnert u. a. am Pier 17 daran, dass dies einmal der wichtigste Hafen der USA war. Große Kollektion historischer Schiffe, von denen einige auch begehbar sind (1.10.–31. 3. tgl. 10–17 Uhr, sonst 10–18 Uhr, 5 $, www.southstseaport.org).

Strand Book Store Annex ❹
95 Fulton St., Tel. 212-732-6070, www.strandbooks.com
Versteckte Filiale der weltweit größten Secondhand-Buchhandlung mit insgesamt 2,5 Millionen verschiedenen Titeln. Selbst Neuerscheinungen sind bis zu 85 Prozent reduziert.

J&R Music & Computer World ❺
23 Park Row, Tel. 212-238-9000, www.jandr.com
Nach eigenen Angaben ein Elektronik-Megastore mit dem Flair des Fachhan-

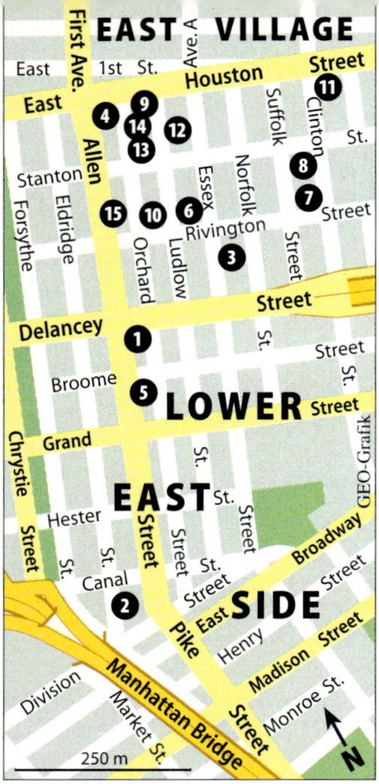

Economy Candy ❻

108 Rivington St., Tel. 212-254-1531, www.economycandy.com

Altmodischer Süßwarenladen aus den 1930er Jahren. Vom Boden bis zur Decke stapeln sich Boxen voller Lakritze, Schokoladenrosinen und Nüsse zu Billigpreisen.

Restaurants

71 Clinton Fresh Food ❼

71 Clinton St., Tel. 212-614-6960

Mit der Eröffnung dieses Restaurants im Jahr 1999 hat sich die Clinton Street zur Gourmetmeile entwickelt. Aus der ganzen Stadt strömen Feinschmecker herbei und drängeln sich auf den wenigen Plätzen.

aKa Cafe ❽

49 Clinton St., Tel. 212-979-6096, www.akacafe.com

Ultracool gestyltes, gläsernes Lokal mit innovativer Küche zu erschwinglichen Preisen. Die fantasievoll komponierten Snacks kosten um 10 $.

Katz's Delicatessen ❾

205 E. Houston St., Tel. 212-254-2246

Eine New Yorker Institution und seit der dort gefilmten Orgasmus-Szene in „Harry und Sally" das berühmteste Deli der Stadt. Geliebt wegen seiner großzügigen Pastrami-Sandwiches (10,95 $).

Teany ❿

90 Rivington St., Tel. 212-475-9190

Weiße Wände, viel Chrom und große Fenster – Teehäuser können durchaus trendy sein. Favorit unter den über 80 Sorten: grüner Tee mit Passionsfrucht.

Clinton Street Baking Co ⓫

2 Clinton St., Tel. 646-602-6263

Der beste Ort im Viertel für ein spätes Frühstück. Etwa mit ofenfrischen Schokoladen-Zimt-Scones oder einer Riesenportion Pfannkuchen mit Blaubeeren.

Das Lokal hat die Clinton Street zur Adresse gemacht: 71 Clinton Fresh Food

Mode & Accessoires

TG-170 ⓬

170 Ludlow St., Tel. 212-995-8660, www.tg170.com

Der Shop von Modepionierin Terri Gillis ist Showbühne für die Avantgarde.

DDC Lab ⓭

180 Orchard St., Tel. 212-375-1647, www.ddclab.com

Innovative Textilmischungen wie teflonbeschichtete Jeans oder Stretch-Lammfelljacken. Hippe Trendsetter sind verrückt nach der hauseigenen Denim-Linie.

Anastasia Holland ⓮

184 Orchard St., Tel. 212-777-1999

20 derzeit gefragte Jungdesigner stellen ihre Modelle in diesem Galerieraum aus. Preise zwischen 60 und 6000 $.

Jutta Neumann ⓯

158 Allen St., Tel. 212-982-7048, www.juttaneumann-newyork.com

Der Geruch nach Leder erfüllt das Studio, in dem Jutta Neumann ihre Schuhe, Taschen und Accessoires fertigt.

Anuschka Tomat

SIGHTSEEING

Eine **kostenlose Führung** durch die Lower East Side wird **jeden Sonntag** von April bis Dezember angeboten. Start: **11 Uhr vor Katz's Deli**, East Houston, Ecke Ludlow Street.

SABBATRUHE

In Einhaltung des Sabbat schließen viele jüdische Besitzer ihre Läden von Freitagnachmittag bis Samstagabend.

SHOPPING-TIPP

In der **Orchard Street** zwischen Houston und Rivington St. bekommt man Lederbekleidung, Taschen und Koffer zu Discountpreisen. Sonntags herrscht Hochbetrieb. Montags sind viele Geschäfte dagegen geschlossen.

WEBSITE

www.lowereastsideny.com Geschichte, Kultur, Shopping, Ausgehen, Fotogalerie.

Von diesen Sandwiches kann man sich was abbeißen: belegt bei Katz's

Abenteuer-Spielplatz

Über 30-Jährige sieht man eher selten in Williamsburg. In dem Brooklyner Viertel tummeln sich die jungen Wilden New Yorks

Kreatives Umfeld für Teens und Twens: die North 10th Street

„Bridge & tunnel crowd", das ist der Spottname der Manhattanites für die Bewohner der vier anderen New Yorker Boroughs. Wer etwas gelten wollte, musste in Manhattan wohnen – bis Williamsburg „entdeckt" wurde. Dorthin, auf die Brooklyn-Seite des East River, zog es in den 1980er Jahren viele Künstler. Fünf U-Bahn-Minuten von den Preisen und der Gesättigtheit Manhattans entfernt, entstand in leeren Fabrikhallen der Zucker- und Ölindustrie eine alternative Kunstszene, die heute von vielen für die echte Avantgarde gehalten wird. Cafés, Bars und kleine Läden zogen nach, und die Bedford Avenue entwickelte sich zur Hauptstraße des „shabby chic". Die Künstler stellten nicht die erste Einwanderungswelle. Im 19. Jahrhundert war Williamsburg Wohnviertel der Bourgeoisie, wurde zum Arbeiterviertel, dann Zuflucht für Holocaust-Überlebende und zuletzt neue Heimat für Einwanderer aus der Dominikanischen Republik. Wer Zeit hat, kann diese Welten alle finden.

Bars, Cafés, Restaurants

The Read Cafe ❶

158 Bedford Ave., Tel. 718-599-3032, www.thereadcafe.com

Keine Kreditkarten

Ein Bücherregal bis unter die Decke, alle Zeitschriften, die man lesen sollte, gute Bagels, noch besser die Muffins und Scones. Und im Hinterhof kann man sich von der Betriebsamkeit der Bedford Avenue erholen.

Acqua Santa ❷

556 Driggs Ave., Tel. 718-384-9695

Ein Stück Italien in New York: Im Hof sitzen die Gäste unter der weinumrankten Pergola und spekulieren beim Rotwein darüber, ob das Essen höhere Weihen hat, weil drinnen ein Bild des Chefs Mario La Manno als Messdiener hängt.

Diner ❸

85 Broadway, Ecke Berry St., Tel. 718-486-3077

Als mobile Kantine zog der Diner früher von Fabrik zu Fabrik, seit Ende der 1940er Jahre steht er fest am Fuß der Williamsburg Bridge. Hier gibt es die besten Pommes frites in Brooklyn, und alle, die es gesünder mögen, wählen Gerichte von der täglich wechselnden Karte.

Anna Maria Pizza ❹

179 Bedford Ave., Tel. 718-599-4550

Hier wird die wahrscheinlich beste italienische „slice pizza" von Williamsburg gebacken. Gedrängt voll ist es hier selbst morgens kurz vor vier, denn am Ende einer Party-Nacht tut eine Pizza besonders gut.

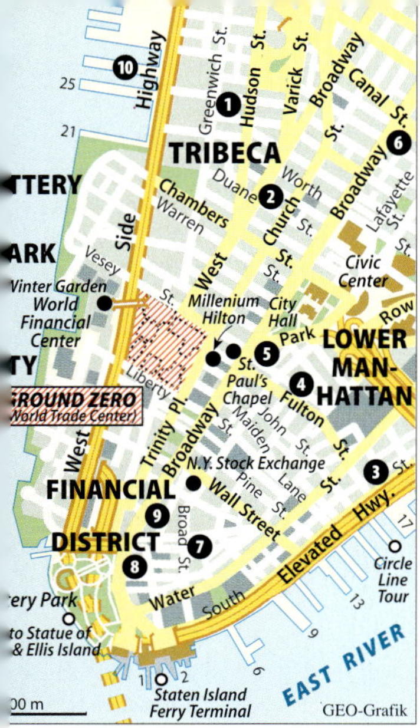

dels. Als Familienbetrieb 1971 eröffnet, nehmen die miteinander verbundenen Teil-Läden heute den gesamten Straßenblock gegenüber der City Hall ein.

Long Island Fabric ❻

406 Broadway, Tel. 212-431-9510

Für Näher, Schneider und Bastler: Eine riesige Etage voll gestopft mit allen nur erdenklichen Stoffen, Spitzen, Bordüren und Garnen aus aller Welt. Einer der unbekanntesten und besten Schnäppchenmärkte Manhattans.

Barclay Rex ❼

75 Broad St., Tel. 212-962-3355

Sa und So geschlossen

Eine der letzten Raucher-Enklaven in Manhattan. Vincent Nastris legendärer Shop bietet alles, wonach Rauchern der Sinn steht: Tabak, Zigaretten, Zigarren, Zigarillos, Pfeifen, Utensilien …

Sehenswert

National Museum of the American Indian ❽

George Gustav Heye Center, One Bowling Green, Tel. 212-514-3700, www.nmai.si.edu

tgl. 10–17, Do bis 20 Uhr, Eintritt frei

Ein Kleinod, versteckt im Old Customs House an der Südspitze Manhattans, direkt gegenüber vom Battery Park. In den Räumen um die Rotunde ständige und wechselnde Ausstellungen über Leben, Sprache, Kunst und Geschichte der amerikanischen Indianer.

Museum of American Financial History ❾

28 Broadway, Tel. 212-908-4110, www.financialhistory.org

Di–Sa 10–16 Uhr, Eintritt 2 $

Ein Museum, ganz dem Kapitalismus, Unternehmertum und Börsenwahnsinn gewidmet: die Geschichte der Wall Street, die Giganten der US-Wirtschaft, alte Münzen und Banknoten, ein Modell des ersten Aktientickers von Thomas Edison (1870) und der Nachbau eines Börsenparketts der 1960er Jahre.

Hudson River Park ❿

www.hudsonriverpark.org

Ein Langzeitprojekt nähert sich seiner Vollendung: die Umwandlung der einst verfallenen Pier-Landschaft am Hudson River in eine kilometerlange Freizeit- und Parkanlage. Promenaden, Liegewiesen, Radwege, Parcours für Inline-Skater, im Sommer sogar eine Trapez-Schule. Im Süden direkt anschließend die städtebaulich wegweisende Schlafstadt **Battery Park City** (www.bpcparks.org), die ab Ende der 1970er Jahre auf einer künstlichen Landzunge aus dem Aushub des einstigen World Trade Center entstand.

Marc Pitzke

Urlaubslektüre en masse: Strand Books hält 2,5 Millionen Titel vorrätig

GROUND ZERO-RUNDGANG

Ausgangspunkt: Endstation der U-Bahnlinie E („World Trade Center"). Erster Stopp: **St. Paul's Chapel**, älteste Kirche Manhattans (1766) und seit September 2001 ein Mahnmal für die Rettungsleute mit einer provisorischen, doch ergreifenden Ausstellung. Am Ostrand von Ground Zero (Church Street) beginnt die **Viewing Wall.** Zur Linken das **Millenium Hilton**, nach dem Attentat für 32 Mio. Dollar als Symbol des Wiederaufbaus von Ground Zero renoviert. Über die Fußgängerbrücke ins **World Financial Center** und den **Winter Garden**, damals schwer beschädigt und seither komplett renoviert, inklusive 16 neuer Palmen. Durch die neue Ostfassade des Winter Garden zurück zur West Street; an der Nordseite von Ground Zero (Vesey Street) drei weitere Relikte von 9/11: die Stätte des einstigen Hochhauses 7 World Trade Center (inzwischen schon Neubaustelle), die zerstörte **Fiterman Hall** des Borough of Manhattan Community College (Vesey St., Ecke West Broadway) und das weiterhin geschlossene, historische Art-déco-**Postamt** (90 Church St.), in dem die Aufräum- und Restaurierungsarbeiten allerdings in vollem Gange sind.

Boheme in Brooklyn

Gemütliche Cafés, kleine Boutiquen, adrette Ziegelhäuschen: Carroll Gardens ist ein Dorf – mit Blick auf die Hektik Manhattans

Das Massiv von Downtown liegt einen Fluss und fünf U-Bahn-Stationen entfernt

Carroll Gardens ist eines der Boom-Viertel von New York und das „Little Italy" von Brooklyn. Vor Weihnachten gibt es hier kaum einen Vorgarten ohne Maria und Josef, die an leeren Krippen auf die Ankunft des Jesuskindes warten. Im Sommer schlendern junge Leute die Smith Street herauf oder stöbern bei einem Milkshake in Schallplattenläden oder Modegeschäften. Alteingesessene wissen noch, dass Al Capone in der Court Street vor den Traualtar getreten ist. Und der Gowanus-Kanal soll die letzte Ruhestätte von manchem Verschwundenen sein. Doch die Zeiten der Mafia sind lange vorbei. Die erhöhte Plattform der Subway-Haltestelle Smith-9th Street der Linie F sieht zwar gammelig aus, sie ist trotzdem der ideale Abfahrtsort für die Rückkehr nach Manhattan: Nirgendwo lässt sich der Sonnenuntergang über der Freiheitsstatue besser betrachten.

Zurück in die Zukunft: Das Zipper verkauft Retro-Chic

Bars, Cafés, Restaurants

Patois (1)
255 Smith St., Tel. 718-855-1535
Mo geschlossen
Erst im Garten auf dem Sofa unterm Hirschkopf sitzen, auf den nächsten freien Tisch unter dem Feigen- oder Aprikosenbaum warten und dann ein sehr großes Steak essen. Wer mehr Lust auf Muscheln oder Austern hat, bekommt auch die. Hauptgerichte um 16 $.

Halcyon (2)
227 Smith St., Tel. 718-260-9299, www.halcyonline.com
Die Boheme aus der Nachbarschaft tippt beim Milkshake am ersten Roman, abends legen DJs HipHop oder Tech-House auf. Und dann gibt es in diesem Plattenladen-Coffeeshop noch so manche Vinyl-Schätze zu entdecken.

Robin des Bois (3)
195 Smith St., Tel. 718-596-1609
Keine Kreditkarten
Die Restaurant-Bar, auch als Sherwood Cafe bekannt, verwandelt sich ständig, fungiert der Schankraum doch gleichzeitig als Antik-Laden: Tische und Stühle sind zu kaufen, nur das ausgestopfte Krokodil an der Wand ist nicht zu haben. Immer gleich lecker sind die Schinkenbrote. Schöner Garten.

The Red Rail (4)
502 Henry St., Tel. 718-875-1283
Mo geschlossen
Falls Ihnen das Haus bekannt vorkommt: Im Film „Moonstruck" mit Nicolas Cage und Cher war dies die „Cammareri Bakery". Heute gibt es in der Red Rail Bar Erdnüsse „for free" und preiswertes Bier, das Pint zu 3,50 $.

Cafe Scaramouche (5)
524 Court St., Tel. 718-855-9158, www.cafescaramouche.com
Liebevolle Rundumbetreuung vom Frühstück bis zum Dinner, große Auswahl an Desserts, Gebäck und Kuchen. Tipp: Die Brötchen-Sorten „Mehrkorn" und

Kunst auf wackligen Beinen: eine Installation im Galapagos Art Space

Galerien

Pierogi ❺

177 North 9th St., Tel. 718-599-2144, www.pierogi2000.com

Fr–Mo 12–18 Uhr und auf Anfrage

Schon seit 1994 im Geschäft und damit **die** Traditions-Galerie von Williamsburg mit monatlich wechselnden Ausstellungen. Berühmt für die „Flat Files", eine Wanderausstellung, die Arbeiten von mehr als 700 Künstlern und Künstlerinnen landesweit einem breiten Publikum zugänglich macht.

Figureworks ❻

168 North 6th St., Tel. 718-486-7021, www.figureworks.com

Fr–So 13–18 Uhr und auf Anfrage

Die Galerie ist ein Forum für Künstler, die sich mit der menschlichen Figur auseinander setzen. Wer selbst den Zeichenblock dabei hat, sollte Samstag morgens zwischen 10 und 13 Uhr vorbeikommen, dann sitzen hier Profis Modell (7 $).

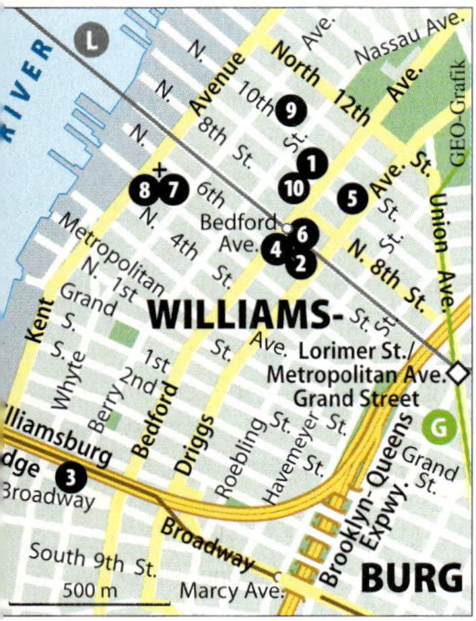

Am Abend, bei Nacht

Galapagos Art Space ❼

70 North 6th St., Tel. 718-782-5188, www.galapagosartspace.com

So–Do 18–2, Fr–Sa 18–4 Uhr, Eintritt um 7 $, keine Kreditkarten

Künstler-Treff, Performance-Bühne, Konzerte von Punk bis Klassik, gute Bar.

Ocularis ❽

70 North 6th St., Tel. 718-388-8713, www.ocularis.net

Die schönste Alternative zum Multiplex-Premieren-Mainstream-Kino, aber nur sonntagsabends: In der von Kerzenschein erhellten alten Mayonnaise-Fabrik werden Filmklassiker von Buñuel, Fassbinder oder Vadim gezeigt. An jedem Quartalsende läuft „Open Zone", ein Mini-Festival mit Videos und Kurzfilmen aus der Nachbarschaft.

Mode

Beacon's Closet ❾

88 North 11th St., Tel. 718-486-0816, www.beaconscloset.com

Ideal für regnerische Tage. Denn um echte Schätze aus dem riesigen Secondhand-Angebot zu fischen, brauchen Besucher Muße und Entdeckergeist. Am Ende kann man aussehen wie ein echter Williamsburger.

Brooklyn Industries ❿

162 Bedford Ave., Tel. 718-486-6464, www.brooklynindustries.com

Rückflug übermorgen? Dann hier noch schnell ein typisches Brooklyn-T-Shirt kaufen oder eine Tasche mit dem Skyline-Logo des Viertels. Im schnöden Alltag immer eine schöne Erinnerung – und so praktisch.

Silvia Feist

WEB-TIPPS

www.brooklynx.org Die reichhaltigste Quelle für kulturelle und touristische Brooklyn-Infos.

www.hellobrooklyn.com Online-Führer durch Brooklyn.

www.billburg.com Kunstszene, Restaurantempfehlungen, Shopping, Veranstaltungstipps.

www.williamsburggalleryassociation.com Galerien und Termine.

Lassen sich in Schubladen stecken: die »Flat Files« in der Galerie Pierogi

10

Roosevelt Avenue

Die ganze Welt in einer Straße

Wer auf Weltreise gehen will, muss nur die Roosevelt Avenue entlang fahren. 150 Nationen leben entlang der Linie 7 in Queens. Jede Station: ein anderer Kontinent!

Wie ein stählerner Tausendfüßer zieht sich die U-Bahn-Trasse durch die Roosevelt Avenue

In 30 Minuten um die Welt: Irland, Rumänien, Spanien – Stopp; Indien, Pakistan, Bangladesch – Stopp; Mexiko, Kolumbien, Kuba – Stopp; China, Korea, Taiwan – Endstation. Nirgendwo sonst in den USA leben so viele Menschen unterschiedlicher Herkunft so dicht zusammen wie an der Roosevelt Avenue in Queens. Über 150 Nationalitäten sollen in dem Einwandererviertel vertreten sein. Hier, wo die Subway-Gleise überirdisch verlaufen, wo die Mieten noch günstig sind und die Verkehrsanbindungen nach Manhattan gut, starten viele Neuankömmlinge aus aller Welt ihren Versuch des amerikanischen Traums. Im Schutz ihrer eigenen kleinen Welten, mit Läden und Restaurants für heimische Kost, mit Gottesdiensten in Landessprache und umgeben von vertrauten Gesichtern. Stopps der Subway-Linie 7, auch „International Express" genannt, an der Roosevelt Avenue:

40 Street: USA, Irland, Spanien

New Post Coffe Shop ❶
40-01 Queens Blvd., Tel. 718-784-8980
Eier mit Bacon und Toast für weniger als 5 $. Zubereitet von mexikanischen Köchen und serviert von einer Irin. Ein guter Start in einen bunten Multikulti-Tag.

Blooms Public House ❷
41-06 Queens Blvd., Tel. 718-706-1000, www.bloomspub.com
James Joyce hätte hier wohl gern sein Guinness getrunken: an dem altertümlichen Holztresen oder in einem der dunkelbraunen Ledersessel, die um die Tische in den Sitznischen gruppiert sind. Er hätte die Porträts seiner Dichterkollegen an den Wänden betrachtet und vielleicht einen Shepherd's Pie (10,50 $) bestellt.

Thalia Spanish Theatre ❸
41-17 Greenpoint Ave., Tel. 718-729-3880, www.thaliatheatre.org
Wenn sich der Vorhang hebt, erklingen spanische oder lateinamerikanische Rhythmen, klackern Kastagnetten oder die Absätze der Flamencotänzer. „Zarzuelas" (spanische Operetten) wechseln sich mit modernen Musicals und klassischen Theaterstücken ab.

74 Street-Broadway: Indien, Pakistan

Bombay Beauty Salon ❹
37-35 74th Street, Tel. 718-424-2323
Einmal aussehen wie eine indische Braut? Schon ab 5 $ werden die Hände mit Mehndi verziert, verschnörkelten Henna-Tattoos, oder die Augenbrauen zu Sichelmonden gezupft. Das passende Festgewand findet sich in einem der umliegenden Sari-Shops.

Eagle Movie Theater ❺
73-07 37th Road, Tel. 718-205-2800
Neues aus Bollywood landet mit Sicherheit hier! Kitsch, Herzschmerz, Drama in

Altenglisches Ambiente und deutsche Brotsorten: im Cafe Scaramouche

„Walnuss-Rosine" retten über jede Ach-deutsches-Brot-Sehnsucht hinweg.

Mode

Frida's Closet ❻
296 Smith St., Tel. 718-855-0311
Mo und Di geschlossen
Die farbenfrohen Kleider von Sandra Paez aus Mexiko sorgen für das Frida-Kahlo-Gefühl: selbstbewusst und sexy. Die limitierte Auflage macht's exklusiv.

Stacia ❼
267 Smith St., Tel. 718-237-0078, www.staciany.com, Mo geschlossen
Stacy Johnson hat an der Parsons School of Design studiert und bei Calvin Klein gearbeitet. Ihre Kleider locken selbst Manhattanites über die Brücke.

Refinery ❽
254 Smith St., Tel. 718-643-7861
Mo geschlossen
Verliebt in Brooklyn? Lässt sich gut mit einem T-Shirt mit „718"-Aufdruck demonstrieren. Das gibt es auch für Männer und Kinder. Wer meint, (Schulter-)Taschen kann man nie genug haben, findet hier ungewöhnliche Modelle, etwa aus Stoffen im 1970er-Jahre-Design.

Flirt ❾
252 Smith St., Tel. 718-858-7931
Mo und Di geschlossen
Eine Art Galerie für pfiffige, sexy Mode: 85 Prozent sind Einzelstücke, entworfen von 60 kreativen Frauen aus ganz New York. Viele alte Stoffe, viel Farbe, viel Spaß.

Accessoires & Design

Environment 337 ❿
337 Smith St., Tel. 718-522-1767
Mo geschlossen
Kissen vom Graffiti-Künstler, Wildleder-Alben für die eigene Bilder-Kollektion, Taschen und Vasen – ein Stück Brooklyn fürs Eigenheim.

Zipper ⓫
333 Smith St., Tel. 718-596-0333, www.zippergifts.com
Mo und Di geschlossen
Hier gibt es Kunstbücher, Jesus als Action-Figur, Kleinmöbel, Geschirr der Keramikerin Eva Zeisel und Mitbringsel für all jene, denen Sie nicht mit der Mini-Freiheitsstatue nach Hause kommen dürfen.

Debbie Fisher Jewelry ⓬
233 Smith St., Tel. 718-625-6005, www.debbiefisher.com
Mo geschlossen
Im Schaufenster des winzigen Ladens ist nicht nur Schmuck aus Perlen und Halbedelsteinen oder altem asiatischen Gold ausgestellt, Sie können auch der Künstlerin bei der Arbeit zusehen.

Silvia Feist

RED HOOK

Lage der Lokale siehe Red-Hook-Karte S. 50

Alma
187 Columbia St., Tel. 718-643-5400, www.almarestaurant.com
Großartige Margaritas, mexikanische Spezialitäten und ein atemraubender Ausblick von der Dachterrasse. Keine Tischreservierung, also rechtzeitig kommen.

Hope & Anchor
347 Van Brunt St.,
Tel. 718-237-0276
Mo geschlossen
Hipper „New Diner" für traditionelle amerikanische Küche. Jeden Do, Fr und Sa ab 21 Uhr Karaoke.

Lillie's
46 Beard St.,
Tel. 718-858-9822
Keine Kreditkarten
Bar mit Bühne für Kleinkunst und Themenabende. Im Sommer sonntags Barbecue im Garten.

Sunny's
253 Conover St.,
Tel. 718-625-8211
nur Mi, Fr, Sa ab 20 Uhr
Keine Kreditkarten
Besitzer Sunny, in Red Hook geboren, übernahm die über 100 Jahre alte Bar einst von seinem Großvater. Jeden ersten Sonntag im Monat literarische Matinee.

360
360 Van Brunt St.,
Tel. 718-246-0360
nur Mi–So
Keine Kreditkarten
Die jüngste kulinarische Attraktion im Viertel: raffinierte französische Küche zu moderaten Preisen. Täglich wechselndes Dreigängemenu für 20 $. Unbedingt reservieren.

11

Sex and the City

Ausziehungskräfte

Das New Yorker Gesprächsthema Nummer eins? Nicht Politik, nicht Geld, sondern: Sex. Ein Leitfaden für alle, die mitreden wollen

Sex and the City – mal museumsreif im MoSex, mal in Serie im TV

Die erfolgreiche Fernsehserie „Sex and the City" kann nur in New York spielen. In kaum einer anderen Stadt der Welt leben so viele Singles; zahllose New Yorker sind wie die vier Freundinnen aus der ProSieben-Serie auf der Suche nach einem Partner. Und weil sie dabei meist recht wählerisch sind, reihen sie ein Date ans andere. Es könnte ja immer noch besser kommen.

Sex and the City Tour

Fast alle Szenen wurden in Manhattan „on location" gefilmt. Eine Sex and the City Tour fasst die besten Läden, Bars und Kneipen der Show in einer dreistündigen Busfahrt zusammen (33 $, Reservierung Tel. 212-209-3370, Abfahrt tgl. 15 Uhr am Pulitzer Fountain an der Fifth Avenue).

Die einzelnen Drehorte lassen sich aber auch individuell besichtigen:

Hotel Venus
382 West Broadway, Tel. 212-966-4066, www.patriciafield.com
Mit ihren glamourösen Outfits machte Patricia Field als Stylistin der Serie die Hauptdarstellerinnen zu viel beachteten und kopierten Stil-Ikonen. In ihrem Shop im Herzen von SoHo findet man die jüngsten Wegweiser in Sachen Mode.

Jimmy Choo
645 Fifth Ave., Tel. 212-593-0800, www.jimmychoo.com
Hier kauft die Hauptdarstellerin Carrie Bradshaw (gespielt von Sarah Jessica Parker) in jeder zweiten Folge Schuhe, filigrane Gebilde, die zwischen 430 und 2200 Dollar kosten. Perfekt, um elegant vom Taxi ins Luxusrestaurant zu stöckeln, aber auch keinen Schritt mehr.

Pleasure Chest
156 Seventh Ave., Tel. 212-242-2158, www.adulttoyexpress.com
Der Lieblings-Sexshop der vier Freundinnen für die Abende ohne „Mr. Right": Vibratoren in jeder Größe und Form und was sonst die Laune heben könnte.

Magnolia Bakery
401 Bleecker St., Tel. 212-462-2572
Mit kleinen, bunt überzuckerten „cupcakes" aus dieser Bäckerei im Greenwich Village trösten sich Carrie, Miranda, Charlotte und Samantha über Frust hinweg.

Onieal's
174 Grand St., Tel. 212-941-9119, www.onieals.com
Die hippe Bar in der Lower East Side heißt in der Serie „Scout" und gehört Carries Ex Aidan und dessen Freund Steve.

Tao
42 East 58th St., Tel. 212-888-2288
Das asiatische Restaurant mit der fünf Meter hohen Buddha-Statue ist beliebter Treffpunkt der vier Serienheldinnen. Vom „Dining Space" hat man einen guten Blick auf das Flirt-Geschehen an der Bar.

Im Chibcha prescht ein Bus durchs Lokal – fast wie zu Hause in Kolumbien!

den schillerndsten Farben. Die meisten Filme werden in Hindi mit englischen Untertiteln gezeigt.

Shaheen ❻
72-09 Broadway, Tel. 718-639-4791
Inder, Pakistani und Bangladeschi kommen in Scharen hierher: Nicht nur wegen der günstigen Buffets am Wochenende (Sa und So 10–15 Uhr, ca. 5 $), sondern auch wegen der exzellenten hausgemachten Sweets aus karamellisierter Milch, Pistazien und Cashewnüssen.

82 Street-Jackson Heights: Kolumbien

Chibcha Restaurant & Night Club ❼
79-05 Roosevelt Ave., Tel. 718-429-9033, www.elchibcha.com
Salsa, Merengue, Boleros – getanzt, gesungen, gespielt, fast jeden Abend; und das seit 28 Jahren. Manchmal rollt vorher auch der Fußball auf großen Leinwänden, dann feuern die zahlreichen Fans lautstark ihr Team an. Eintritt: 15–25 $ (bei Musik), Beginn ca. 23 Uhr.

90 Street-Elmhurst Avenue: Ecuador

El Indio Amazonico ❽
86-26 Roosevelt Ave., Tel. 718-779-9391, www.elindioamazonico.com
Probleme im Bett, im Job oder mit der Einwanderungsbehörde? „El Profesor", ein alter Mann mit Federschmuck auf dem Kopf, schaut für 20 $ in die Kristallkugel, die Augen, die Hände, die Sterne, legt Tarot oder wirft Muscheln. Dazu gibt es Amulette gegen Hexerei, Badesalz gegen Feindseligkeit und Neid, Parfüm als Lockstoff für den Angebeteten.

103 Street-Corona Plaza: Afroamerika

Antioch Baptist Church of Corona ❾
103-02 Northern Blvd., Tel. 718-476-9055, Gottesdienst: So 8 und 10.45 Uhr
Sonntags trifft sich hier die Black Community, um Gospels, Spirituals und Hymnen zu singen und klatschend und wippend den Herrn zu lobpreisen. Ab und an Konzerte am Wochenende.

Main Street-Flushing: Taiwan, VRC

Sago Tea Café ❿
39-02 Main St., Tel. 718-353-2899
Vor dem Café stehen Taiwanesen Schlange, um einen Becher „Bubble Tea" mitzunehmen, ein Teegetränk mit Tapioca-Kügelchen und braunem Zucker, das es in verschiedenen Geschmacksrichtungen gibt (2,50 $). Drinnen werden unter roten Designerlampen auch köstliche Nudelsuppen mit „dumplings" serviert (ca. 3 $).

N. Y. Tung Ren Tang ⓫
40-34 Main St., Tel. 718-461-9500
Chinesische Kräutermedizin ist schön anzusehen: In großen, durchsichtigen Gefäßen liegen getrocknete Pilze neben Ingwerwurzeln, Lotuskernen, Dörrobst und Trockenfisch. Im Hinterzimmer werden Diagnosen gestellt, Arzneien gemischt oder Akupunkturnadeln gesetzt.

Bianca Kopsch

LEKTÜRE-TIPP

Mehr über die internationalen Gemeinden entlang der Subway-Linie 7 lesen Sie in **The International Express – A Guide to Communities along the 7-Train,** herausgegeben vom Queens Council on the Arts, Tel. 718-647-3377, www.queenscouncilarts.org

Er sieht was, was Sie nicht sehen: El Indio Amazonico

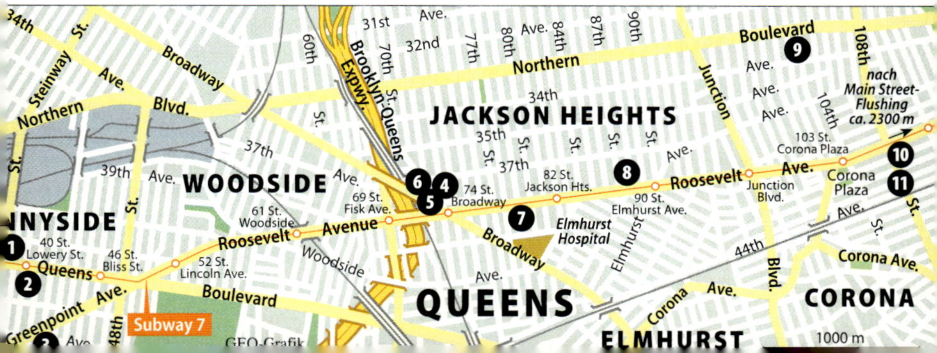

Nachts blüht die Stadt

Nach Mitternacht treffen sich New Yorks »beautiful people« in Latino-Discos, Electroclash-Clubs und edlen Hotelbars

Rustikales Ambiente für die Rock- und Jazzavantgarde: das Tonic

Nach 9/11 und Börsencrash wird in New York nicht mehr so exzessiv gefeiert wie noch Ende der 1990er Jahre. Auch das Rauchverbot von Bürgermeister Bloomberg und der Erlass seines Vorgängers Giuliani, Tanzen nur in Clubs mit „Cabaret License" zu erlauben, hat die Lokale und Discos geleert. Doch New Yorks Nachtleben ist mitnichten tot. Es hat sich nur verändert: Etliche ältere Discos mussten schließen, dafür öffneten Lounges und kleinere Clubs, besonders im Meatpacking District. Als Alternative zu Manhattan hat sich Williamsburg in Brooklyn etabliert.

Dance the Night Away

Die Tanzclubs sind am Wochenende gesteckt voll, hier geht es erst gegen Mitternacht so richtig los. Lassen Sie Ihr Outfit sprechen, die Einlasspolitik ist so strikt wie eh und je. Fast überall ist eine „Cover charge" fällig von 10–20 $, je nach Veranstaltung.

Centro-Fly

45 West 21st St., Flatiron District, Tel. 212-627-7770, www.centro-fly.com
Mo geschlossen

Frisch renoviert will das Centro-Fly ab Oktober 2003 an das bewährte Erfolgskonzept anknüpfen: mit einem unglaublichen Sound-System und international bekannten House- und Techno-DJs.

Copacabana

560 West 34th St., Midtown, Tel. 212-239-2672, www.copacabanany.com
nur Di, Fr, Sa

Mit der Wiedereröffnung des legendären Copacabana im Oktober 2002 steht endgültig fest: Latin is cool. Der riesige, bunte Club spielt Salsa und Merengue für die heißesten Tänzer der Stadt. Dienstags gibt es einen frühen „After Work"-Abend (ab 18 Uhr) mit Spezialitätenbuffet (Cover charge 10 $). Machen Sie sich schön, gern mit Anzug und Abendkleid!

Luxx

256 Grand St., Williamsburg, Brooklyn, Tel. 718-599-1000, www.clubluxx.net

Dank des auffällig silbern gestalteten Eingangs und der Menschenmenge davor nicht zu verfehlen. Wochenends verausgaben sich auf der kleinen Tanzfläche junge, gern auch schwule Szenegänger bei Electroclash-Partys, die DJ Manparrish

Ganz Ohr für digitale Beats: der DJ im Techno-Tempel Centro-Fly

So schön kann nur ein Mann sein: Miss Understood (Mitte) im Lucky Cheng's

Museen

Museum of Sex (MoSex)

233 Fifth Ave., Ecke 27th St., Tel. 212-689-6337, www.museumofsex.com So–Fr 11–18.30, Sa bis 20 Uhr, nur für Erwachsene, Eintritt 14,50 $

Wer die Serie nicht gesehen hat, kann hier erkunden, wie New York schon immer Vorreiter in Freizügigkeit und sexuellen Moden war. Von den Unruhen in der Christopher Street bis zum Fetischboom der 1990er Jahre.

Gay Bars

xl Chelsea

357 W. 16th St., zw. Eighth und Ninth Ave., Tel. 212-995-1400, www.xlnewyork.com, keine Kreditkarten

Die eleganteste Schwulenbar New Yorks, über drei Stockwerke mit Liebe zum Detail gestylt. Über den Urinalen ist ein zehn Meter langes Aquarium eingelassen. Perfektes Sound- und Light-System.

Stonewall

53 Christopher St., zw. Sixth und Seventh Ave., Tel. 212-463-0950

Freundliche Bar mit Dancefloor und Geburtsort der New Yorker Gay-Rights-Bewegung. 1969 stürmten Polizisten den Club (damals im Nebengebäude), um „unchristliche Praktiken" zu unterbinden. Die Razzia eskalierte zum „Stonewall Riot", dem heute im Juni mit dem Christopher Street Day gedacht wird.

Revue & Klamauk

Lucky Cheng's

24 First Ave., zw. 1st und 2nd St., Tel. 212-995-5500, www.planetluckychengs.com

Legendäres asiatisches Cabaret-Restaurant im East Village. Cocktails und Dinner werden von exotischen Dragqueens in Kimonos serviert. Großer Unterhaltungswert in plüschiger Einrichtung, mit separater Bar im Erdgeschoss.

The Va Va Voom Room

Tel. 212-330-9349, www.vavavoomroom.com

Die Burlesque- und Vaudeville-Shows des frühen 20. Jahrhunderts erleben ihre Renaissance: Frauen ohne Modelmaße wickeln sich aus Federboas, Clowns hüpfen über die Bühne, Krankenschwestern in Miniröcken tanzen mit hohem Bein – verführerisch und überdreht. Die Shows finden in verschiedenen New Yorker Bars statt und im Sommer am Strand von Coney Island bei **Burlesque at the Beach** (Tel. 718-372-5159, www.coneyisland.com/burlesque.shtml).

Souvenirs

The Leather Man

111 Christopher St., Tel. 212-243-5339, www.theleatherman.com

Ein Must für Leder-Aficionados. Und eine Fundgrube für Touristen auf der Suche nach dem besonderen Mitbringsel.

The Baroness

244 East 3rd St., Tel. 212-529-5964, www.baroness.com, So/Mo geschlossen

Tragbare Kunstwerke aus Latex von der Designerin, Fetisch-Expertin und Performance-Künstlerin namens „The Baroness".

Christina Routsi

Flirten und schlemmen unter Buddhas Augen: Im Tao ist der Glaube auch Dekor

FÜR VERLIEBTE

New York ist laut, voll, hektisch. Und kann doch so romantisch sein. Eine Auswahl der schönsten Plätze für einen Kuss:

Sutton Place Park

57th St., Sutton Place, Midtown

Idyllischer Park am East River mit Blick auf die funkelnden Lichter der Queensboro Bridge. Bekannt durch die Affäre zwischen Diane Keaton und Woody Allen im Film „Manhattan".

Roof Garden

Metropolitan Museum of Art, 1000 Fifth Ave., Höhe 82nd St., Mai–Oktober, Mo geschlossen

Spektakulärer Blick von der Dachterrasse des Museums über den Central Park und die Skyline von Midtown Manhattan. Wechselnde Kunstausstellungen unter freiem Himmel inklusive. Kleine Bar.

Gantry Plaza State Park

49th St., Queens, Subway-Linie 7 bis Vernon-Jackson

Bezaubernde Oase am East River. Auf vier restaurierten Piers kann man sonnenbaden oder den Sternenhimmel bewundern. Favorit unter den Verliebten ist Pier 3 mit seinen einladenden Liegen, gerade groß genug für zwei.

Central Park Lake

Bootsverleih am Loeb Boathouse, Höhe East 74th St., Tel. 212-517-2233, März–Okt., 10 $ für die erste Stunde

Bei einer Ruderpartie lassen sich einige der ruhigsten und entlegensten Ecken des Parks erkunden.

Rhône
63 Gansevoort St., Tel. 212-367-8440, www.rhonenyc.com, So geschlossen
Kühl eingerichtete Bar mit Betonboden und Holztischen, aber mit einer vorzüglichen Auswahl französischer Weine. Allein aus dem Rhône-Anbaugebiet sind 300 verschiedene Sorten vorrätig. Die asiatischen Kleinigkeiten aus der Küche, wie zum Beispiel vietnamesische Crêpes, sind eine gute Unterlage für den Weingenuss.

APT
419 West 13th St., Tel. 212-414-4245, www.aptwebsite.com
Wer den Weg ins APT findet, darf sich als Insider fühlen, denn an dem gut versteckten Eingang deutet nichts auf einen Club hin. Wichtiger als das Restaurant im Erdgeschoss ist der Keller, ein kleiner rechteckiger Raum, der sich selbst an Wochentagen mit den hübschesten Partygästen der Stadt füllt. Meist legen namhafte DJs auf. Dienstags bei der „iParty" dürfen manchmal auch Hobby-DJs ran, die ihren iPod dabeihaben.
Marc Deckert

Lava Gina
116 Avenue C, East Village, Tel. 212-477-9319, www.lavagina.com
So geschlossen
Schicke, kleine Bar schräg gegenüber vom Baraza. Am V-förmigen Tresen nippt eine wohlhabende, wohlgekleidete Klientel an exotischen Cocktails. Wechselnde DJs spielen Afro-Funk, brasilianische Beats und Musik, die man anderswo nur selten zu hören bekommt.

Open
559 West 22nd St., Chelsea, Tel. 212-243-1851
Langweilige Vernissage? Dann ab ins Open, wo sich die Szeneleute der Kunstwelt hinter den großen Fenstern zur Straße sozusagen selbst zur Schau stellen. Deshalb: Kommen Sie in Comme des Garçons, nehmen Sie auf einer der roten Polsterbänke Platz, setzen Sie eine Kunstsammlermiene auf – dann passen Sie ins Bild.

Plant Bar
217 East 3rd St., East Village, Tel. 212-375-9066, www.plantmusic.com
Keine Kreditkarten
Das üppig begrünte Terrarium gegenüber der Bar passt zum Namen des kleinen Treffs mit eigenem Plattenlabel. An den Turntables agieren erfahrene DJs für eine Klientel, die gewöhnlich das „No Dancing"-Schild ignoriert, sobald gegen 23 Uhr die Regler hochgefahren werden. Entspannung versprechen die niedrigen schwarzen Couches hinten im Lokal – und die gehaltvollen Margaritas.

Union Pool
484 Union Ave., Ecke Meeker St., Williamsburg, Brooklyn, Tel. 718-609-0484
In dem Laden wurde früher Zubehör für Swimmingpools verkauft, heute strömen die Hipster aus Brooklyn und sogar Manhattan herbei, wenn DJs und manchmal auch Live-Musiker die Nacht gestalten. Fenster und grüne Kacheln gliedern den Barraum. Und hinten im Garten ist dann doch noch ein kleines Kinderplanschbecken – im Sommer zur Kühlung geschwollener Füße genutzt.

Vig Bar
12 Spring St., SoHo, Tel. 212-625-0011
Die Gäste machen es sich in den gepolsterten Sitzecken gemütlich und nippen an Cocktails, die der unnachahmliche Joel mixt, der hübscheste Filmemacher & Barkeeper von ganz New York. Eine elegante und angenehme Bar – außer freitag- und samstagabends, wenn sie zum Platzen voll ist.

Promis gucken

New Yorks Berühmtheiten tauchen selten dort auf, wo man mit ihnen rechnet. Aber in diesen Lokalen kann man es ja mal versuchen …

Black & White
86 East 10th St., East Village, Tel. 212-253-0246
Von wegen Schwarz und Weiß – glutvolle Rot- und Orangetöne prägen die lässige Kneipe, in der coole und nicht zu junge Menschen Cocktails schlürfen und einen Burger verdrücken. Perfekt zum Chillen bei DJ-Musik.

Bungalow 8
515 West 27th St., Chelsea, Tel. 212-629-3333
Tropisch und teuer. Wer für Cocktails und Kaviar die ganz großen Scheine lockermacht, stört sich nicht an raumgreifenden Topfpflanzen, die den Blick auf Promis verstellen. Aber um in die winzige

Fruchtzwerge für die Jeunesse dorée: eine Party im exklusiven Bungalow 8

Reduziertes Hightech-Ambiente für edle Tropfen: das Weinlokal Rhône

hier inszeniert. In der Woche ähnelt das Luxx den East-Village-Clubs der 1970er Jahre: dunkel, trotzdem bunt und freundlich.

Live Music

Jenseits von Beacon Theatre, Madison Square Garden und anderen etablierten Veranstaltungsstätten gibt es auch kleinere Lokale für weniger konventionelle Klänge.

Bowery Ballroom

6 Delancey St., Lower East Side, Tel. 212-533-2111, www.boweryballroom.com

Hier treten gerne angesagte New Yorker Bands wie Interpol und The Strokes auf, aber auch etablierte Stars wie Lou Reed. Im eleganten Beaux-Arts-Hauptsaal sind viele der Originaldetails von 1929 erhalten. In der Cocktail-Lounge im Untergeschoss trifft man vor, während und nach der Show die Musiker und ihre Groupies.

Fat Cat

75 Christopher St., West Village, Tel. 212-675-7368, www.smallsjazz.com

Nach fast einem Jahrzehnt hat es den legendären Jazzclub „Smalls" aus der West 10th Street in die Billardbar um die Ecke verschlagen. An drei bis vier Abenden in der Woche treten die Jazzer jetzt dort auf, bis zwei Uhr früh in der Woche und bis vier Uhr am Wochenende – hörenswerte Jamsessions (Cover charge 15 $).

Joe's Pub

425 Lafayette St., Greenwich Village, Tel. 212-539-8770, www.joespub.com

Der Pub genießt schon fast so viel Renommee wie das Public Theater im gleichen Haus. Im plüschigen Cabaret-Ambiente kommen so exzellente wie ungewöhnliche Entertainer wie Arto Lindsay, Sandra Bernhard oder auch Performance-Künstler wie Guy Richards Smit richtig zur Geltung.

Northsix

66 North 6th St., Williamsburg, Brooklyn, Tel. 718-599-5103, www.northsix.com, keine Kreditkarten

Keine Straße ist hipper, an keiner ist samstagabends mehr los als an der North 6th Street in Williamsburg. Mittendrin das Northsix – ein bisschen College, ein bisschen Punk, ein bisschen Grunge –, in dem unbekannte Indie-Rock-Bands lärmen. Das 20- bis 30-jährige Publikum freut sich über die preiswerten Getränke an zwei Bars.

Tonic

107 Norfolk St., Lower East Side, Tel. 212-358-7501, www.tonicnyc.com Keine Kreditkarten

Ein intimer Saal mit kleiner Bühne. Hier gibt sich die Jazz- und Rock-Avantgarde ein Stelldichein mit kreativen und innovativen Klängen. In der rustikalen Lounge darunter sitzt man auf alten Weinfässern, dort legen DJs auf.

Lounges & Kleine Bars

Baraza

133 Avenue C, East Village, Tel. 212-539-0811, keine Kreditkarten

Bessere Mojitos und Caipirinhas kriegt man kaum irgendwo in der Stadt, gemixt von einem (fast) immer freundlichen Barkeeper. Dazu gibt's am Wochenende gratis Anschauungsunterricht in Salsa von den im Viertel lebenden Südamerikanern. In der Woche geht es etwas zahmer und weniger Latin-lastig zu.

MEATPACKING DISTRICT

Seit einigen Jahren gilt der Meatpacking District als Epizentrum des neuen New Yorker Nachtlebens. Doch die traditionellen Fleischereien sind noch vor Ort, und so baumeln an den Schaufenstern der vielen zugezogenen Lokale und Clubs in der Früh auch mal Schweinehälften vorbei.

Hogs & Heifers

859 Washington St., Tel. 212-929-0655, www.hogsandheifers.com Keine Kreditkarten

In dieser legendären Bar, die ganz auf schmierigen Trucker-Saloon getrimmt ist, läuft Südstaaten-Rock auf Lautstärke zehn („Sweet home Alabama"), während Bardamen im Leder-BH zweideutige Ansagen durchs Megaphon machen. An Werktagen nach mehreren „Bud" (nur 4 $) ganz lustig, am Wochenende unbedingt meiden!

Lotus

409 West 14th St., Tel. 212-243-4420, www.lotusnewyork.com

In diesem dreistöckigen Nachtclub-Multiplex, zu dem ein Restaurant und verschiedene Lounges gehören, tragen die Männer teure Anzüge, die Models wenig, und die DJs kommen manchmal sogar aus Europa. >>